天 达 共 和 法 律 研 究 丛

U0519048

专利权无效判定
双轨制研究

杨　斌◎著

知识产权出版社
全国百佳图书出版单位
——北 京——

图书在版编目（CIP）数据

专利权无效判定双轨制研究／杨斌著 . —北京：知识产权出版社，2020. 8
（2021. 8 重印）
　ISBN 978-7-5130-6993-9

Ⅰ . ①专… 　Ⅱ . ①杨… 　Ⅲ . ①专利权—研究—中国 　Ⅳ . ①D923. 424

中国版本图书馆 CIP 数据核字（2020）第 099697 号

责任编辑：刘　睿　刘　江　邓　莹 　　　　　责任校对：王　岩
封面设计：博华创意·张冀 　　　　　　　　责任印制：刘译文

天达共和法律研究丛书
专利权无效判定双轨制研究
杨　斌　著

出版发行：	知识产权出版社 有限责任公司	网　　址：	http：∥www. ipph. cn
社　　址：	北京市海淀区气象路 50 号院	邮　　编：	100081
责编电话：	010-82000860 转 8344	责编邮箱：	liujiang@ cnipr. com
发行电话：	010-82000860 转 8101／8102	发行传真：	010-82000893／82005070／82000270
印　　刷：	北京九州迅驰传媒文化有限公司	经　　销：	各大网上书店、新华书店及相关专业书店
开　　本：	720mm×1000mm　1/16	印　　张：	18. 25
版　　次：	2020 年 8 月第 1 版	印　　次：	2021 年 8 月第 2 次印刷
字　　数：	270 千字	定　　价：	78. 00 元

ISBN 978-7-5130-6993-9

序

专利法是我国实施"创新驱动发展战略"的政策支持，是保障我国经济安全和科技发展主动权的法律举措。三十多年来，我国初步形成了具有中国特色、国际水平的专利法治环境，渐趋达到了专利创造和运用的产业发展要求，基本营造了重视专利保护的良好社会氛围。我国专利法治事业的这些成就，凝结了立法机关、司法机关、理论与实务界和社会各界的努力。

专利法的生命力在于实施，经济社会发展的不断变化对专利制度的完善提出了更高要求，从2011年启动专利法特别修改的准备工作，到2014年启动专利法第四次全面修改的研究准备工作，到如今的修正案草案二审稿，专利确权机制改革一直都是争议焦点。我国专利确权机制一直采用行政确权单轨制模式，这与我国行政、司法职权分离是相关联的，其弊端也日益凸显。杨斌博士关于专利权无效判定双轨制模式的研究，实际上也属于专利确权机制完善这一范畴，这种理论与实践相结合的研究品格十分符合我提出的"为时而著、为事而作"的学术主张。

我注意到杨斌博士在系统梳理和构建专利权无效判定的理论基础、制度功能等问题上做了一些有益的尝试，从比较研究和历史研究的视角对专利权无效判定的模式和架构进行了细致分析，从理论和实务两个层面检视了我国现有的专利权无效判定模式及其问题，提出了我国专利权无效判定双轨制的初步设想，还聚焦到了专利权无效判定双轨制所面临的现实挑战，提供了较为可行的制度构建方案。他的著作结构严谨工整，逻辑清晰明了，结论务实可行，具有一定的理论和现实意义，相信本书的内容对于知识产

1

权法学术界、专利行政部门、司法部门、专利服务机构及相关从业人员具有重要价值。

杨斌博士毕业于我们中南财经政法大学知识产权研究中心，在求学期间勤奋好学，打下了坚实的专业基础。作为一名执业律师，他办理了一系列较有影响力的案件，积累了丰富的实务经验。难能可贵的是，他能够在实践中升华理论，在研究中总结经验，积极思考和探索我国知识产权法治建设，这一点着实令我欣慰。我也希望他能以本书为起点，在实践中得到更多真知，取得更多成果，为我国知识产权法治建设贡献更多的力量。

2020 年 7 月 1 日

目　　录

绪　　论

　　专利权是由国家专利机关授予确定的私权，这种专利授予使申请人获得排他实施权，并限制第三人侵入该权利范围。专利权有效性问题主要关涉专利权的存在与否，其基本形态主要为专利有效及专利无效两种，专利有效与否决定了其在法律上的效果和作用，一般来说专利无效当然在法律上是不可实施的，而专利有效则尚有可实施与不可实施之区分。专利权无效判定即解决专利有效性问题的制度，合格的判定主体对某特定专利权的存在与否予以认定只会有两种结果，即专利权有效与无效，故从积极的角度上讲，专利权无效判定属于确权机制，但从消极的角度上讲，其亦可被界定为除权机制。❶ 专利确权（除权）与专利获权、用权、护权这四个机制是专利制度的有机组成部分，但是和专利制度的其他层面相比，专利除权机制并未得到足够的重视。究其原因，一方面，专利制度旨在通过激励创新来促进社会经济的发展，作为一种政策工具，其在社会经济中所扮演的角色甚为关键，"亲专利"的政策导向已成为一种时代趋势，故各国家和地区皆着力于专利的产出及其配套支撑设施，甚少关注专利的退出及其相应规范；❷ 另一方面，从专利制度国际化的推进次序来看，首要的议题乃是专利保护标准的国际一体化，然后是专利申请、授予程序与效果的共享化，当前正欲解决的议题为专利实体制度的统一化，而专利权无效判定制度尽管终将成为专利国际化整合的议题，但是其相对于其他议题而言，

---

❶　R. Polk Wagner. Understanding Patent-Quality Mechanisms [J]. U. Pa. L. Rev.，2009 (157)：2135.

❷　John Lovick Turner V. The Patent Renaissance [D]. University of Virginia，2002：87.

1

目前该制度国际差异过大，暂时难以跃入国际整合视野，故在专利国际化议程中并未获得应有的关注，而从近年来世界主要国家和地区的专利制度发展趋势来看，专利权无效判定制度所受到的重视程度越来越高，这与当前专利制度的发展状况密切相关。

专利制度正面临前所未有的挑战，专利泛化现象日益突出，近年来，随着经济全球化与网络的发达，国际贸易、资讯的交流日益频繁，加上企业在全球化商场上的战略运用，使得专利活动，特别是专利申请活动愈发蓬勃。庞大的专利申请量所带来的不仅是科技研发的进展，也造成专利审查时间冗长与专利品质降低等负面影响。大量的被授权专利并不符合新颖性、创造性、实用性以及充分公开的要求，专利密度变得越来越高，"专利丛林"现象越来越严重，"沉睡"专利占总授权专利数量的比例达80%以上，专利劫持问题逐渐严峻，专利诉讼大量涌现。据美国学者的研究，在诉讼中有半数以上的专利权最终被宣告无效。❶ 可以说专利危机的根源在于专利审查部门授予了越来越多专利，但大多数属于问题专利，这些问题专利阻碍了资源的有效利用，造成社会福利的损失。❷

在全球化的冲击下，专利泛化与专利质量危机已演变为国际问题，五大专利局（美国专利商标局、欧洲专利局、日本特许厅、韩国特许厅和中国国家知识产权局）也积极谋求多方位的合作，希望通过各专利局之间对资源和基础架构的整合分享，创造重要的协作效果，以消除不必要的重复工作、加强专利的审查质量与效率。尽管如此，专利质量危机的解决仍需落实到各主权国家的具体制度中，专利获权、用权、护权以及确权四个层面中与专利质量问题联系最紧密的是获权与确权。获权主要是指专利的申请、审查与授予，确权即指专利权有效性判断。当前提高专利质量的改革主张大多将专利审查作为重点，通过专利审查的改革来提高专利质量绝对

---

❶ John R. Allison, Mark A. Lemley. Empirical Evidence on the Validity of Litigated Patents [J]. AIPLA Q. J., 1997（26）：185.

❷ Scott Baker. Can the Courts Rescue US from the Patent Crisis? [J]. Tex. L. Rev., 2010（88）：593.

是最关键的手段。❶ 但是许多论者陷入一个误区,那就是专利审查应该尽可能严格,实际上,专利审查也囿于主客观的限制,也需兼顾审查质量与成本效率的问题。我们不应该忽略专利制度系统性,如果从资源配置效率的角度来建构专利质量促进机制,那么专利权无效判定制度则有着不可替代的作用。❷ 作为专利制度体系中不可或缺的一环,专利权无效判定制度具有突出的品控作用,而这恰恰是解决当前专利质量危机的重要制度。❸

专利权无效判定制度越来越受关注,这从近年来较有影响的立法活动可以看出。美国的专利法改革将专利权无效判定制度置于重点位置,在2011 年通过《美国发明法》之前的专利异议程序是放在专利侵权诉讼中进行的,即只有当专利持有人已经起诉或者已起诉威胁专利的使用人,专利使用人才能向法院就专利的有效性提出异议。而专利改革法案在美国专利商标局(USPTO)新设了一个专利授予后的异议程序,专利权利人外的申请人可以在不迟于专利被授予后的 12 个月内请求 USPTO 启动该程序申请确定该专利的有效性,无须再向法院提起诉讼确定专利有效性。其理由主要为当前的专利法对专利提出异议的途径局限于复审程序或高额的诉讼,而新设立异议程序据称可以在诉讼成为必需之前就提供相对经济及迅速的确定专利有效性的专利异议途径。然而,这个异议程序使侵权人可以轻易地对有效专利不断提出异议和挑战,增加了专利权人和投资人的成本和不确定性。法案扩充了一方当事人依据《美国专利法》第 301 条向 USPTO 举证的证据规定,还规定专利所有人需要提出被争讼专利在申请前一年在美国已被公开使用或销售的书面证明。根据《美国专利法》第 302 条所规定的再审查请求可以依据在先的技艺、在先的公开使用或销售等理由,并要

---

❶ 刘珍兰. 公众专利评审机制研究 [D]. 武汉:华中科技大学,2011:9.

❷ Stuart J. H. Graham, Dietmar Harhoff. Can Post－Grant Reviews Improve Patent System Design a Twin Study of US and European Patents [EB/OL]. [2019－12－25]. http://ideas. repec. org/p/trf/wpaper/38. html.

❸ William S. Thompson. Reforming the Patent System for the 21st Century [J]. AIPLA Q. J. , 1993 (21):171.

求双方再审查。❶

日本的专利法中，原为严格的公私法二元制，即民事法院并无专利权无效判定的权限，但是其在专利权无效判定上已有新的变化。2000 年日本最高裁判所在"Kilby 第 275 号专利上告审判决"中认定，在专利侵权诉讼中，在没有经过无效程序宣告专利无效前，任何人不得以专利无效为由来对抗专利权人行使其权利。对于那些并不想通过宣告专利权无效的当事人来说，强迫他们必须启动专利权无效程序来对抗专利侵权诉讼并不是最佳选择。即使是在专利权无效宣告决定生效前，也应该允许受诉法院对专利的有效性进行判断。如果法院认为专利具有明显的瑕疵，那么原告基于该专利所提起的诉讼请求就属于专利权滥用而不能被允许。显然日本最高法院比人们通常理解的公知技术抗辩要走得更远，因为公知技术只是导致涉案专利无效的原因之一。❷

我国台湾地区的"智慧财产案件审理法"于 2007 年 3 月 28 日公布，并于 2008 年 7 月 1 日施行，其对于专利有效性的判断区分为双轨：其一为"专利法"上规定的举发撤销程序，专利权有效与否由专责行政机关加以判断；其二为"智慧财产案件审理法"所规定，其授权由法院就专利有效性加以审理。依照"智慧财产案件审理法"第 16 条第 1 项的规定，普通法院民事庭或智慧财产法院审理专利侵权的民事案件，在当事人主张或抗辩专利有撤销事由时，应就专利有效性加以判断，并于同条第 2 项规定法院依前项授权所为判断的效力，当法院认为有撤销、废止的原因时，仅专利权人于该民事诉讼中不得对于他方主张权利，并不发生使专利权一般性失效的结果。

我国《专利法》第三次修改增加了现有技术抗辩，即"在专利侵权纠纷中，被控侵权人有证据证明其实施的技术或者设计属于现有技术或者现有设计的，不构成侵犯专利权"。在司法实践中，专利权无效抗辩与现有技

---

❶ 张怀印. 美国专利法改革述评［J］. 美国研究，2010（1）：58.
❷ 曹新明. 现有技术抗辩研究［J］. 法商研究，2010（6）：97.

术抗辩措施实际上是从不同的角度对同一个问题进行考察，故从某种程度上讲，我国的无效判定制度也随国际大势在变迁。而且我国专利权无效判定制度还有不少问题，按照现行《专利法》规定的专利无效程序，一个专利无效案件从受理到结案通常涉及国家知识产权局专利复审委员会（以下简称复审委）❶和两级法院即三道程序，相当于三个审级。从审理时间看，复审委的阶段一般需要 6~8 个月，不服复审委决定的起诉期是 3 个月，一审一般需要 6 个月，二审需要 3 个月；根据《行政诉讼法》的规定，如果复审委的决定存在错误应当撤销，法院只能判决复审委重新作出决定，当事人不服决定还可以起诉和上诉，这样又会开始一个循环。这种程序比较复杂、周期较长，直接影响相关专利侵权案件的审理，因为提起无效抗辩的情况占据专利侵权案件的 50% 左右。实践中因专利权被请求宣告无效而中止诉讼，因等待无效审理结果常常导致侵权案件久拖不决。由于专利无效案件采用行政诉讼模式，尽管复审委是居间裁决但也必须作无效案件的被告，而且每年要三四百次出庭应诉，对方当事人还必须作为第三人参加诉讼，造成诉讼关系复杂，浪费行政和司法资源。❷

　　另外，我国专利申请人在国际市场上的活跃程度也体现在专利布局上，似乎表示我国的科技竞争力在国际上亦能与其他国家相抗衡，但又不断耳闻我国企业遭受竞争对手的专利诉讼威胁，或者受制于对手的专利而不得不支付高额的专利费，很少有我国企业借由专利突围，或是向国外企业收取专利费，这说明我国企业获得的专利虽不在少数，但是经济、产业的影响力偏低，甚至有人指出我国企业所拥有的众多专利中仅 2% 有价值，表明企业虽然愿意投入成本进行专利的申请与维护，但是无法跳脱以量取胜的思维，这一点无疑需要逐渐转变。❸

---

　　❶　2019 年 3 月 15 日起，国家知识产权局专利复审委员会变更为国家知识产权局专利局复审和无效审理部，为行文方便，本书将不予严格区分。

　　❷　罗东川 .《专利法》第三次修改未能解决的专利无效程序简化问题 [J]. 电子知识产权，2009（5）：17.

　　❸　张志城 . 专利数量也是一个战略问题 [J]. 电子知识产权，2006（10）：62.

　　本书以专利权无效判定为出发点，梳理相关术语的意义以及相互间的逻辑关系，探讨专利权有效性的基础、形态，并对专利权无效判定进行理论构建，包括专利权无效判定的理论基点、制度目的、制度架构以及制度认知等问题。从比较研究的角度对专利权无效判定的模式作细致分析，从程序资源配置和权利保障的角度对专利权无效判定的架构进行探讨，欲弥补专利理论研究中的"短板"，以系统的观点来挖掘其制度内涵及现实意义。与此同时，针对我国《专利法》的第四次修法及未来的修法，梳理我国现有的制度，并通过对专利权无效判定的国际发展趋势的研讨获致对专利国际化整合的新理解，并在此基础上对我国专利权无效判定的制度构建提供有益的建议，对长期存在争议的专利权无效判定程序问题加以妥善解决。

第一章 专利权有效性的基础

第一节 专利制度的正当性讨论

一、专利制度正当性的含义

"正当性"的基本要义是"由于被判断或被相信符合某种规则而被承认或被接受"。❶ 正当性的探讨实际上就是寻求公众尊重的道德基础，"正当性"与"正统性"、广义的"合法性"在绝大多数场合是被等值使用的。作为一个富有批判性价值的范畴，它常常被人文社会科学用来讨论社会秩序、规范的根据，也包括用于理解国家的统治类型或者政治秩序。❷ 例如，亚里士多德主张某些政体是"好的"（能增进公民的共同利益），某些政体是"败坏的"（只满足统治者的特殊利益）。❸ 但是在古典理论中实际上仍然缺乏表达正当性的明确用语，此时正当性的概念仍止于形而上学。近代学者卢梭在其《社会契约论》中以"全民意志"的概念为基础试图描述政治权威如何获取正当性，从而结束了以亚里士多德为代表的传统，同时也揭开正当性概念在近代的争议。❹ 所有的近代理论普遍认为正当性与某种

---

❶ 高丙中. 社会团体的合法性问题 [J]. 中国社会科学，2000（2）：102.

❷ 尹奎杰. 权利正当性观念批判——实践理性的权利观解读 [D]. 长春：吉林大学，2008：7.

❸ [古希腊] 亚里士多德. 政治学 [M]. 吴寿彭，译. 北京：商务印书馆，2009：13.

❹ [法] 卢梭. 社会契约论 [M]. 何兆武，译. 北京：商务印书馆，2003：76.

秩序中的权威性、合法性、约束性或正确性息息相关，例如，一个政府或国家具有"统治权"，即被认为具有"正当性"，但这种说法又引起另一个问题，即"权利"究竟存在于何等事物上，又如何确立其意义。关于此问题主要有两派说法，一派以韦伯的思想为主，另一派则以哈贝马斯为主。韦伯认为"某些人对于某一秩序的有效性采取主观信念取向，唯有该取向的可能性构成了秩序的本身"。❶ 然而依其思想，权利即被化约为对"统治论"的信念，则欲以自然法、理性或某些超历史原则来作判断"统治"的正确性的标准不可能成立；并且于其正当性社会学中指出四种赋予社会秩序正当性的理由，即传统、感情、价值合理性以及合法性，而成为其著名的"正当支配的纯粹类型"的分析基础。韦伯的理论引起的争议主要在于其观点破坏世间对于正当与不正当的统治类型的理性区分，且无法区分正当性与合法性。此外，对于统治适当性的信仰可能由压制、习惯或者理性选择而引起，韦伯的理论对此亦有所混淆。因此有另一个学派提出不同的主张，该学派以哈贝马斯为代表，其主要思想就是认为一个合宜的正当性理论于哲学上必须立基于一种有可能对于统治权进行理性判断的方式，然而哈贝马斯的理论基础是建立于相当复杂的"真理的共识理论"，❷ 而该理论对于正当性理论所提供的哲学基础仍遭受质疑。不管怎样，我们可简单地认为所谓正当性即为认定是与非的价值观念，不论是韦伯学派或哈贝马斯学派所主张的概念，正当性即是具有一般普遍价值衡量的标准，其共通处即在于正当性的基础是群众对秩序依其理性主观判断而确信其为有效，差异处仅于该理性主观的判断标准有不同主张。

在某种程度上讲，社会与政治理论中的正当性的理论于"法律权利的正当性"的探讨中几乎可同样适用。法律是以理性为前提的，法律也常常被说成是一种实践的理性，在制度和实践框架内，法律上的权利也具备了

---

❶ ［德］马克斯·韦伯. 论经济与社会中的法律 ［M］. 张乃根，译. 北京：中国大百科全书出版社，1998：7.

❷ ［德］尤尔根·哈贝马斯. 交往行为理论：第一卷 ［M］. 曹卫东，译. 上海：上海人民出版社，2004：260.

一定的理性色彩。然而法律上权利的理性色彩具体到每一确定的权利上时，则常会有不同的表征以及特定的认知导向。在专利权的正当性理论分析上就主要分为两派，一是自然权利理论，二是功利主义理论。自然权利理论源自英国哲学家洛克的学说，其认为上帝赋予人类自然权，人对自身财产有所有权，对劳动及其产出物也有权利，智力付出也属于广义上的劳动。因此自然权利理论认为，智力产物是属于该创造者的财产，发明的一切权利皆属于发明人，发明人没有义务揭露任何细节。❶ 为了得到该发明技术的揭露，使他人在该技术的基础上有更进一步的研发，政府承认发明人有排他权，使发明人能从该发明中获取利益，以交换发明人揭露技术。此理论同样有宪法上的根据，因美国宪法提到发明人的"权利"，且技术发展的提升为国家的目标之一。而达成此目标最有效的方式是通过发明技术的揭露。另一种对洛克学说的解释可称为价值增加理论，其核心论点认为劳动付出通常会创造社会价值，并因其劳动创造的社会价值而有从社会接受报酬的权利。换句话说，如果人们的行为对于他人生活有所贡献，这样的行为即有受报酬的权利，不论人们的动机是否出于该报酬。而既然发明可促进产业发展，对社会有所贡献，则社会应当给予和发明人所付出的劳动相当的报酬，也有给予的义务。❷ 此种报酬即为专利权，使发明人可借助专利权的排他性获取利益，作为从事研发工作的奖励。

功利主义理论来自英国哲学家边沁的学说，认为政府应尽力追求人民福祉，因此他论及效用的最大化。实用性意味着任何物体上的财产权所创造出的利益，而专利制度的实用性在于促进科学和技术的发展。如果无专利制度，则竞争者可任意使用或模仿他人的发明与技术，导致企业或个人只愿等待他人研发技术而窃取其成果，如此将导致无人愿意投入时间、金钱从事发明，于国家发展或其人民福祉而言有不利后果，所以给予发明专

---

❶ Arthur R. Miller, Michael H. Davis. Intellectual Property - Patents, Trademarks, and Copyright [M]. 4 ed. Thomson West, 2007: 16.

❷ Janice M. Mueller. An Introduction to Patent Law [M]. Aspen Law & Business, 2003: 25.

利权保护有其必要性。因此功利主义理论的着眼点在于,虽然专利制度会在短期内增加一定的社会成本,但可换回长期的社会利益。而如何在奖励发明所带来的社会利益和给予发明人专利权所付出的社会成本间取得平衡并非易事,不同类型发明所应获得的"最适当"保护往往不同。❶

自然权利理论与功利主义理论所着重的面向不同,自然权利理论更多强调权利的合道德性,功利主义更多着重于理性的制度形式,而其共同的方向乃尝试在法律之上寻求一种基于普遍主观理性判断而可支持该权利的理论。相对而言,功利主义所标榜的工具理性导向在专利制度的解释与塑造上越来越具有说服力,并随着社会经济的日益发展,专利制度的结构功能也越来越受重视:(1)鼓励发明。如果没有专利权的保护,发明人将难以回收研发成本,导致无人愿意承担风险从事研发工作。(2)鼓励揭露技术内容。如果所有的发明人均不愿公开其发明技术内容,则产业技术将难以进步,所以专利制度要求如果发明人想要取得专利权,须充分揭露其发明技术内容,通过专利权的授予,达成奖励发明人揭露技术的目的。(3)鼓励研发替代性技术。为避免侵害他人的专利权,并同时保持自身的竞争力,发明人的竞争者势必需研发替代性技术,而此类技术通常会较原先有专利权保护的技术成本更低、更有效率。❷

二、专利制度不存在的假设

假设先将时空背景还原至早期尚未对发明产生任何保护的时代,当某人有了一项创新发明时,可能遭遇下列情形:一是其发明于经济上效益不明显,例如在农业时代发明了方便携带并可准确计时的工具,但一般人都过着日出而作、日落而息的生活,对于时间的要求并不严谨,这样的发明并不能引起大众的普遍需求,发明人即使耗费了极大的精力或成本来从事

---

❶ Arti K. Rai. Building a Better Innovation System: Combining Facially Neutral Patent Standards with Therapeutics Regulation [J]. Houston Law Review, 2008 (45): 1037.

❷ Donald S. Chisum, Craig Allen Nard, Herbert F. Schwartz, et al. Principles of Patent Law: Cases and Materials [M]. Foundation Press, 2004: 66.

此项发明，亦无法通过发明获得经济上的利益回报，而所获得的可能是来自外界的赞扬或自我的肯定，即精神方面的回馈；二是其发明具有经济上效益，这在今天的观点来看俯拾皆是，当然从功利角度就发明人而言，该发明最直接的回报即为其能从该发明中获得若干经济利益。此时，依发明的性质上可区分为：一是当该发明并非其他人所能轻易理解时，发明人可以选择公开其发明的内容，使全体社会共享，或者束之高阁独自享有该发明所带来的利益；二是该发明为同行或熟悉该专业领域者有能力洞悉并复制时，一旦推向市场，其他人即可轻易地仿效或复制。

前一种情形相当于商业秘密法所保护的范围，后者则主要为专利法的范畴。发明人于销售产品所能获得的经济上利益尚可分为两个阶段探讨，即以其他生产者的复制品加入市场竞争的前后为分界，于该时间点前，发明人享有较其他人抢先进入市场的优势，此时就该产品的供给，具有独占的地位；而当复制品加入市场竞争后，改变独占的情形，发明人因市场的供给增加导致价格下跌，其获利即受影响。❶ 在此情形下，生产者可选择不断创新以超越前人的发明来保持市场上的领先地位，或选择仅仅以模仿、复制他人的产品来获取剩余的利润。

而面对如此情形，获得最大利益的方式似乎唯有不断创新发明并于大量生产后优先进入市场迅速攫取利益，使市场的需求趋近于饱和，之后通过复制该产品为生产方式的竞争者在市场需求饱和的情形下几乎无利可图。相较于从事发明创新的制造者，选择模仿、复制他人产品的制造者因无须承担研发成本，故能享有以较低价格为竞争的优势。但从长期的角度来看，若消费者暂时压抑其需求的冲动，等待较低价的仿制品问世，则对从事创新发明的制造者而言，将会造成新产品进入市场却无人问津的困境，发明原本所能带来的利益却全数由后来的复制者所夺取，这种不公平的情形，

---

❶ Carl Shapiro. Patent System Reform：Economic Analysis and Critique［J］. Berkeley Technology Law Journal，2004（19）：1017.

将有损于鼓励发明创新。❶

根据对专利制度不存在的单纯情形的探讨可归纳出下列几项重点：（1）发明的目的并非都是以经济考虑为主，许多发明家天马行空的偶然发现而促成的发明，可能要历经相当长的时间，在产业的普遍技术水准提升或社会形态发生基本上的变化后才得以使后人了解其重要性并予以发扬光大；发明人自其发明所得的回馈，一方面是来自外界赞扬或自我肯定的精神上的满足，另一方面可能通过发明的商品化获得经济上利益。（2）社会进步需要加入不断的创新发明，而发明所创造的利益应由社会全体所共享，使一般大众皆能广为使用，如此才能达到促进社会进步的目的，政府则必须采取必要的政策措施，以鼓励大众踊跃公开其发明。（3）就容易遭他人复制的发明而言，发明人将发明所附着的产品推出于市场时，即形同公开其发明。（4）他人难以复制的发明，发明人得选择公开发明的内容与他人一同分享，或者束之高阁独享其利益。由此，以正常理性的角度思考，会积极寻求保障者是属"他人易于复制的发明，且发明人亦不愿与他人分享者"。❷ 因就他人难以复制的发明而言，发明人尚得选择是否公开其发明的内容与他人共享，对于他人易于复制的发明，其发明人即使不愿与他人分享其发明，一旦该发明附着于产品而推出于市场时，即形同公开而无从选择。再就发明的经济上效益为考虑，是否必须以具有经济上利益的发明方具有保护的价值，则似乎非必要条件。因为发明是否得利用于经济生产中则有赖于生产者的能力，而能否通过发明所具体化的商品获利，则是由社会的需求所决定。❸ 同时，发明人于精神上有可能需要予以相当的回馈。政府为促进产业的技术水准的提升及社会的进步，必须采取必要的政策措

---

❶ Craig Allen Nard, John F. Duffy. Rethinking Patent Law's Uniformity Principle［J］. Northwestern University Law Review, 2007（101）: 1619.

❷ Rebecca S. Eisenberg. Analyze This: A Law and Economics Agenda for the Patent System［J］. Vanderbilt Law Review, 2000（53）: 2081.

❸ Michael Abramowicz. The Danger of Underdeveloped Patent Prospects［J］. Cornell Law Review, 2007（92）: 1065.

施以鼓励大众踊跃公开其发明。

如果要立法保护发明，其所需考虑的重点有：（1）所保护的发明客体属于发明人所不愿与他人共享却又容易遭他人复制者，发明人是否愿意与他人共享则必须由其本身进行意思表达，此相较于现行的制度，即为专利申请权人提出专利的申请；（2）现行专利制度中，对于构成发明的要件普遍要求必须具备新颖性、进步性以及可供产业利用的条件，在前述要件中并未限定必须具有经济上利益，即不具经济上利益的发明亦可成为申请专利的客体；（3）发明人于精神上必须获得相当的回馈，于现行制度中即为发明人得请求表示其姓名或恢复其名誉的规定；（4）政府采取的制度除了要促进大众踊跃公开其发明之外，同时亦需兼顾平衡发明公开后在经济市场上所可能产生的不公平情形。❶ 从法律所赋予的权利而言，所选择的方式乃是专利权人于特定的权利期间内专有排除他人利用、实施其发明的权利，希望通过特定期间保护专利权人排除他人的不当竞争，而属较偏重于经济上的考虑。

三、专利制度的产业政策论

理查德·波斯纳说过，"专利保护了潜在具有巨大商业应用性的思想"，意指专利实为促进科学及商业发展的重要根基。❷ 依功利主义理论进路，专利制度的产生是基于产业上的需要，经由产业政策所制定采用的制度，故专利权是一种人为创设经政府赋予的权利，并非自然产生的天赋权利。❸ 随着专利制度与产业发展的攸关性越来越大，产业政策视角下的专利制度正当性学说有了较大的发展，并且值得关注的是，大多数关于专利

---

❶　Fritz Machlup, Edith Penrose. The Patent Controversy in the Nineteenth Century［J］. The Journal of Economic History，1950，10（1）：29.

❷　［美］威廉·M. 兰德斯，理查德·A. 波斯纳 . 知识产权法的经济结构［M］. 金海军，译 . 北京：北京大学出版社，2005：103.

❸　李扬 . 知识产权法定主义及其适用——兼与梁慧星、易继明教授商榷［J］. 法学研究，2006（2）：9.

制度正当性的学说在产业政策论的框架下都有较为契合的空间。❶

（一）激励发明论

朱莉·特纳（Julie Turner）教授认为专利制度激励发明。❷ 创新发明有益于社会，专利权属于公共产品，具有非敌对性与非专属性，"非敌对性"是指该项财物可以让很多人共享而不损及其中任何人的效用。"非专属性"则指难以禁止他人不付代价即可取得该项财物，容易发生"搭便车"的情形。由于专利权具有公共产品特性，故对发明人的创新发明，他人将易于以很低的成本复制该项发明，将产生外部效益；故若无适当制度介入将外部效益内部化，将会降低发明人从事研发的诱因。而专利制度即是透过对于发明人给予排他性权利的保护，将公共产品私有化，使发明人有一定经济诱因从事发明。❸ 而给予发明人对于其发明有一定期间的排他权是促使社会大众从事研发工作的动机，这种排他权的赋予就是基于排他利益动机理论假设，提供制度性的发明诱因，独占的利益能对发明人提供诱因，使其可预见未来会因发明而有所收益，进而产生从事发明的意愿。然而经济学家对于权利期间的看法相当有分歧，此通常涉及发明技术的类型，似应针对不同的发明类型订立不同的排他期间。例如，对于制药业而言20年的权利期间或许属合理的，因其研发工作所投入的时间成本较多，或可给予较长的排他期间，但对于计算机软件或商业方法而言则未必如此，其市场寿命周期较短，所给予的排他期间不应过长，以免发明人获取过多利益。并且于某些实例当中，"先行动者优势"亦有可能鼓励发明。❹

从某种程度上讲，激励发明是以奖励发明为基础的，这也是报偿说的基础。发明人的发明促进社会进步系对社会提供服务，因此社会必须给予

---

❶ 肖志远. 解读专利制度的产业政策蕴含 [J]. 法学杂志，2009（11）：105.

❷ Julie S. Turner. The Non-manufacturing Patent Owner: Toward a Theory of Efficient Infringement [J]. California Law Review, 1998（86）：179.

❸ Mark A. Lemley. The Economics of Improvement in Intellectual Property Law [J]. Texas Law Review, 1997（75）：989.

❹ Gerald J. Mossinghoff, Vivian S. Kuo. World Patent System Circa 20xx, A. D. [J]. J. Pat. & Trademark Off. Soc'y, 1998（80）：523.

相当的报偿，而对于该报偿，发明人有取得的权利，同时社会于道德上亦负有给予的义务。然而此理论所遭遇的问题在于似乎将整个制度导引向对付出努力而辛勤从事发明活动者给予报偿，而非"偶然促成发明者"。另一个问题则是此理论假设专利权人就其发明于市场中所能获得的价格能正确地衡量其发明对社会所提供的效益，惟实际上专利权人为该发明的唯一来源，其于订定价格时无须面对其他竞争者。其他的考虑，如某些发明在推出市场时，可能因道德上或其他原因而受争议或不承认其具有效益，这样就无法自专利权人于市场中所获得的价值来正确地衡量其发明对社会所提供的效益；相反地，对于某些发明市场亦有可能高估其价值，而超出该发明实际对社会所提供的效益。❶

激励发明论与奖励发明论是统一的，并且肯定模仿是产业竞争中企业时常采取的手段，并且必然存在，而发明人为完成其发明，往往必须付出许多心血与金钱，若发明人辛苦所完成的发明让他人轻易地模仿，而无须花费任何代价，将造成无人愿意投入发明研究的行列，而皆采取仿效他人发明及创作的手段，如此将导致发明活动停滞不前。因此，基于奖励发明的政策考虑，应采用专利制度给予发明人一定的保护。❷ 详言之，专利制度的存在是为避免发明人由该发明所获得的利益，与第三人因竞业而利用该发明所获的利益失去平衡。因为仿冒者不必像发明人投下巨额的研发费用，却可以比发明人制造销售更便宜的产品，发明人将难以回收其就该发明所投资的费用，为了使发明人愿意投入资本，努力开发有价值的发明，国家以采取刺激发明意欲的手段来介入。最简便、最有效果的手段即为赋予发明人排他性的专利权，由法律给予发明人受一定限制的排他独占权。如果发明人以及使发明产业化的企业，若不能预期可回收实施该发明的成本及取得相当的利润，将不进行发明及实施，而有碍社会整体的进步与

---

❶　Jay P. Kesan, Marc Banik. Patents as Incomplete Contracts: Aligning Incentives for R&D Investment With Incentives to Disclose Prior Art [J]. Wash. U. J. L. & Pol'y, 2001 (2): 23.

❷　Kevin R. Davidson. Retooling Patents: Current Problems, Proposed Solutions, and Economic Implications for Patent Reform [J]. Hous. Bus. & Tax L. J, 2007 (8): 425.

发展。

（二）秘密公开论

秘密公开论是基于这样一个假设，即多数发明人会选择隐藏其技术秘密，除非专利制度可提供诱因使其揭露技术内容。授予专利权是对发明人放弃技术独享的对价，专利制度所提供的诱因即为使发明人具有对发明的排他权，以交换发明人揭露如何制造及使用该发明，以便他人可以在专利排他期间届满后可顺利实施该发明的技术内容，以一种现象的话来讲，就是对专利权的保护比较像是一个换取"指导手册"的代价。❶

秘密公开论是以契约说为模型，专利制度通常被描述为一种补偿、交换或交易，即借着赋予发明人于一段期间内享有排他的权利，以排除他人未经许可而利用其发明，来交换如何运用或实施该发明的信息（秘密）的公开，使该发明能获得充分的利用。亦有学者从专利制度的实际运作观点，认为专利权的申请与授予，就发明人与国家之间，无异形成一种契约，使专利权人有义务实施并完整地揭露其发明内容，而政府则应给予其法律上的保障。因此，专利乃是发明人与政府签订的契约，将其发明揭露予社会大众使用，以交换政府对其赋予的市场独占权。批评者认为该理论无法说明发明"成熟时间点"的概念，亦即假设一群人同时进行相同发明的研究，其中或许有人研发失败并公开其研究过程，而其他人则相对地能在较短时间内完成该发明。在此情形中研发失败者所公开的数据仍具有一定的价值，得使其他从事相同发明者减少失误的过程，而促使该项发明得以尽早完成，但公开失败经验者并未获得任何权利作为交换。❷ 专利制度要求确保发明皆得以公之于众，否则该发明即成为秘密，此说法其实并不明确。亦有对于前述批评的响应认为，虽然就同一项发明通常有两者以上的发明

---

❶ David B. Conrad. Mining the Patent Thicket: the Supreme Court's Rejection of the Automatic Injunction Rulein eBay v. MercExchange [J]. The Review of Litigation, 2007 (26): 119.

❷ Robert A. Armitage. The Conundrum Confronting Congress: The Patent System Must Be Left Untouched While Being Radically Reformed [J]. John Marshall Review of Intellectual Property, 2013 (5): 286.

人同时进行研发，但并无任何因素阻挠发明人维持其研发结果的秘密性。如果专利制度不存在，以经济学观点而言，从事相同发明者皆维持其发明的秘密性或许为合理的。❶ 因此，如果从事相同发明者都选择维持其发明的秘密性，在经济学上则是更可行的选择，则就相同发明而言，无须确保发明的公开。

秘密公开论的另一种变体就是有些经济学家所言的"发明散布说"，其认为专利制度可鼓励发明的广泛散布，理由为若欠缺专利法的保护，发明人将倾向于对于其发明加以保密而不愿公开，以保有其发明成果。此种保密的结果将使发明相关信息无法流向后继发明人且阻碍发明之授权。此说的前提为发明人本身无法对于发明充分加以利用，且透过保密的方式使发明人至少能获取部分收益。相关研究显示，方法发明较易符合此前提，即相对于保密来说，专利权人通过专利授权的方式将增加其收入，且使发明较广泛地被使用。反之，在产品发明中，保密并无法有效地使发明人确保其收益，专利制度促进公开及散布的经济效益较小。因物品专利存在于产品之上，发明人若为保密而不生产该项产品，将无法从该项发明获利，然一旦使该项产品流通于市，要保密即有其困难性，反之，方法发明的发明人较可能于将方法保密的情形下，仍可制造及销售产品获取利益。❷ 而且如果发明本身不易为他人模仿，且他人独立进行同一发明的机会不高时，发明人往往避免公开，在此种情形下即使给予专利权的保护，亦难以达到使发明公开的目的。

秘密公开论的内涵则为产业在激烈的竞争中，模仿他人的产品、技术以提高本身的竞争力是企业经常采取的手段，而发明人为得到其发明、创作的成果，往往投注了许多精力与金钱，发明人为保护其发明，避免遭到他人的模仿，势必会对其发明严加保密，如此他人不易得知其发明的技术

---

❶　Jay P. Kesan, Marc Banik. Patents as Incomplete Contracts：Aligning Incentives for R&D Investment With Incentives to Disclose Prior Art［J］. Wash. U. J. L. & Pol'y, 2001（2）：23.

❷　American Bar Association. The Economics of Innovation：A Survey［J］. Section of Antitrust Law, 2002（7）：11.

内容，对社会整体技术的提升及产业的发展进步即有所阻碍。基于技术提升、产业进步的考虑，应采取一定的措施使发明人乐于公开其发明的技术秘密，此种措施即是给予公开其技术秘密的发明人专利权，以作为其公开技术秘密的代价。❶ 因此，发明人与代表一般公众的国家缔结契约，基于该契约，使发明人公开其技术秘密所包含的知识，使其置于众人可得利用的状态，相对地，国家给予发明人以一定期间限制，具排他独占性的专利权作为对待给付。如此发明人既可通过专利制度获取一定的代价，社会亦可取得发明人的发明内容，以提升产业技术水准。专利的重要意义即在于发明人愿意将其发明创作的成果公开出来与大众分享。

（三）发明商业化论

发明商业化理论不是强调对发明的事前激励，而是强调知识产权所有人有能力对发明进行有效率的管理。有些发明最原始的形态可能不具商业价值，需要进一步发展才会有商业价值。有经济学者认为，专利制度将会促使发明人设法发展其发明，使其具有商业价值，此即为发明商业化说。特别是在某些情形，发明人会将其发明专属授权给某企业，使该企业能就该项发明投入资金，进一步发展出其商业价值。

最早提出该理论的是埃德蒙得·凯奇（Edmund Kitch）教授，其对专利权的勘探功能予以了理论化阐释，认为专利制度的基本目标是鼓励对尚未得以实现的受专利保护的思想进行有效使用和商业化，就如同土地私有化一样鼓励所有人予以有效利用。❷ F. 斯科特·基夫也赞同此理论，他主张类物权保护的专利制度为保障将初步发明转化为新产品和服务中复杂、昂贵且充满风险的商业投资行为所必需。❸

---

❶ Samuel A. Oddi. Beyond Obviousness: Invention Protection in the Twenty-First Century [J]. American University Law Review, 1989 (38): 1097.

❷ Edmund Kitch. The Nature and Function of the Patent System [J]. Journal of Law and Economics, 1977 (20): 265.

❸ F. Scott Kieff. Property Rights and Property Rules for Commercializing Inventions [J]. Minn LRev., 2001 (85): 697.

在美国使用政府资金而取得的发明，是否应给予专利权保护的争议上发明商业化理论可谓大有市场。美国 1980 年的拜杜法案给予大学和政府成立的实验室所研发的发明专利权保护，即使这些研究为国家出资完成。其立法理由即为，若欠缺专利保护，发明者将不愿投入资金将该项发明商业化，因其他人将对于该项投资"搭便车"。反对该项法案者则认为，由国家出资的发明，不应通过专利权的保护阻碍后续研发，商业化的投资可透过专利权以外保护的方式来避免"搭便车"的情形。相关研究指出，最早投入商业化而推出新产品者，即使无专利权保护的情形下，仍能取得高额利润。

（四）累积创新论

累积创新论提出专利保护可鼓励后续科技发展的观念。越来越多经济学家认识到人类创新大都是累积性创新，最终产品不仅是实施基础发明的结果，也是实施许多改进发明的结果。当原始发明可作为后续发明的基础时，建基于上的有系统的持续发明将比偶发性的发明有效率。由先驱发明人取得专利权，透过授权条件的控制及避免重复性研发，能使后续研发有效率地进行。学者主张通过授予先驱发明人广泛的专利权，使其有诱因建立更广泛的"巨人肩膀"，使后续发明人能够站上去。

然而此说似乎过于理想化。首先，何者为先驱发明人本身即有争议。其次，在现实环境中，很难期待专利权人大公无私地以提升后续发明为目的，制定其授权条件。常见的是先驱发明人以专利权为工具，阻止他人进入市场，故实际上此说是很难于现实社会中成立的。另依累积性创新理论，竞争而不是垄断，将更为有效地激励发明的创造，所以保护范围过宽的专利权会阻碍发明改进上的竞争行为，其立场是反对专利诱导理论所主张的为开拓性发明的创造提供高水平激励措施，而有限制专利权保护范围的倾向。❶ 还有，对发明的改进进行竞争，俨然是一种"发明竞赛"，会造成巨

---

❶ 梁志文．论专利公开——基于创新经济学的解释理论［D］．武汉：中南财经政法大学，2011：38.

大的研发浪费。❶

(五) 竞争秩序论

根据对专利制度不存在的假设情形的探讨，我们可以得知在无专利权的情况下，市场中竞争者的无序竞争着实不利于市场健康，在某种程度上讲，专利权的赋予是通过权利配置来定纷止争。如今的竞争秩序论者则以当今时代与过去的环境已有所不同为理论背景，在现今社会，基于经济或社会的需要及诱因，发明人仍然会从事于发明的工作，而其发明经过相当的时间亦会为社会所公知，成为社会的公共财产，从而过去为使发明人公开其技术秘密，或是为奖励发明的必要性已不存在。今日专利制度的存在目的随时代的变迁而改变，若无专利制度，将造成许多企业有不当竞争行为出现，故通过专利制度给予发明人专属的排他独占权，将可以防止不正当竞争，维护竞争秩序。无论是从理论逻辑还是现实观察中，我们确实可以体认到专利权与竞争秩序的微妙关系。

综合以上学说，就专利权的正当性问题而言，每一种理论皆有其独到之处，同时亦有顺从其原则却无法合理地就其他部分进行解释的问题。笔者认为，其实很难从单一的角度切入而主观地认为该制度即是专为某种目的而设立，因为无法揣测设立该制度时其所偏重者为何。对于以精神创作为客体的无体物，实在具有难以捉摸的特性，各种学说尝试就已知的权利概念加诸其上，期望能予以充分掌握，但似乎也仅能就其部分为正确的描述。由此不禁反思，在思考专利权时是否应该转而抱持一种较为开放的态度；即若以目前已经建立的概念无法充分驾驭该权利时，是否不妨接受其本身即为具有多重性质的权利，而非重复尝试以一种权利的概念为解释，可能会比较符合其特性。

---

❶ Samuel Oddi. Un-Unified Economic Theories of Patent—The Not-Quite-Holy Grail [J]. Notre Dame Law Review, 1996 (74): 267.

四、专利制度公共利益面向

(一) 促进科技进步

科技进步是否一定为人类带来正面意义虽有不同的看法,尤其是近年来因生物科技及生物医学研究所引发的伦理道德及环境生态疑虑。❶ 但是多数人的想法是过多及过于密集的人口处于资源有限的地球环境,生活条件的改善仍仰赖于新科技;即便是要除去既已使用且会产生危害的技术设备或制程,仍需依靠新科技始能达成。因此,科技进步是实现社会公共利益所必要而不可或缺的,专利制度则可促成此等公共利益的实现,专利的功能之一即在鼓励科技进步。❷ 从经济学立场的理论及实证调查,亦可佐证专利制度在鼓励科技进步与实现公共利益所扮演的角色。经济学者认为,新的制度转换过程、创造新产品或新产品质量转换过程的科技进步,包含三个主要的阶段:形成或发明阶段、发展或创新阶段及散布或扩散阶段;通常所谓的研究与发展或研发,在概念上包含前两阶段。专利保护在各阶段所发挥的作用及其对于科技进步的影响,可从专利制度信息效果及保护效果看出。

专利制度的科技信息贡献,是指通过揭露及促进知识技术扩散,达到科技进步之目的。虽然专利制度的信息效果近年来遭受严厉的批评,诸如不论有无专利保护,大部分的发明并不会长久或永远以商业秘密方式保护;又如,专利申请所公开及揭露的信息仍嫌不足,即便是一般专家也难以了解发明的技术内容。同时也要看到,首先,专利制度的科技信息贡献,要求揭露技术知识及公开发明的程序,仍能促使大部分的科技新知提早或在

---

❶ Donella H. Meadows, Dennis L. Meadows, Jørgen Randers, William W. Behrens. The Limits to Growth: A report for the Club of Rome's Project on the predicament of Mankind [M]. U-niverse Books, 1974: 3.

❷ Peter S. Menell. A Method for Reforming the Patent System [J]. Michigan Telecommunications and Technology Law Review, 2007 (13): 487.

专利权期间届满后，为第三人所自由与实施，扩充及加速科技信息的累积。❶ 其次，专利制度的新颖性要件及先申请主义，乃是诱使发明人尽早提出专利申请的动力，在许多情况下其可促进发明的提早公开，缩短以秘而不宣方式保护的期间，加速公众对于科技信息的获取。❷ 德国针对企业进行的调查显示，若无专利保护，一定比例的发明会处于秘而不宣状态，物品发明的比例约 26%，方法发明的比例更高达 40% ~ 55%。❸ 最后，不论是针对个案问题解决抑或技术发展方向，专利制度为重要的科技信息来源，尤其是在科技进步的形成或发明阶段，专利制度的信息效果实乃不可或缺，公开的技术信息及文件是关于技术发展状况的重要指标。❹ 在专利权所保护发明的基础上，可带动后续研发或转而寻找其他的技术解决方式，避免重复研究及重蹈研发失败的覆辙。专利权期间届满后发明成为公共财产，其所发挥的信息效果更甚于科技进步的扩散阶段。❺

科技进步的形成或发明阶段及发展或创新阶段，深受专利制度保护效果的影响；保护效果是通过专利权行使的报偿预期及独占性权利所达成。❻ 保护效果的最直接影响在于发明人借由独占性权利而获益，从而能填补研发支出；另外，专利权行使的报偿预期能激励企业及个别发明人积极寻找技术新知；竞争者试图提出专利申请及寻求独占性权利，亦诱使发明人进行技术研发及继续将研究成果申请专利保护，避免日后只能受制于其他专利权人。由于形成或发明阶段及发展或创新阶段所需成本惊人，往往只限于资金雄厚的企业有余力投入，放眼发明在准予专利后的获利机会，企业

❶ WHO, Public Health, Innovation and IPRS, at33 ［EB/OL］. ［2019 - 09 - 25］. http：//www. who. int/intellectualproperty/report/en/.

❷ U. S. FTC. To Promote Innovation：The Proper Balance of Competition and Patent Law and Policy ［R］. 2003：1-6.

❸❺［德］鲁道夫·克拉瑟. 专利法：德国专利和实用新型法、欧洲和国际专利法［M］. 单晓光，张韬略，于馨淼，等译. 北京：知识产权出版社，2016：55.

❹ Karl Heinrich Oppenländer. Die Wirtschaftspolitische Bedeutung des Patentwesens aus der Sicht Derempirischen Wirtschaftsforschung ［M］. GRUR Int, 1982：598-601.

❻ 马忠法. 对知识产权制度设立的目标和专利的本质及其制度使命的再认识——以专利技术转化率低为视角 ［J］. 知识产权，2009（6）：5.

因而愿意投入研发，另外，专利保护的发明若具有科技进步的优势，在其他竞争对手有能力仿效或赶上该科技进步的期间，专利权人即能享受最大的经济利益，经济学研究显示，在新科技推出至仿效产品上市期间若无专利保护将难以填补先前的研发支出。在科技竞赛的产业环境下，专利权实际上是遏止竞争对手仿效的重要手段。❶

若仅使发明人享有报偿请求权而未赋予独占性的权利，仍不足以产生激励研发与科技进步的效果，因为所能请求的报偿有限，一旦市场上出现仿效性的产品后，将大幅削弱权利人本能主张的报偿数额，从而无发明人或企业愿意率先投入创新研究，宁可等其他人研发有成后再仿效，构成"搭便车"的不公平竞争结果。在科技进步的散布或扩散阶段，专利制度的保护效果似乎会产生限制或有不利影响，实则不然。正由于发明准予专利后才具备市场流通能力；发明人尚未享有独占性权利之前，为了避免他人仿效只能以秘密方式实施发明；一旦取得专利权，技术移转的基础始告形成。专利制度的保护效果在散布或扩散阶段所彰显的功能，尤显现于跨国交易关系。即便是科技尚不发达的国家，亦必须建立专利制度，虽然权利人主要为发达国家的发明人，但若无足够的专利权保护，发达国家的发明人则无意愿移转技术。20世纪80年代起第三世界国家亟欲从发达国家获得所需技术，因而要求修改巴黎公约的内容，但是其所采取的手段并不在破除专利制度，而是寻求放宽强制授权要件，其证明专利的保护效果是跨国技术移转所不可或缺的基础。

（二）促进市场竞争

经由专利制度所赋予权利，发明人可阻止其他与发明相关的商品或服务在市场上流通及交易，这就是专利权人所拥有的独占力量；但实则专利权与其他财产权所赋予的独占性或排他性权利并无不同。从产业实务来看，

---

❶ Allan N. Littman. Restoring the Balance of Our Patent System [J]. IDEA, 1997 (37)：545.

市场上往往不会呈现专利保护目标一枝独秀的状况，仍有其他的替代性商品或服务；看到专利权人高额获利，竞争者及其他市场参与者亟欲推出自己的商品或服务，因而经济学上所称的完全独占甚少出现。仅在专利保护目标是全新的且其完全满足市场需求，又在替代商品或服务尚未推出之际，才有真正的独占力量可言。因此，唯有涉及全然的技术新知或属于完全新的技术解决方式，亦即属于先驱专利，专利权人才拥有独占力量；即使是在这种极度例外的情况下，如果专利权人滥用权利时，仍有专利法及竞争法的机制可以予以纠正。

另外，专利制度赋予专利权人排他性的权利，与竞争法促进市场有效竞争的目的似有抵触。但是在经济活动上，首先，竞争者及其他市场参与者对于专利权人的一举一动保持高度关注，以便能尽快及无偿地使用专利保护目标。其次，竞争者亦会试图推出自己的商品或服务，借以争夺市场占有率。因此，专利制度虽赋予权利人排他权，但因竞争者的制衡力量，仍能使专利保护与特定市场有效竞争处于平衡。最后，实务上专利权的排他性通常仅呈现于专利保护目标的实施层面，在研究发展及商业化层面，反而有促进竞争的功能；相较于自由仿效、任由第三人"搭便车"，专利权能使市场参与者有公平的竞争基础。❶ 从竞争法的角度来看，专利权行使过程能带动技术革新及确保消费者利益，并使资源达到效率配置，进而促进特定市场的有效竞争。❷

综上所述，今日专利法及竞争法的多数论者认为，专利权能达到有效竞争的目的，专利保护与竞争秩序维护的意旨并不背离；权利人在专利制度内行使独占权与排他权，虽会短暂产生限制竞争的效果，但仍为竞争法

❶ U. S. FTC. To Promote Innovation: The Proper Balance of Competition and Patent Law and Policy [R]. 2003: 1-6.

❷ Sheila F. Anthony. Antitrust and Intellectual Property Law: From Adversaries to Partners [J]. AIPLA Q. J, 2000 (28): 1.

所允许。❶ 但是专利权的行使若逾越专利法所允许的范围，因而有权利滥用、不公平或限制竞争情事的，国家仍应介入规制，专利权人的权利行使应兼顾自由公平竞争的维护与社会公益的平衡。

（三）增进公共利益

从公共利益的角度出发，专利制度可使有限的社会资源达到有效分配与利用。在排他性的基础上，专利权人愿意以有效率的方式自行实施发明或移转第三人，最典型的做法乃授权同一领域的其他人或者竞争对手，被授权人仅需通过技术移转即可取得所需技术，直接进行下游产品及服务的交易活动，节省自行研发的时间与成本，因而降低社会整体重复投入研发的资源浪费。❷ 另外，专利实施过程需辅以其他商品或服务的生产要件，如制造设备、销售渠道等，其直接或间接促进经济发展。

无论是在美国、欧洲或我国，专利法的立法精神都为促进实用技术的发展，法律赋予发明人专利权仅是促进实用技术应用及产业发展的一种手段，借以提升技术创新与社会福祉。专利制度的公开程序使第三人可获悉发明内容，并在其基础上继续从事科学技术的研究与发展，此等信息效果及保护效果促成技术创新，并满足公众对新技术利用的需求。在专利保护期间第三人因近用新技术所支付的对价可让专利权人继续投入研发，促成整体经济发展与提升；在专利保护期间届满后发明即成为公共资产，任何人可自由利用。因此，不论发明是否仍在独占权的保护范畴，科学技术知识领域的公共资产因专利制度而能持续累积。❸

---

❶ Janice M. Mueller, Donald S. Chisum. Enabling Patent Law's Inherent Anticipation Doctrine [J]. Houston Law Review, 2008 (45): 1101.

❷ Michael Abramowicz. The Danger of Underdeveloped Patent Prospects [J]. Cornell Law Review, 2007 (92): 1065.

❸ Christopher R. Leslie. The Anticompetitive Effects of Unenforced Invalid Patents [J]. Minnesota Law Review, 2006 (1): 101.

第二节 专利权有效性基本前提

一、专利法保护的对象

(一) 专利权保护的客体

专利法保护的对象为物的发明及方法发明，专利审查的第一步为发明或创作的本质是否为专利保护的法定客体。发明是依自然原理、原则，以自己的想象力，构成前所未知或未有的新事物，至于专利法上的发明，与一般科学上的发明，其定义颇有出入，❶ 专利法上的发明，着重于技术思想的创作，以利产业的发展，而纯科学理论的发明，并不在专利制度保护范围内。在专利制度框架内评论创新发明，不在于该新事物是否具经济效益，而在于此事物是否能够通过"可专利性"的门槛测试。

各国都以一定的方式来对发明的内涵予以界定，其中以美国专利法对发明的定义最为宽广，其并未限定在一定要有技术性才是专利法所保护的发明。依《美国专利法》第 101 条的定义，任何人发明或发现任何新而有用的方法、机械、产品或物的组合，或其他任何新而有用的改良并符合法律规定的要件者，可为此取得专利。❷ 这是采取列举的立法方式，直接规定出可予发明专利保护的客体为何，由此可知美国专利法所保护的客体为方法、机械、产品、物的组合，及其改良的专利。而其中的"方法"，根据其第 100 条的定义，是方法、技术或步骤，并包含已知的方法、机械、制品及物的组合或材料的新利用，因此就"方法"本身而言，至少是具备一个以上的步骤、处置、定则或顺序等，并且针对某一个特定的主题而实施，以产生某一物理效果者，换句话说，"方法"是指对某些材料的处理方式，使其产生一定的结果，它是一种技术，或对其一主题所实施的一系

---

❶ 吴汉东. 知识产权基本问题研究 [M]. 北京：中国人民大学出版社，2005：136.

❷ Jay P. Kesan. Carrots and Sticks to Create a Better Patent System [J]. Berkeley Technology Law Journal，2002 (17)：763.

列的行为，使其变成不同的状态或事物。因此，纯属逻辑或推断的方法，以及审美思想或其他价值判断等方法，不得申请专利。除此之外，美国联邦最高法院的判例也清楚表达"自然法则""物理现象"及"抽象概念"等三种基本原理原则，不得为专利保护客体。

根据美国专利法的规定，可予发明专利保护的基本客体有方法、机器、制品及物的组合等四种，而按其表现的方式，又可分为"方法发明"及"产品发明"两类，前者即方法的发明，而后者则包括机器、制品、物的组合等发明。

1. 方法

依《美国专利法》第 100 条（b）的定义，是指方法（或称为方法步骤）、技术或方法，包括对已知方法、机器、制品、物的组合或材料的新运用。专利法所保护的方法是指实施于特定目标，而能产生具体有形结果的一连串动作、步骤，倘若方法本身于实施后无法产生一定的物理效果或转换的，则无法获得专利保护；并且方法如需要人类心智参与或借助机器从事心智行为的，亦无法取得专利。❶

2. 机器

所谓"机器"，是指由各种不同的零件、元素所组合构成，能执行特定功能或产生一定结果的机器装置。机器的操作须由人工手动或自动控制，以及机械内部的各项材料、零件，均无涉于机器本身"可专利性"的判断，因为机械的"可专利性"在于其组成组件的特殊结构方式，与单独构成组件是否具备专利要件无关。各种机械的功能可能会因其零件、机器结合方式不同而有相异的结果，换言之，即使组合的零件相同，机械所得实施的功用与产生的结果亦将随组装方式不同而相左。此种就既有或已知的零件或机器，以新的方式重新结合组成另一种机械者，发明人或仍得以方法客体为其请求专利范围为而获得专利保护。相对而言，纵使组成机械的某特定零件或机器具有"可专利性"，然若发明人仅是运有既有或已知的

---

❶ H. F. Schwartz. Patent Law and Practice ［J］. The Bureau of National Affairs, 2001（3）：62.

组合方式将之与其他要件结合组成机械，仍无法就该机械取得专利权。由此可知，美国专利法所保护者，并非机械所产生的具体结果，而是保护最终结果所由生的机械装置。❶

3. 制品

将任何原料或材料通过人工或机械加工方式，所生产的产品若具有不同于原料或材料的新颖形态或特殊质量、属性者，即得受专利保护，此类以"人力"完成的物体，即专利法所称的"制品"。机械与制品虽均为物的发现，但是二者间仍有相异之处。机械乃是由许多装置、组件所构成，通过物理作用力的运转而达成特定功用或产生具体结果，属于"动态"制品，而制品本身则并无前述运作的功能，属于"静态"的客体。❷

此外，依美国罗得岛地方法院的见解，专利法所谓的"制品"，包括将许多装置或材料结合运用的房屋、桥梁等建筑物在内。❸ 但任何自然界所存在的物均不具有"可专利性"，即使该物非过去已知，具有发现上的创新性亦然，而有关基因工程与生物科技等议题则例外得受专利的保护。法院认为，"可专利性"的判断标准在于该制品本质上是否为人类所创造，而与该制品是否具有生命无关，只不过对于微生物应被视为物质的组合或制品而给予专利，尚有争议。❹

4. 物质的组合

所谓"物质"，是指任何具体有形的物体而言，包括液体、气体或固体等状态。❺ 将二种或二种以上的此类物质予以结合，不论所形成者为化学性质的混合物或为物理性质的合成品，均属于"物质的组合"。专利法

---

❶ P. D. Rosenberg. Patent Law Fundamentals [M]. Clark Boardman Company, 1981: 6.

❷ S. W. Halpern, C. A. Nard, L. P. Keneeth. Fundamentals of United States Intellectual Property Law: Copyright, Patent and Trademark [M]. Kluwer Law International, 1999: 228.

❸ Park-in Theatres, Inc. v. Rogers et al., 130 F. 2d 745, 746 (1942).

❹ Jeffrey M. Kuhn. Patentable Subject Matter Matters: New Uses for an Old Doctrine [J]. Berkeley Berkeley Technology Law Journal, 2014 (22): 89.

❺ R. A. Choate, W. H. Francis & R. C. Collins. Cases and Materials on Patent Law [M]. West Publication, 1987: 518.

所保护的是发明人就已知或新知原料、要素结合所产生的"新"物质。

"机械"与"物质的组合"相同之处，在于二者均是由不同组件组合而成的物体，相异之处则在于前者是由各种零件所组合，而后者则为各种成分相互结合或混合所构成。尽管如此，物质组合的"可专利性"判断与前述机械并无不同，均非以各个组成组件为取决标准，而是以整体结合、组合后所形成的结构客体是否具备专利要件为依归。

5. 方法、机器、制品或物质组合的改良

"改良"是指并不损坏本体，就既存的手段予以革新或增加新步骤，使其效能提升。改良是在不影响技术或工具的本质前提下，就该技术或工具为部分改变，以使其实施更有效率，更符合经济效益，并产生优化的结果。

"改良"的"可专利性"评断标准与前述其他保护客体并无不同，但是改良是附加于基础发明之上，即必须是就"可专利"的客体所为的改良，且改良的结果比改良前效能提升，才能获准专利。若仅是将被改良客体的组成组件重新排列组合，而未有任何新的结果产生，则不符合专利保护要件，无法获得专利保护。

（二）专利保护排除项

不管是国际公约还是各国家的专利法一般都有涉及专利保护排除项的规定，并且采列举方式为多。而美国法则较为特殊，专利法并无明文规定不予专利保护的客体，相关的内容则是得自其他法规与司法机关累积的判决见解。❶ 一般说来，不予专利保护的客体可以归纳如下。

1. 原子能武器

基于国家安全与军事机密的考虑，大多数国家的专利法理论与实务都认定任何有关核子原料或原子能的军事武器，均不得申请专利。美国法还

---

❶ 在 Diamond v. Diehr, 450 U. S. 175, 185（1981）案中，美国联邦最高法院表示有三个客体不得受专利保护，即自然法则、自然现象及抽象观念。在 Gottschalk v. Benson, 409 U. S. 63, 67（1972）案中，美国联邦最高法院指出自然现象、心智步骤及抽象智慧概念是不能获得专利的，因为它们是科学与技术成果的基础工具。

规定，已获准专利权的有关原子能专利，应予以撤销，并给予专利权人相当的补偿。❶ 发明客体是否为上述的原子武器，应就请求专利范围整体内容观之，不得仅因其发明名称不是原子武器而予认定其得受专利保护。

2. 自然法则与抽象观念

依《美国专利法》第101条规定，得受专利保护的客体，以具有新颖性及实用性的技术为限，换言之，必须具有可供产业上的运用，才为可予专利保护客体。自然法则属于基本的原理原则（如牛顿的万有引力等科学原理）是一切科技发展的基础，如果未与实用装置相结合，而允其取得专利保护，将使特定法则为个人所独占，有碍于其他人从事科学技术的研发与提升，其结果形同赋予一种抽象概念专利权，对于实用技术无益，与立法给予排他权保护的意旨并不相符。虽然科学真理或数学形式呈现的科学真理，不能作为可专利的发明，但是运用其知识所创造出来具新颖性及实用性（即具备专利要件的发明客体者）的构成体可以获得专利保护。❷

3. 心智步骤

心智步骤可分为两类，一为单纯的逻辑或演绎法（例如数学方法），一为个人审美观感或价值判断。前者如测量、计算、计算机运算等，是借助人类心智（推理）完成或通过机械实施以得出结果，后者则与个人之主观意念有关，仅得由个人的想法或意念完成。按申请专利保护的客体，其实施或运作若需辅以人类思想的介入才能完成的，则该项发明的实施结果将因操作者的不同，而有相异的结果，与专利法所要求的实用性旨趣不符，故无法取得专利权的保护。依美国法院见解，申请专利范围若仅为单纯的数学演算，且最终导出的结果纯以数字呈现者，例如单纯将符号的表现形式由平面转换为数字模式，该申请即不具有"可专利性"，故早期法院判决，都以计算机软件的申请专利范围涉及数学演绎法则或心智步骤的运用为由，否定计算机软件得为专利保护客体（但是各国法规判例多已逐渐认

---

❶ Anu R. Sawkar. Are Storylines Patentable? Testing the Boundaries of Patentable Subject Matter [J]. Fordham law review, 2008 (76): 3001.

❷ Mackay Radio & Telegraph Co. v. Radio Corp. of America, 306 U. S. 86, 94 (1939).

可计算机软件为可予专利的客体)。❶

4. 印刷物

印刷物的本质虽然属于制品，但是因其仅是单纯将文字或符号予以整理、组合或排列，整体结构并未达到专利法所要求的新颖性要件，故无法予以专利保护，然印刷物本身如果为创作的话，则其无疑可受著作权法的保护。

二、可专利性实质要件

(一) 新颖性

新颖性为专利制度的首要要件，发明内容必须是此前未曾出现过的技术或概念，才符合新颖性要求。新颖性的意义，为一项发明完成时，与现有技术相比须是"新"的，且尚未为公众所知悉，才符合本要件。❷ 专利制度目的之一就是为鼓励从事有用技术的发明，鼓励的方式是给予发明人一定期间的排他权。然若发明未增进人类知识库、提升产业技术，则给予该发明专利权将无益于产业的进步，反因专利排他权效力而妨碍产业发展。此外如果人们投入资源研发已知技术，将造成资源浪费。故基于上述理由，专利法要求发明须具备新颖性要件，才可取得专利权。

所谓的新颖，并非绝对概念而是相对概念，若从正面的方式加以定义则有无穷无尽的问题，必须从反面的方式加以规定。基于以上理由，大多数国家的专利法在新颖性要件的规定中皆采用反面定义的方式来构建新颖性要件。预先设立一套基本模式来过滤欲取得专利权的技术内容是否符合新颖性的目的。一般来说，当国内已有人知悉或已开始使用欲申请专利的发明，或已有他人在国内外的公开刊物上描述该发明的技术内容时，在专利法概念上，该发明已为现有技术所先占。此时该发明即不符合新颖性的

---

❶ Donald S. Chisum. The Patentability of Algorithms [J]. U. Pitt. L. Rev., 1986 (47)：959.

❷ 张晓都. 专利实质条件研究 [D]. 北京：中国社会科学院研究生院，2001：49.

要求。在此基本模式下，首先对应于新颖性概念设计了与其相斥的概念，即现有技术的概念，而所谓现有技术则是指已为一般技术人员所知悉的技术内容；其次列举现有技术的概念外延，即构成新颖性丧失的事由；最后通过欲取得专利的技术内容与现有技术的相互比对，来判定该技术内容是否具有新颖性。如果该技术内容符合现有技术的实质内涵，则该技术内容便不具有新颖性，反之则具有新颖性。

各国的新颖性概念大同小异，如此的差异亦反映出各国专利制度的政策目的。如美国在专利法修法前是采用先发明主义，其在新颖性判定的时间点则以发明的时间点为基准。随着美国专利法修法完成，新颖性的认定上则显得更为一体化。

1. 新颖性的分类

如果以技术内容是否公开为标准，可以将新颖性分为绝对新颖性和相对新颖性。所谓绝对新颖性是指技术一经公开即丧失新颖性，相对新颖性是指技术虽经公开，但是在一定期间内，该技术内容并不当然丧失新颖性。换言之，技术虽经公开，发明人如果有特定情形，而在该特定期间内提出专利申请，则该技术内容仍然被视为具有新颖性。就美国专利制度及《欧洲专利公约》而言，都设置了优惠期间的规定，均采用相对新颖性。其不同者，在于《欧洲专利公约》将符合相对新颖性的事由多界定为例外情形，❶ 而美国则将其认定为原则性规定。

如果以区域范围为标准，可以将新颖性区分为三种类型，即世界主义、国内主义与折中主义。所谓世界主义是指以全世界的现有技术作为判断新颖性的区域范围，专利申请在申请日以前，所涉技术内容必须未在世界上任何地方见刊、公开使用或为公众所知晓，即在判定现有技术的技术水准时是以世界作为统一的标准，《欧洲专利公约》是采用的世界主义。所谓国内主义是指以本国领土作为判定新颖性与否的区域范围。在专利申请前，

---

❶ Toshiko Takenaka. Rethinking the United States First-to-Invent Principle from a Comparative Law Perspective: A Proposal To Restructure § 102 Novelty and Priority Provisions [J]. Hous. L. Rev., 2002 (39): 621.

该申请的技术内容尚未见于国内之刊物、未于国内公开使用也未为国内公众说知晓。即以国内技术水准作为认定现有技术的基准，专利申请的技术内容必须不同于国内现有技术的技术水准，才能符合新颖性的要件。所谓折中主义是综合世界主义与国内主义，其并不以世界范围或者国内作为判定新颖性与否的单一区域标准。一般而言，采取折中主义的国家通常将公开使用与公众知悉的情形限定在国内所发生的情形，而见于刊物的情况则采世界区域作为基准。❶

2. 新颖性判定的范围

新颖性的判断必须以专利说明书所揭示的技术内容作为审查对象，如果该技术内容并未落入现有技术，则该技术内容符合新颖性的规定，反之，则不具新颖性，应被排除在可专利性的范畴，无法取得专利权。因此，只有先确认专利申请的技术内容的范围，才能进一步讨论该技术与现有技术之间的关系及其是否落入的可能，如果这里申请的技术范围无法确定，则难以判定其与现有技术之间的关系，也就无法进行新颖性的判断。

新颖性要件是以专利申请的说明书所记载的技术内容作为审查对象，而专利说明书包含的内容比较多，如发明名称、说明、摘要、申请范围，而与技术内容相关的部分，包括申请专利范围、发明说明以及图示三部分，且在新颖性要件的规定中，也没有明确规范新颖性的审查对象，因此在判定新颖性符合与否的过程中，究竟以何来决定申请的技术内容，便不无疑义。

一般认为，对于新颖性审查对象应以申请专利范围为审查对象。《美国专利法》上的新颖性认定范围规定于第 112 条，且美国法院在 Minnesota Mining and Manufacturing Co. v. Johnson & Johnson Orthopedics, Inc. 案❷中认为判定是否已有现有技术在前的情形，应该先界定专利申请的技术内容，

---

❶ Rochelle Cooper Dreyfuss. Nonobviousness: A Comment on Three Learned Papers [J]. Lewis & Clark L. Rev., 2008 (12): 431.

❷ Minnesota Mining and Manufacturing Co. v. Johnson & Johnson Orthopedics, Inc., 976 F. 2d 1559, 1580 (Fed. Cir. 1992).

而界定专利申请的技术内容是通过对于申请专利范围的解释，故而关于新颖性要件的判断是以专利申请的申请专利范围作为判定的对象。美国学者也主张新颖性要件的判断应该以申请专利范围为对象。❶《欧洲专利公约》并无明确的规定，第 54 条第 1 项所谓不属于现有技术的发明，其内容应该如何界定，依据学者的解释，所谓的发明是依据专利申请的申请专利范围界定。

3. 新颖性判定程序

确定专利申请的技术内容以后，便进入现有技术的认定与比对步骤。首先是确认专利申请的技术内容，关于专利申请的技术内容是以专利申请的申请专利范围为准，且在解读申请专利范围时，应该将其整体观之，不得将其割裂，以免对其有过低的技术评价。在解读申请专利范围的技术内容时，除申请专利范围中明确载明的元件之外，还包括未明确载于申请范围的元件，但是该元件必须对于一般技术人员来讲是必然存在的，这种元件属于固有技术。

其次是现有技术的认定，引证文件须是单一的，关于新颖性的认定每次仅可以一份技术内容与专利申请的申请范围做比对，而非以两份及以上的技术内容与申请专利范围相互比对。美国法院在 W. L. Gore & Associates, Inc. v. Garlock, Inc. 案❷中明确说明要构成现有技术在前的事实，必须是专利申请的申请专利范围的所有元件在单一的现有技术中被揭露，而在 Lindemann Maschinenfabrik GMBH v. American Hoist & Derrick Co. 案❸中，法院更进一步地说明，除了申请专利范围的所有元件须揭露于单一引证文件之外，还须各元件之间的相互关系完全相同。要求以单一技术内容作比对是有其理论基础的，新颖性的概念本在于判断有无现有技术的存在，因而须

---

❶　Christopher A. Cotropia. Patent Claim Interpretation Methodologies and Their Claim Scope Paradigms［J］. William and Mary Law Review, 2005（47）: 49.

❷　W. L. Gore & Associates, Inc. v. Garlock, Inc., 721 F. 2d 1540, 220 USPQ 303（Fed. Cir. 1983）, cert. denied, 469 U. S. 851（1984）.

❸　Lindemann Maschinenfabrik GMBH v. American Hoist & Derrick Co.（Fed. Cir. 1984）.

在申请之前的技术状态中寻找与申请的专利范围相同的技术内容。

再次是引证文件需符合相应的规定，引证文件技术内容也须认定。现有技术以不同的方式存在，其所揭露的技术内容为何，必须经过解释才能与专利申请相互比对。如现有技术是以刊物的形式出现，则关于其技术内容较为容易认定，而如果是以公开使用的形式出现，应如何确定其所揭示的技术内容，则较为困难。因此，如何通过证据资料加以判断，以清楚地确立现有技术的技术内容，也只有确认现有技术的技术内容才能比较其与专利申请的异同。

在认定引证文件的技术内容时，还有固有技术原则的适用，也就是引证文件虽然没有明白揭示的元件，但是该技术内容不可或缺的，仍可将其认定为引证文件的元件。❶ 另外，引证文件所揭示的技术必须符合可实施性，换言之，引证文件所揭示的技术内容必须使一般技术人员得以了解并得以实施。❷ 关于新颖性的判定，仅能以单一引证文件进行比对。但是如果该单一引证文件中有直接或间接引用其他技术内容，则被引用的技术内容仍得作为此单一引证文件的解释，而不可扩张单一引证文件的技术内容。

最后是引证文件与专利申请技术内容的比对。专利申请与引证文件的比对方式是采取单独比对的方式。所谓单独比对是指每次仅以一份引证文件与专利申请的技术内容相互比对。就引证文件的技术内容而言，其现有技术必须与专利申请的技术内容相同。然而需要达到何种程度才为相同呢？所谓技术内容相同是指单一引证文件与专利申请的技术内容中所有元件及元件间关系完全相同的情形。❸ 学者将此种认定标准称为严格的同一性。❹

---

❶　Irving N. Feit, Christina L. Warrick. Inherency in Patent Law ［J］. J. PAT. & TRADE-MARK OFF. SOC′Y, 2003 （21）: 5.

❷　Books B, Donner I. Patent prosecution: practice & procedure before the U. S. Patent Of-fice. 1999.

❸　Debra D. Peterson. The Hydra of Identity Tolerance: Patent Law Heresies Involving 35 U. S. C. § 102 ［J］. J. Pat & Trademark Off. Soc′y, 2003 （85）: 639.

❹　Sean B. Seymore. Rethinking Novelty in Patent Law ［J］. Duke Law Journal, 2011 （60）: 919.

而美国少数法院对于新颖性的判断并不采用此标准而是另外发展出"扩张同一性"的标准。所谓扩张同一性是指在判定引证文件与专利申请的技术内容是否同一时，另以显而易见、等同原则或一般技术人员的技术水准作为认定标准。❶ 但主流观点还是采取严格同一性的原则。

4. 抵触申请与拟制新颖性

申请专利的发明，与申请在先公开在后的其他发明相同的，不能取得发明，如果两者申请人相同的话，则不在此限。从贯彻先申请主义的概念观察，关于先申请主义的适用，须二人以上的申请人就同一发明，而分别先后进行专利申请，才有依申请的先后来判定由最先申请者取得专利权的可能，如果先后申请人为同一人，则根据先后申请的权利范围来做认定，如果先后申请的专利权利范围相同时，则基于"一发明一专利"的原则，驳回在后申请，如果先后申请的专利权利范围不同时，并无违反"一发明一专利"的原则，在后申请仍有取得专利的可能。

如果在先专利申请于在后申请进行前已公告，则在先申请构成专利法中已见于刊物的要件，在后申请便不具有新颖性。再者，在先申请在公告后任何人均可申请查阅抄录，因此发明所揭示的技术内容属于公众可知悉的技术内容，也会使在后申请不具有新颖性。而在后申请的申请日前，在先申请的技术内容尚未公开，则不符合申请前已见于刊物或者已被公众所知悉，在先申请并不构成现有技术。既然在先申请技术内容并非现有技术，那么在后申请并不因此丧失新颖性，所以法律通过拟制的方式，将在先申请的技术内容纳入在后申请的新颖性的范围。即虽然在后申请在申请日之前，在先申请的技术内容并没有见于刊物或者已被公众所知悉，但是在先申请的技术内容实际上于在后申请之前就已经存在，且在先申请也将于在后申请之后被早期公开或公告，既然已有相同的技术内容早在在后申请前业已存在，在后申请也应该属于丧失新颖性的范畴，之所以在新颖性的认

---

❶ Daniel Adam Nadel. The Elusive Point of Novelty Test Leaves Design Patent Infringement in Limbo: A Critique of Lawman Armor Corporation v. Winner International [J]. Fed. Circuit B. J., 2008 (17): 343.

定上将已备案在申请纳入考虑，其意义在于防止同一技术内容由不同的人先后或同时取得专利权保护，以维护在先申请人以及公众的利益。而其与原有新颖性的概念迥异，才通过法律拟制的方式将其纳入新颖性范畴。由于拟制新颖性属于丧失新颖性的事由，因此在审查专利申请时须一并适用。❶

（二）实用性

专利制度除为鼓励从事发明外，尚有促进产业进步的目的，若发明无法被产业利用，则给予专利权保护即失去意义，故专利法要求发明须具备实用性要件。换句话说，发明须表现出对社会确实有益的功能，不能仅因发明为新颖的或新奇的即可取得专利。❷ 而这样的要求，首先可见于《美国宪法》第 1 条第 8 节第 8 项，内容提到对于"有用技术"提供专利保护，所谓有用技术一般认为指的是发明的实用性。

专利法对实用性的要求，可见于《美国专利法》第 101 条，条文中规定不论是何种形式的发明，只要是"有用的"，均得依美国专利法取得专利权，换句话说，专利申请所揭露的内容，能展现出某种功能或获得某种成果，即符合实用性的要求。第 101 条并未要求发明必须是完美的，发明只需具备可辨识的功能即可，因此一项发明无须是达成某种成果最优异或唯一的方法才符合实用性的要求，而仅须在申请范围内是有用的。此外第 101 条亦不要求申请专利的发明需优于现有技术方符合实用性要件，只要能达成专利说明书所描述的目的即可。

此外，实用性要件亦可见于《美国专利法》第 112 条第 1 段，虽然第 112 条有时视为充分揭露的规定，但若一件发明实际上不具功效，那么专利申请就无法揭露如何使用此项发明，而会因违反第 112 条规定遭驳回专利申请。不具实用性的发明分为三类：一是显然无法实施的发明；二是不

---

❶　James B. Gambrell. The Impact of Private Prior Art on Inventorship, Obviousness, and Inequitable Conduct [J]. Fed. Circuit B. J, 2003 (12)：425.

❷　Hal Milton, Patrick R. Anderson. The KSR Standard for Patentability [J]. J. Pat. & Trademark Off. Soc'y, 2007 (89)：615.

能为产业所利用的发明;三是未完成的发明。对于未完成的发明来说又分为两种情况:一是有技术手段但是显然不能达成目的的构想,二是有构想但是缺乏达成目的的技术手段,其可能是缺乏全部或部分技术手段。❶

一般来说,机械设计和方法程序要符合实用性要件不难,此类发明可轻易通过绘图或图表展现出实用性。化学合成物及程序,特别是药物,要符合本要件却常有问题,因为化学合成物或者药物,很难利用绘图或图表甚至是化学方程式表达实用性。此外不像机械发明通常有立即的成果,化学或药物发明常需一段时间才能展现出其实用性,因此不同类型的发明对于实用性的要求应当不同。化学或药物发明会因对于基础研究有所贡献而被视为具实用性,相反地,像机械或电子产品的发明类型,即必须展现出特定且立即的实用性。

故发明申请是否符合实用性要件,须先判断专利申请范围为何种类型的发明,再按不同类型发明对实用性的要求进行判断。发明人所提出的专利申请范围中必须有揭露发明实用性的内容。而不同类型的发明,对于实用性揭露的要求并不相同。以程序方法发明来说,一个新的方法程序所制造的成果若无明显的实用性,则仅证明该方法程序本身的实用性是不够的,例如新发明的方法程序所生产的新药物如果与另一种药物相当类似,不得假定该新药物也具备类似的功效而使新发明的方法程序符合实用性要件。换句话说,一项程序方法发明若没有已知用途或仅是因其为科学研究的目标而有用,此程序方法即不具可专利性。而要求新发明的方法程序须证明其成果具实用性的理由在于,成果无用的方法程序无法增进有用的知识亦无法给予社会实际利益。至于组合物发明,如化学合成物,若仅是揭露该合成物为制造其他有用合成物的中间体,则该合成物并不因此具实用性,必须是该合成物本身具一定的功能。

此外,实用性必须经严格证明,原因在于若无须严格证明其实用性,未知范围的申请即可能获得专利权,因为专利审查人员并无法得知申请专

---

❶ Donald S. Chisum. The Patentability of Algorithms [J]. U. Pitt. L. Rev., 1986 (47):959.

利的方法程序的实际范围，除非申请人予以告知。而没有描述本身的实用性或藉此制造的产品的实用性的方法程序仍可获得专利时，则可专利的范围将过于大，导致单纯的"概念"亦可成为专利客体。发明需符合三项要求才符合美国专利法的实用性要件：第一，发明须能通过操作达到最小限度对社会有益的用途，即可实施的实用性；第二，发明需可操作并可被使用，同时能展现出功能并获得预计达到的结果，即可操作性；第三，所达成的效用不得违法、不道德或违反公共政策。

1. 可实施的实用性

美国专利法要求发明须具有可实施的实用性，才符合专利要件，即发明必须有某些"实际"的用途。所谓可实施的实用性并不必然表示发明必须具有一定的重要性，举例来说，一项仅在化学反应中存在小段时间的化学中间体，可能是研究人员发展其他具有疗效的化学物质的一项工具而相当有用。

然而美国专利法对发明可实施性的要求并不严格，使实用性要件的门槛相对于其他专利要件较容易符合，原因在于，若一项发明对社会不具实用性，则表示专利权所保护的该项发明价值不高，社会仅会暂时性地承担其代价。可实施性甚低的发明其销售数量必然不高，因此发明人所取得可排除他人制造、使用或销售该发明的排他权只会对社会产生极低的负担，故专利法并不会区分发明实用性的等级或者规范发明必须具备的最低限度可实施性。发明人所生产的产品也无须取得商业上成功或较以往产品展现出更优异的效能才符合实用性要件，发明仅需于某种程度上具有一定功效即符合本要件。

2. 可操作的实用性

满足实用性要件的发明须具备可操作性，若一项发明所宣称的实用性违反了公认的科学原理，则该项发明的专利申请将因不可操作性而遭驳回。此外当一项发明无法如同声称的发挥功用，在专利法概念下亦不具实用性。

可操作性的要求隐含在《美国专利法》第 112 条的规定内，❶ 一件发

---

❶ Peter D. Rosenberg. Patent Law Fundamentals [M]. Clark Boardman Company, 1981: 8.

明若无法有效完成其专利申请书内宣称的功能，将不符合第 112 条的规定。而发明的操作并不需要完美无瑕，亦不须达成专利申请书内提及的所有功能，仅需在某些情况下为有效的，可达成部分功能，即可满足实用性的要求。

当一件申请所使用的手段方法所欲达成的功能是无法实现的，该专利申请即不具可操作性而不符专利法要求。但仅仅是于专利申请书内叙述不具操作性的数据或图标数据，依照第 112 条第一段并未证明其不具可操作性，除非有优势证据显示该发明无法操作达成任何有用的功能，而使整个专利申请范围均不具可操作性而不符实用性要件。此外，发明无法达成其专利说明书中所揭露的部分功能并不会使该发明不合可操作性要求，发明只需达成至少一项专利说明书中所描述的功能即可符合第 101 条所要求的实用性。

专利申请书所揭露的实用性只要和申请专利范围一致，整件申请案即符合第 101 条对实用性的要求，除非相关领域的人对于实用性的说明或申请范围的客观真实性可提出质疑。此外，专利申请书内揭露的装置不需依照申请书说明或描述的确切方式操作，若一位在相同领域中具一般技术的人根据专利申请书所揭露的基础，会自然地调整修正使该装置具可操作性，仍符合实用性的要求。❶

总结上述，专利申请书所叙述的发明无须完美无缺始具可操作性，只需发挥任何有用的功能即可。此外，一项发明所展现的所有用途均在专利权的保护范围内，不限于专利申请书内所揭露的内容，发明取得专利后始发现的新用途亦可获得专利权的保护。

3. 道德实用性

虽然美国专利法并未规范发明人不得发展何种用途的发明，早期美国法院仍确认道德要素包含于实用性要件内，即发明的用途不得违法、不道德或违反公共政策。而道德的认定相当主观，且会随着时间而变动而没有

---

❶ Dan L. Burk, Mark A. Lemley. Policy Levers in Patent Law [J]. Virginia Law Review, 2003 (89): 1575.

一致的标准，有见解即认为既然美国专利法并未建立发明的道德判断标准，故美国专利商标局不应审查发明是否不道德或违法或违反公共政策，而应由其他机关限制何种发明不可取得专利权。总的来说，一项发明仅须具备任何有用的用途，且具可操作性，操作的成果并非不道德或违法或违反公共政策，则该发明即符合美国专利法对实用性要件的规定。

（三）进步性

新颖性是为了防止申请人将已知的技术据为己有，进步性便是防止申请人将一般人依既有知识可得知的技术据为己有。任何人不能将社会大众已经拥有的技术或知识据为己有，禁止他人享用。所以，必须将专利权的授予，限制于一定的条件及范围之内。此范围之外，大众便拥有任意使用已知技术的自由。所有非专利或专利期限已过之已知技术，为大众所得自由取用的公共财产。若将专利权授予一项已知的旧技术，无异于把公共财产割让给私人独占。

专利法上的进步性要件是一个过滤机制，在概念上与新颖性要件有一定的相似度，但两者之间须做区分，不可混淆。进步性在法律上的概念为不精准的、模糊的，几乎困惑所有的法官、陪审官、发明人、公司人员及所有人。❶ 不论是《美国专利法》第103条，或是《欧洲专利公约》第56条，要判断申请专利的发明是否具有非显而易见性前，均须先确定前提要素，才能据以判断是否"显而易见"或"轻易完成"。前提要素即为美国联邦最高法院于1966年在Graham v. John Deere Co. 案中揭示的三要素：决定现有技术的范围及内容，确定申请专利的发明与现有技术间的差异，决定发明当时一般技术水准。

1. 相关技术领域的确定

进步性的判断以现有技术为基础。现有技术必须来自申请专利技术的相关领域。❷ 所谓相关技术领域，指的是申请专利技术所属技术领域具有

---

❶ Robert C. Dorr, Christopher H. Munch. Protecting Trade Secrets, Patents, Copyrights, and Trademarks [M]. NY: John Wiley & Sons, Inc. , 1955: 186.

❷ In re Clay, 966 F. 2d 656, 23 U. S. P. Q. 2d 1058（Fed. Cir. 1992）.

通常知识者所会引用的技术领域。❶ 认定相关技术领域的范围，乃用以决定现有技术及所属技术领域之人的通常知识范围。美国对于发明所属技术领域的判断方式，有产品功能法❷及问题解决法❸两种方式。产品功能法，以结构、目的、功能决定技术是否相关。问题解决法则比较所欲解决的问题，以决定是否相关。有学者认为问题解决法较为合理,❹ 但最后演变为折中方式，先根据产品功效法决定所属领域的现有技术；对于非所属领域者，再以问题解决法判断，若欲解决的问题相同，仍为相关技术。欧洲有关进步性的审查，主要采问题解决法。现有技术是否属于相关技术领域，取决于其性质或效果而非结构。❺ 但实质相似的结构，当然增加其性质或效果相近的机会。日本对于相关技术领域似无明确定义，但凡目的、功能、解决的问题、技术手段的相近技术，皆可认定为相关技术领域。❻

相关技术领域在美国被认为是事实问题，由陪审团认定。实则此事实问题，仍涉及价值判断。在相关与非相关的黑白区分之间，总有灰色地带，必须加入价值判断，以决定其是否属于相关技术领域。纵使已认定属于相关技术领域的技术，在最后决定进步性之际，其与系争技术的相关程度仍是判断是否显而易知所要考虑的因素。

2. 现有技术的内容与范围

法律假设发明人知道所有现有技术,❼ 实际是否知悉并非所问，且用于推翻进步性的现有技术的数量并无限制。但组合数量太多的现有技术，

---

❶ In re GPAC, Inc. , 57 F. 3d 1573, 1578（Fed. Cir. 1995）.

❷ In re Bigio, 381 F. 3d 1326.

❸ In re Clay, 966 F. 2d 656, 23 U. S. P. Q. 2d 1058（Fed. Cir. 1992）.

❹ Edmund W. Kitch, Graham v. John Deere Co. ：New Standards for Patents ［J］. The Supreme Court Review, 1966：295.

❺ Guidelines for Examination in the European Patent Office, Part C, Chapter IV, 9. 8. 1.

❻ Jeanne C. Fromer. The Layers of Obviousness in Patent Law ［J］. Harvard Journal of Law & Technology, 2008（22）：75.

❼ Application of Winslow, 365 F. 2d 1017, 1020（CCPA 1966）.

可能反而证明系争发明并非显而易见。❶ 决定现有技术的范围时，可找专家证人来证明现有技术属于相关领域，❷ 但必须依照法律的规定及 Graham 法则，根据证据认定事实，❸ 再据以推论是否具有进步性。不可以后见之明认定申请专利发明欠缺进步性。❹

《欧洲专利公约》对于现有技术的定义别出一格，规定现有技术包括在欧洲专利申请日之前，通过书面表达或口头表述、使用或者任何其他方式为公众所获知的任何事物。这种规定方式，可使现有技术的范围，包括"其他方式"的概括条款。不在列举范围内的技术，若有符合规范目的者，尚有机会可以解释适用。美国、日本则采列举方式。凡不在《美国专利法》第102条或《日本特许法》第29条第1项中列举中的技术，便不可以用来否定进步性。

现有技术具体包括在发明时已存在的技术及申请专利时已公开的技术两种不同的概念。关于发明时已存在的技术，美国对于现有技术的来源，列举于其专利法第102条之中，概念上为发明时已为公众所使用的技术。这个现有技术是否已经公开，则并非所问。不但没有公开的专利，可以作为现有技术；❺ 即使只有极少数人使用，❻ 只要其使用不受系争专利发明人的限制，且对该发明人无保密义务，便可构成阻碍可专利性的现有技术。而申请时已公开之技术，在欧洲、日本则必须是已公开的技术，才可作为判断进步性的现有技术。其包括公开知悉及公开使用。所谓公开，是指不特定人或特定多数人得以共见共闻的状态，实际上是否共见共闻，并非所

---

❶　Platering Development Center, Inc. v. Perma Glas-Mesh Corp., 371 F. Supp. 939, 945（D. OHIO1973）.

❷　Wang Lab. v. Toshiba Corp., 993 F. 2d 858, 864（Fed. Cir. 1993）.

❸　In re Ochiai, 71 F. 3d 1565（Fed. Cir. 1995）.

❹　Ecolochem, Inc. v. Southern Cal. Edison Co., 227 F. 3d 1361, 1372（Fed. Cir. 2000）.

❺　Hazeltine Research, Inc. v. Brenner, 382 U. S. 252（1965）.

❻　Egbert v. Lippmann, 104 U. S. 333（1881）.

问。❶ 未公开的技术不能作为判断进步性的现有技术。

3. 确定现有技术与申请专利的发明的差异

要进行现有技术与申请专利的发明的差异比较之前，还要确定申请专利的发明。申请专利的发明的确定有赖于对该专利申请范围的建构。美国联邦最高法院于 Markman v. Westview Instruments 案❷认为，对于专利权的解释、说明，包含对于申请专利范围内措辞的解释，是专属于法院处理的范围，因此对于发明申请专利范围所载字义的解释，属于法院的职权，应由法院判断而不得由陪审团认定，属于法律问题。解释申请专利范围的方法，在 Vitronics Corp. v. Conceptronic 案中法院认为，解释申请专利范围时法院有许多来源可供参照，在美国联邦巡回上诉法院（CAFC）过去的判决中均曾提及，这些来源包括内部证据，例如专利说明书及申请历史资料，以及外部证据，例如专家与发明人的证言、字典及学术论文等。❸

另外需观察申请专利范围的文字，以确定发明的范围，虽然申请专利范围所使用的文字通常有经常、常规性的意义，但是专利权人得选择作为自己的词汇编纂者，只要在说明书或历史档案中清楚陈述对该用语的定义，即可赋予所使用的用语有别于一般的定义，但是除非发明人表示出具有不同意涵使用，否则必须赋予所属技术领域具有通常知识之人的通常意涵；❹其次是必须审阅说明书的记载，以判断申请人所使用的用语是否与该用语的一般定义不一致，也就是说说明书扮演了字典的角色，可能以明示或暗示的方法定义申请专利范围的用语，申请人必须在说明书内对发明的目标做一明确、完全的描述，使在该技术领域具有通常知识者，可以根据说明书实施该发明。

---

❶ 日本最高裁判所昭和 61.7.17 判例（最高裁判所民事判例集 40 卷 5—961），该判例指出：澳大利亚专利局将该国专利文件的微缩影片复制交日本特许厅，供民众阅览。该等信息处于民众可以阅览的状况，即为公开，事实上民众是否已经阅览并不管。

❷ Markman v. Westview Instruments, Inc., 517 U. S. 370 (1996).

❸ Vitronics Corp. v. Conceptronic, Inc., 90 F. 3d 1576 (Fed. Cir. 1966).

❹ Hoganas AB v. Dresser Indus., Inc., 9 F. 3d 948, 951, 28 USPQ2d 1936, 1938 (Fed. Cir. 1993).

至于在内部证据与外部证据的适用顺序上，因相较于专利说明书本身及其案件历史数据等内部证据，外部证据较不可靠。（1）就字面定义而言外部证据并不是该专利的其中一部分，且不像专利说明书是为了在案件申请过程中解释专利的范围与意义而产生的；（2）外部证据，例如文献，就不见得就是由该技术领域者所撰写的或者专门撰写给该技术领域者阅读用的，故有的文献可能无法真实反映该专利技术领域具通常知识者的看法；（3）如专家报告或证词之类的外部证据则是因诉讼而产生者，这些内容往往会有偏颇之处，特别是如果该专家不属于该专利所属技术相关领域之技术者，或者该专家的意见未经过交互诘问，该专家证言更可能会带有偏见。相对而言内部证据则不会有此问题：（1）那些可用来影响请求项解释的外部证据几乎没有种类上的限定，在诉讼过程中每一方皆会自然地采用对他们最有利的外部证据，并将所过滤出有用的外部证据的问题交给法院去处理；（2）过度地依赖外部证据会减损申请专利请求项、说明书及档案历史等公开数据所被赋予的法律意义，进而不知不觉地损害了专利案通过公开来公告大众周知的功能。因此，应一并注意，故适用顺序上，内部证据应优先于外部证据。

在决定现有技术与申请专利的发明的差异时，并非就申请专利的发明的各个构成要件——与现有技术比对，而是就发明的申请专利范围为整体，看其对所属技术领域具有通常知识之人是否显而易知。❶ 确定现有技术与申请专利的发明的差异，主要应着重于发明的物理结构与功能、效果。因为发明包括结构与功能，结构指的是发明付诸实施后的物理形体。在发明为机械等物品时，是为达成发明揭示的用途而实施该机器时，所实际建构完成的物理结构形体部分；在发明为方法时，是指为达成发明揭示的用途，所依循的为解决问题的一系列操作或步骤所显现于物理形体的部分。发明的物理结构通常决定专利的申请专利范围，专利权人可排除他人制造与其发明相同的物理结构，但并不能排斥他人以不同的物理结构而达到相同效

---

❶　Kirkland v. Western Fiberglass, Inc., 16 U. S. P. Q. 2D 1892, 1893（CAFC 1900）.

果的创作。所谓功效，是指将发明的物理结构付诸实施时所固有或无可避免具有的效果，或称发明的性质、作用、实益、结果，凡是不属于发明物理结构层面者都属于。❶ 对一发明而言，不论是物理结构与功效都应考虑在内，不可偏废。换言之，在申请专利的发明与现有技术之间，不但要比较其在物理结构方面的差异，也要注意功效上的差异，然后就申请专利的发明的目标整体与现有技术间进行比较是否"非显而易见"。

因发明在技术可分为物理结构与功效二层面，两个层面究竟基于何种关系，在比较上应以何者优先，可分为两个步骤进行，第一步是要先区分物理结构，物理结构不同者，则认为二者不同；物理结构若相似者，即进入第二步即论其功效是否相同或近似，易言之，对于物品发明的情形，须探求物品发明与表彰现有技术的既存物品二者间，在物理结构上有何不同；在方法发明的情形下，须区别方法发明与表彰现有技术的既存方法，在运作步骤的物理结构上有何差异。区分的对象，在现有技术以其教导、在发明则以其申请专利范围为准。如发明与物理结构不相似者，其次则比较发明及现有技术的功效或实益，被称为实益比较。❷

在申请专利的发明与现有技术的差异固可依上述方法进行比对，但因专利法要求揭露的义务，专利申请人于申请时，应揭露专利物的制造及使用方法，表明其功能（效果），及其与现有技术间的差异，如果申请专利的发明人于申请中未予揭露，可否于申请后所发现的功能或效果，据以认定其非而易见性。实务中有肯定说、否定说及调和说三种观点，肯定说的理由为，申请专利的发明事后才发现的效果，不仅可以作为核准专利的依据，此种事后试验证明更可证明该发明专利具有价值、❸ 纵使申请人对其实验或结果无所知，只要其提出的发明具有实用的价值，即使申请人不

---

❶ Chris P. Konkol. A Critique of the Concept of Relative Significance in Determining Obviousness [J]. IDEA: The Journal of Law and Technology, 1992 (31): 224.

❷ Donald S. Chisum, Michael A. Jacobs. World Intellectual Property Guidebook – United States [M]. NY: Matthew Bender, 1992: 102-103.

❸ Westmoreland Specialty Co. v. Hogan, 167 F. 327 (3d cir. 1909).

知影响申请专利的发明所有因素，对专利的核准并无影响、❶ 申请人得以其所不知的效果来主张可专利性，只要该效果为申请专利的发明本身所拥有；❷ 否定说认为未揭示的效果是事后所见，在审核应否给予专利时不应列入考虑；调和说认为以依申请书所载的方法加以实施时，是否可得知申请人原未发现的特性为准，可以得到此原未发现的特性，则申请人可据以主张，若原未发现的特性是经由说明书以外的方式所得者，则申请人不得主张。主流观点是采取调和说，但是实务上又引发出另外一个问题，即原未发现的特性是否以申请人亲自发现为限，关于此问题实务认为应该以申请人或发明人发现者为限，❸ 如此专利申请人即可依上述主张其申请时未发现（隐含）的技术，以证明其发明较现有技术而言具有非显而易见性。

相反地，现有技术虽未明白揭示，但根据已揭示的内容可知该技术为发明者设计而生必然、合理、不可避免的结果者，主要适用在新颖性的规定中，即申请专利的发明如与现有技术所未明示但为其固有技术，其发明不具新颖性。❹ 此种先前技术所固有的技术，可否援引现有技术中未发现的技术，而主张申请专利的发明不具显而易知性？在美国实务上认为，法律即是以虚拟的具有通常技术之人判断发明的非显而易见性，对隐而未显、不易察知的固有技术，其人当无认知的可能，故不应于判断发明非显而易见性考虑，但若先前技术的固有技术虽可察知，亦未必皆可使申请专利的发明不具非显而易见性，仍应根据该固有技术对申请专利的发明有无教导或建议而定。❺

---

❶　Diamond Rubber Co. v. Consolidated Rubber Tire Co, 220 U. S. 428, 55 L. Ed. 527, 31 S. Ct. 444 (1911).

❷　Simplex Piston Ring Co. v. Horton – Creamer Co. , 61 F. 2d 748, 750, 16 USPQ 157 (2d Cir. 1932).

❸　General Tire &Rubber Co. v. Jefferson Chemical Co 479 F. 2d 1283, 182 USPQ 70 (2d Cir 1974).

❹　Westmoreland Specialty Co. v. Hogan, 167 F. 327 (3d cir. 1909).

❺　Bradford J. Duft, Eric P. Mirabel. Principles of Inherency [J]. J. Pat. &. Trademark Off. Socy'y, 1995 (77): 548-550.

4. 决定发明当时一般技术水准

决定当时的一般技术水准是以该技术领域的普通人员为准，在美国专利法上称为 PHOSITA，❶ 之所以要将所属技术领域具有通常知识者作为判断标准主要是基于“若是从执行例行性工作中的自然进步，不具有专利价值”❷ 的立场。所属技术领域具有通常知识者非指发明者或任何特定专家，而是由法律虚拟出来，在专利申请范围的领域内具一般技术水准的人物，因此发明者主观上的动机并非分析此虚拟人物的要素。

关于虚拟的“所属技术领域中具有通常知识者”在 1983 年美国的判例中有了较客观的标准，在 Environmental Designs, Ltd. v. Union Oil Co. 一案中，法院认为通常技术水准中所谓通常知识要到达何种程度的考虑因素为发明人受教育的程度；在该技术领域所遭遇问题之类型、现有技术对该问题的解决方式、技术研发的速度、技术的复杂度、在该领域工作的人的受教育程度等，并认为并非每一案件都须就所有这些因素予以考虑，而是在某一特定案件中可能考虑其中某些占优势的因素。❸

其后，在 Stewart-Warner Corp. v. City of Pontiac 案中法院认为，在确定技术领域的一般水平时，发明人的教育水平不应被考虑。❹ 在 1986 年 Compare Custom Accessories, Inc. v. Jeffrey-Allan Industries, Inc. 案中，法院认为，一般技术水准之人是一个虚拟人，被假想知道了所有相关技术，发明人的技术没有决定性的意义，在决定技术水准时会考虑的因素，包括在该技术领域所遭遇问题的类型、现有技术对该问题的解决方式、技术研发的

---

❶　U. S. C. § 103 (a)：The subject Matter as a Whole Would Have been Obvious at the Time the Invention was Made to a Person Having Ordinary Skill in the Art to Which Said Subject Matter Pertains.

❷　Rebecca S. Eisenberg. Obvious to Whom? Evaluation Inventions from the Perspective of PHOSITA [J]. Berkeley Technology Law Journal, 2004 (19)：885.

❸　Environmental Designs. Ltd v. Union Oil Co., 713 F. 2d 693, 218 USPQ 865, 868 (Fed. Cir. 1983).

❹　Stewart-Warner Corp. v. City of Pontiac 767 F. 2d 1563, 1570 (Fed. Cir. 1985).

速度、技术的复杂度及在该领域工作的人的受教育程度。❶ 在 2000 年 Ruiz v. A. B. Chance Co. 案中，在技术领域一般技术水准的确定上仍然引用了 Environmental Designs，Ltd. v. Union Oil Co. 案，但并没有引述其中发明人受教育的程度。❷ 故从上述实务演进中可知，发明人的受教育程度似乎已逐渐被踢出考虑因素。

可见在决定发明当时一般技术水准时，是以一虚拟之人在该发明所属技术领域，依其工作经验范围内所知知识总合为标准依具体个案决定的。其技术水准则介于普通人与专家之间，❸ 而非以该领域的专家为标准。❹ 在判断通常的技术水准，其时间是以专利申请时，但审查人员进行审查该发明时，已知悉发明的结果，易导致审查人员误以为该等技术为通常知识之人显而易知者，尤其在阅读发明者所揭露的资料后更是如此，而有"后见之明"的问题。❺ 正如同魔术一样，往往于知悉答案后，会认为并无任何困难。所以决定通常知识者，应尽量客观避免"后见之明"。

5. 辅助性判断因素

辅助性判断因素有时被称为"第二指标"，可作为判断发明活动，❻ 是判断"发明活动"事实调查的指标之一，但并不能代替技术上的评估是否具有发明活动的调查。因为以技术层面来判断非显而易见性是以一虚拟具有通常知识的人，在发明当时知悉相关技术之下对发明与现有技术间进行认定，在判断是否具有非显而易见性时，有诸多困难又涉及价值判断，且判断者常在说明书的引导下，或专家的证言下，及以事后的眼光观看发明

---

❶ Compare Custom Accessories，Inc. v. Jeffrey-Allan Industries，Inc 807 F. 2d 955，962-63 USPQ 2d1196，1201（Fed. Cir. 1986）.

❷ Ruiz v. A. B. Chance Co. ，234 F. 3d 654（Fed. Cir. 2000）.

❸ Ex Parte Hiyamizu，702 F. 2d 1005，1012，217 USPQ 193，199（CAFC 1983）.

❹ Uniroyal Inc. v. Rudkin-Wiley Corp. ，837 F. 2d 1044，1050，5 USPQ 2d 1434，1438（CAFC 1988）.

❺ 牛强. 专利"创造性"判断中的"事后诸葛亮"——兼评我国《专利法》第22条及《审查指南》中相关规定［J］. 知识产权，2009（4）：52.

❻ Gerald Paterson M. A. The European Patent System，the Law and Practice of the European Patent Convent［M］. London Sweet & Maxwell，2001：560.

当时的技术，而陷入"后见之明"，因而有辅助性判断因素为客观证据产生。美国联邦最高法院于 1877 年 Smith v. Goodyear Dental Vulcanite 案❶首先承认并认为发明所解决的问题如果为社会长期未能解决的问题，则该发明显然具有满足社会需求的重要性，在此之前既无人能预见发明人的发明，足以证明该发明的非显而易见，故有专利价值。其后美国联邦最高法院在 Graham v. John Deere Co. 一案确认辅助性判断因素对于判断是否非显而易见性应有所关联，因而建立了辅助性判断因素的地位。

商业上的成功是辅助性判断因素类型中为美国法院所最常引用的。❷所谓"成功"是指"已成功"而非"可能会成功"，因此申请人主张其发明已获商业上成功者，应负举证责任，不仅须提供销售数据，还必须准备市场销售的利益、销售成长量及取代早期的他人产品等证据。商业上成功的事实并不以发生在国内为限，国外的销售数据亦可以作为证据。❸ 且商业上的成功须是因于其专利说明书中揭露的功能或优点，❹ 也就是该发明在商业上成功是因发明本身的技术特征所致。❺ 申请人或专利权人就商业上成功的辅助性判断因素，应提出的证据至少有：（1）商业上成功的事实，包括提出销售资料、市场销售的利益、销售成长量及取代早期的他人产品等数据，至于发明在市场上的销售成功，为专利权人或授权人或仿冒者，均在所不问;❻（2）申请人必须证明该发明在商业上的成功与申请专利的技术特征有关联性，发明在商业上的成功是因商业上的大量促销活动、消费者需求的变化、商业主体在市场上的主导地位等，或是因为与申请专

---

❶ SmithV. Goodyear Dental Vulcanite 93 U. S. （3 otto）486，23 L. Ed. 952（1877）.

❷ Robert W. Harris. The Emerging Primacy of Secondary Considerations as Validity Ammunition：Has the Federal Circuit Gone too Far? ［J］. JPTOS，1989（71）：196.

❸ Lindemann Maschinenfabrik GMBH v. American Hoist & Derrick Co. 730 F. 2d 1452，221 USPQ481（Fed. Cir. 1984）.

❹ In re vanco Mach. & Tool，Inc. Fed. Cir. 1984，752 F. 2d 1564.

❺ Marconi Wireless Tel. Co. v. United Stateds，320 U. S. 1，35 n. 20，57 USPQ 471，reh'g denied，320 U. S. 809（1943）.

❻ E. I. dy Pont de Memours & Co. v. Phillips Petroleum Co. 656 F. Supp. 1343，2USPQ 2d1545（D. Del. 1987）.

利范围无关的技术、相关新技术的改变等所致，而与申请专利的技术特征无关者都属于不具有关联性；但是如果使用该产品的消费者的证言，证明购买该产品确是因该发明本身的技术特征及优越性所致❶或专利权人可以对其专利品及其他产品花费同样的训练费用，而唯独专利品在市场上远较其他产品成功或发明仅为销售量大的机器的一项零部件时，该机器在商业上的成功归因于其零部件的技术特征，则都属于具有关联性。❷

　　辅助性判断因素的第二种是满足长期需求。所谓长期需求，是指长期存在于某技术领域且尚未解决的公认技术难题。若在某技术领域中从事者反复尝试解决某项问题未果，而申请专利者能证明其发明能够解决长久以来存在的问题，则此项客观事实可作为该发明具有非显而易见性的证据。判断技术领域中是否存有长期需求的时间点，应由需求产生时及有证据显示有从事技术者开始努力解决问题时为准，而非以申请专利时作为判断时间点；反之，若依申请专利时决定，而该发明是有某种需求已经有相当直接的解决方法提出后才完成，则反而可能成为其不具非显而易见性的证据。❸ 主张有客观证据时，申请人或专利权人应证明下列事实：（1）发明所解决的问题确为该技术领域一直未能解决的技术问题，即技术的欠缺必须为公认而长期存在的事实，例如在 In re Gershon❹ 一案中法院认为，既然在该案中所叙述的问题是申请人第一个意识到，其他人明显地没有意识到该问题的存在，因此即不可能存在有长时间需求的证据；（2）发明当时的技术水准与以往未能解决该问题期间内的技术水准，应为相同的水平，故如发明为采用其他新进技术成果而成者，或发明所采的现有技术为同业所不知晓的技术知识，均不能认为发明为能为人所不能。至于长期需求的期间究应多长应就个案决定；（3）须证明长期未能解决的问题与发明之间确

❶　In re Huang, 100 F. 2d 135, 40 U. S. P. Q. 2d 1625, 1690（CAFC 1996）.
❷　Demaco Corp. v. F. Von Langdorff Licensing, Ltd., 851 F. 2d 1387, 7 USPQ2d 1222, 1227（CAFC 1988）.
❸　Potter Instrument Co. v. Bucode, Inc., 184 U. S. P. Q. 662, 670（E. D. N. Y. 1975）.
❹　In re Gershon, 372 F. 2d 535, 539, 152 USPQ 602, 605（CCPA 1967）.

有相当的关联性，即发明确实能解决长期需求解决的特定问题。

发明能获得竞争同行的认同的，如一般同行竞争对手向专利权人争取专利授权被认为最具可专利性，其基础理论在于竞争同业对该行业中的现有技术及经济上的利益知之最详，如非发明确实非显而易见而甚具价值，其不会要求专利授权。若要主张有此客观上的辅助性因素，应提出证明：（1）该发明受到同行的认同或要求授权的事实，（2）商业上的认同须与发明有相当的关联性，例如，授权为无对价、对价甚少的授权或因对所授权实施的发明是否是有效的专利并无信心等，可能都会被认定为是不认同该发明。

所属技术领域内的专家对发明一开始在公开场合的反应，通常是决定可专利性与否的重要因素，大部分的有力证据是专家认为其发明为不可思议，或起初就质疑其可行性，然后则赞许其成就非凡，都显示发明具有非显而易见性。例如，United States v. Adams 案❶现有技术的相关知识，事实上并不认同 Adams 电池所采用方法的可能性，但其后专家均认许其发明，即是最具代表性的案例。

他人的抄袭发明的事实，可为发明具非显而易见性的证明。❷ 然而抄袭如有不知发明专利的存在而独力发展、仿冒者缺乏对专利权人权利的尊重或心存侥幸而认专利权人无力保护其专利等与发明本身技术无关的情事，则该他人的抄袭即不是非显而易见性的证明。换言之，申请发明的专利权人应证明抄袭为针对发明的特定技术特征而来。

他人的失败也可为发明具非显而易见性的证明。与商业成功不同的他人失败，是直接表明在几个同时致力于发明的人，而专利权人为第一个达到目标的人，只要这特定问题时间够长，也就是说在某一技术领域的一般人员在特定方面不断努力，但总找不到一个新而有用的改进方法，第一位

---

❶　United States v. Adams，383 U. S. 39，42-43（1966）.

❷　Pentec，Inc. v. Graphic Controls Corp.，776 f. 2d 309，317，227 USPQ 766，771（Fed. Cir. 1985）.

找到的人可以授予专利权。❶ 主张有此因素存在时，必须首先证明其发明确实能解决该特定问题；其次则须证明有同样知识的他人亦察知该特定问题存在而有研究解决之道的动机；再而须证明他人确曾尝试以与发明相同的技术方向解决该问题。❷

此外，预想不到的效果可作为发明活动的指标之一，不可预期的效果就是相乘效果原则，美国于 1983 年后认定其为不正确的判断方式，但已将其作为辅助性判断因素考虑。

---

❶　Expended Metal Co. v. Bradford, 214 U. S. 366, 381 (1908).

❷　Edward Philip Walker. Objective Evidence of Non-obviousness: The Elusive Nexus Requirement (Part I) [J]. JPTOS, 1987 (69): 175.

第二章 专利权的效力与限制

第一节 专利权的效力内容

专利权效力是指专利权的法律效果和作用，主要是确定专利权人的利益与公共利益之间的界限。专利权的效力也有许多争议，主要分为消极说与积极说。消极说认为专利权人取得的权利是一种"排他权"，而非"专属权"或"专有权"，其依据是 TRIPS 第 28 条规定的字眼为"专有排除他人未经同意"而制造、使用或为上述目的而进口该物的权利，并且不少国家和地区的专利法与 TRIPS 规定模式一致，是从反面来规定专利权的相关内容的；积极说则认为专利权兼具"积极实施性"与"消极排他性"的本质，理由在于专利权是无体财产权，必须通过实施权来实现权利所表征的价值与利益，并且不少国家和地区的专利法是从正面形态来规定专利权的内容的。笔者认为积极说与消极说之间并无不可逾越的鸿沟，专利权是一组权利束，其财产权属性是毋庸置疑的，在 Continental Paper Bag Co. v. Eastern Paper Bag Co. 案❶中美国法院就认为专利权是"绝对的财产"，排他权是专利权的本质，亦为整个专利制度核心，一种人为的合法独占。既然具有财产属性，那么在一定程度上其也拥有财产的内涵，即"所有人就其财产得自由行使权利"以及"其他人被禁止干扰所有人行使其权利"，也是从积极面和消极面来界定的。所以，专利权效力不管是积极说还是消

---

❶ Continental Paper Bag Co. v. Eastern Paper Bag Co., 210 U. S. 405（1908）.

极说在实践中不会产生分歧。当然，不同的权利具有不同的法权模型，专利权的其他属性的彰显倒是会令其与其他财产权在法律规制和认知上有所疏离，其中最为明显的就是期限性。但是不管是从正面还是从反面途径的方式，有关专利权效力的规则，其所涉及的内容大同小异，专利权权能都包括制造、使用、销售、进口等行为，专利侵害分成两种主要类型，一是直接侵害，二是间接侵害。各国专利法都对专利侵权提供了相应的救济措施。

一、专利权诸权能

（一）制造

制造是指生产具有经济价值的产品，因此制造行为只会对产品专利构成侵害，而不会侵害方法专利。由于制造本身即可构成侵害行为，因此在国内制造而在国外使用仍然构成专利侵害行为，未经授权制造并于专利权期满后销售也是一样。[1] 对于未完成品的制造是否也构成直接侵害，在美国实务上长期以来争议不断，例如美国联邦第二巡回上诉法院在 Radio Corp. v. Andrea 案[2]中认为所谓制造需发明产品已被组合至可被运转的状态，成为可运转的组合物才构成直接侵害。相对于前述见解，在 Huck Mfg. Co. v. Textron, Inc. 案[3]中法院却认为尽管装置是以非构成专利侵害方式加以使用，但只要有以构成专利侵害方式来使用该装置的可能，就构成直接侵害。法院更进一步指出，就使用者而言，其使用行为是否构成专利侵害，是根据其实际使用该装置的情形来判断，如果该使用者是以构成专利侵害的方式来使用该装置就构成侵害；但就制造者而言，其制造行为是否构成专利侵害则是根据该装置整体情形或合理使用的可能性来做判断，只要制造者所制造的装置有构成专利侵害的方式来使用的可能，其制造行

---

[1] Bullock Elec. Co. v. Westinghouse Elec. Co., 129 F. 105 (6th Cir. 1904), cert. denied, 194 U. S. 636 (1904).

[2] Radio Corp. v. Andrea, 79 F. 2d 626 (2d Cir. 1935).

[3] Huck Mfg. Co. v. Textron, Inc., 187 USPQ 388 (E. D. Mich. 1975).

为即构成直接侵害。后 1984 年《美国专利法》第 271 条（f）项的规定将此争议基本消弭，依其规定，任何人未经授权在美国境内提供专利发明所有或实质部分的成分，此成分虽在美国境内未完全组合，但其积极诱使此成分在美国境外组合，若此组合的行为发生在美国境内将构成专利的侵害时，应负专利侵害的责任；或任何人未经授权在美国境内提供发明专利的任一成分，该成分是为了发明的使用而制造，而此成分在美国境内未全部组合，其知悉该成分制造的目的并意图于美国境外组合该成分，若其是在美国境内组成将构成专利侵害行为时，则应负专利侵权责任。因此，即便在美国境内仅是制造非完成品的零件，若符合此项规定仍成立直接侵害。

关于申请专利范围已经限定其使用方法的发明，可否主张将来的使用方法与申请专利所记载的不同，因此该发明的制造行为不构成侵害？在 Huck Mfg. Co. v. Textron，Inc. 案中，法院认为当装置依照非构成专利侵害的方式加以使用时，只要该装置具有作为专利侵害的可能性，该装置的生产者不得以其作为抗辩。法院并认为，就可否主张与申请专利范围所记载使用方法不同的抗辩而言，对于可能构成侵害的用户和制造者并不同，就使用者而言，是否构成侵害是以对于发明的实际使用为准；就制造者而言，是否构成侵害是以对于发明的合理使用或合理使用的可能性为准。即就使用方法不同的抗辩，"使用"形态的侵害者可援引；但"制造"形态的侵害者只要该发明有使用于侵害的可能即无从主张，则制造行为即构成直接侵害。大多数国家的专利法实务在制造行为的界定上基本与美国持相同的立场。

（二）使用

所谓使用是指不破坏物体或变更其性质，而依其用法以供生活上需要。针对物品发明而言，是指使用专利技术所生产的有体物的情况，针对方法发明而言，使用该方法即构成直接侵害。在实务上引起争议的主要有下列两个问题，一是单纯持有是否构成侵害，在 Beider v. Photostat Corp. 案❶中，

---

❶ Beider v. Photostat Corp. ，10F. Supp. 628（W. D. N. Y. 1935）.

美国法院认为单纯持有专利机械并以其为样品并不构成侵害或有侵害之虞，即只要没有证据显示持有的目的是在获取利润而对专利权人独占的制造、使用、销售权有所妨害即可。因此，在检讨是否构成使用的侵害，似乎应该斟酌行为人主观上持有的目的来加以判断。在 Olsson v. United States 案❶中法院却认为虽未实际使用，但持有本身若已经赋予利益，则仍可构成侵害。对此可能产生传统上使用概念解释的扩张，但是笔者以为单纯持有即可从客观上判定其受有利益的情形究属少数案例，因此原则上仍应就持有的目的加以考虑，而在 Olsson v. United States 案中法院所采用的客观标准则作为辅助判断标准。另外，非预期范围内使用如何评价，在 Cincinnati Ice-Machine Co. v. Foss-Schneider Brewing Co. 案❷中，法院认为专利申请人虽然被要求记载该发明的使用方法，但是并非有必要记载全部的使用方法或应用，况且在大多数的情况下记载全部的使用方法或应用也不大可能，故专利权人的权利并不限于已记载的方法。因此，专利权人所具有的排他权利是存在于基于任何目的而为的制造、使用、销售行为。换言之，不论使用目的为何，只要是未经许可的使用即会构成侵害，而不论该使用是否已经超越专利权人所能预期的用途。此种理论称为"全部使用理论"，但后来美国法院修正全部使用理论，在 Kaz Mfg. Co. v. Cheesebrough-Ponds，Inc. 案❸中美国联邦巡回上诉法院认为被告将原告已申请专利的保险柜作为船锚使用并不构成侵害，因为如此使用并不符合该专利的使用目的。因此，法院认为如果就使用者而言，现在实际使用的用途和专利发明的用途不同时，即不会构成专利侵害。

（三）销售

销售乃是指取得对价，有偿地将物品转让的行为，因此销售行为只会构成对物品专利的侵害，而不会对方法专利构成侵害。有关销售在实务上

---

❶ Olson V. United States，25 F. Supp. 495，497-498（Ct. Cl. 1938）.

❷ Cincinnati Ice - Machine Co. v. Foss - Schneider Brewing Co.，31 F. 469（S. D. Ohio 1887）.

❸ Kaz Mfg. Co. v. Cheesebrough-Ponds，Inc.，317 F. 2d 679（2ed Cir. 1963）.

引起之争议不多，过去虽有对于销售成立时间点的认定是否应提前的争议，然此在专利法修正后将许诺销售作为构成要件之一后亦已不再争执。由于"销售"行为仅限于实际的销售，而不含销售契约前的准备行为，因此美国专利法另外规定"许诺销售"亦会构成直接侵害专利权，以规范利用电话直接向可能的买者访问推销侵害他人专利权的侵害产品，或间接地在杂志上刊登销售侵害产品的广告，或间接地邮寄销售侵害产品的广告资料等行为。只要有描述侵害他人专利权的侵害产品，和提供价格信息这两个要件，即属于"许诺销售"的行为。

目前关于许诺销售最大的争议在于是否符合构成要件的判断，有关构成要件判断上的争议有两点：一是何时才算要约已经构成；二是是否必须有实体上的侵害物品才算构成侵害。大多数国家的专利立法并未予以明定，而是预留空间给法院形成判断标准。❶ 美国法院实务也有相关判决，目前较有名的案例是 3D Systems, Inc. v. Aarotech Laboratories,❷ 美国联邦法院在该案中表示，行为人所提供的报价单只要具有对于产品的描述并载明销售的价格，即应视为专利法上的许诺销售而构成专利权的侵害，后续买卖契约是否成立生效在所不问，更遑论侵权产品是否已交付；对此，蒂莫西·霍尔布鲁克（Timothy R. Holbrook）的看法是，许诺销售的许诺何时构成，应以一般商业标准判断；如果要求需有实体物的侵害物品则本规定了无新意，故应不以有实体的侵害物存在为必要。❸ 此项规定对网络电子商务冲击较大。

（四）进口

进口有专利的商品至境内也是直接侵害专利权的行为。因此，在域外

---

❶　David Sulkis. Patent Infringement by Offer to Sell: Rotec Industries, Inc. v. Mitsubishi Corporation [J]. Houston Law Review, 2001（38）：1099.

❷　3D Systems, Inc. v. Aarotech Laboratories, 160 F. 3d 1373（Fed. Cir. 1998）.

❸　Timothy R. Holbrook. Liability for the "Threat of a Sale": Assessing Patent Infringement for Offering to Sell an Invention and Implications For the On-Sale Patentability Bar and Other Forms of Infringement [J]. Santa Clara Law Review, 2003（43）：751.

制造已获本国物品专利权的物品，然后将该物品进口至本国的行为，亦会构成专利的直接侵害。依照《美国专利法》第 271 条第（g）项规定，在方法专利的有效期限内，未经许可而擅自进口该项方法专利产品，或于美国境内擅自许诺销售、销售或使用该方法，视为侵害者而负其责任，方法专利的侵害诉讼，不因属非商业性使用或零售该项产品而不得请求损害赔偿，但无适当的进口、其他用途、许诺销售或销售该产品者，不在此限。但下列情形所制造的产品并不视为根据方法专利所制造的：（1）方法是经过显著改变的；或（2）该产品仅为其他产品的非重要组件者，因此，在域外利用已获本国方法专利的发明方法制造物品，再将该物品进口到本国，仍构成专利侵害。

二、专利侵权救济

（一）诉前禁令

专利制度旨在促进产业进步，因此使专利权人具有经济利用上的独占性，排除他人未经其同意而使用其专利技术。若他人未经同意而利用专利技术者，专利权人虽可通过诉讼管道寻求救济，但是一般诉讼程序救济所耗费的时间及金钱无疑是庞大的，专利权人是否能及时获得救济也值得怀疑。如果等到诉讼程序终结确定后，法律才对其专利权提供保护，此时专利价值或因产业技术进步而不复存在，且即便专利权人可以主张损害赔偿，然若专利权人因对市场占有率的丧失已无法获得完全弥补，更有甚者可能已因丧失市场而被迫退出市场，则专利权人仅取得一个没有实益的判决。因此，为求实时保障专利权人的权利，避免使勇于研发的专利权人反被不法侵害专利权者所淘汰，造成产业技术停滞，暂时救济制度应运而生。暂时救济程序是一种在法院为实体判断前，由法院作出的一种暂时维持当事人间权利义务法律关系的处分，在英美法系是采用禁令的形式，在大陆法系被称为诉前临时措施。尽管名称有别且制度结构也有所差异，但是其制度功能基本类似，以诉

前救济的角度来看的话，较为特殊的则是初步禁令。❶

1. 初步禁令的意义

所谓禁令是指由法院所核发的命令，要求相对人为某种特定行为或者就特定事项采取不作为，是一种源自衡平法上的救济措施，其所代表的意义是为避免将来继续发生的侵权行为，而非弥补专利权人过去所受到的损害，或是惩罚侵权人过去的行为。❷ 美国法上的禁令主要有永久禁令、初步禁令及暂时限制令等，❸ 此三种禁令在效果上虽属类似，但是在存续其间及核发程序上则有所差异。其中初步禁令是一种尤为激烈而且特殊的救济手段，初步禁令是三种禁令中最为重要者，其核准与否往往影响个案中实质上的胜败，争执双方当事人，如果在初步禁令的审理中获得法院不利的决定，即便其后于该案诉讼中获得胜诉，然对其所造成的损失已难以形容。美国法院长期以来在处理专利案件相关的初步禁令的申请时，通常采取较为审慎的态度，并非当然地或例行性地核准，而是将核准当成一种例外。❹

2. 初步禁令的要件

由于美国联邦民事诉讼法仅对程序规定有所规范，并未就法院核发初步禁令的实质要件加以规定，因此有关初步禁令的核发要件是法院在实践中不断探索形成的。而初步禁令在美国发展已久，其核发要件确实也在美国联邦法院无数的判决中确立并逐渐趋向精致化。有关初步禁令要件最具代表性者为 CAFC 于 1983 年 Smith International Inc. v. Hughes Tools Co 案，❺

---

❶ 和育东. 美国专利侵权的禁令救济 [J]. 环球法律评论，2009（5）：89.

❷ Dana Remus. Irwin. Paradise Lost in the Patent Law? Changing Visions of Technology in the Subject Matter Inquiry [J]. Florida Law Review, 2008（60）：775.

❸ John Leubsdorf. The Standard of Preliminary Injunction [J]. Harvard law Review, 1978（91）：525.

❹ Jean O. Lanjouw, Josh Lerner. Tilting the Table? ——The Use of Preliminary Injunction [J]. J. L. & Econ, 2001（44）：573.

❺ Michael W. Carroll. Patent Injunctions and the Problem of Uniformity Cost [J]. Michigan Telecommunications and Technology Law Review, 2007（13）：421.

依照该案判决，CAFC 认为下级法院核发初步禁令时应平衡考虑：申请人是否已经证明其有可能在本案诉讼胜诉；申请人是否已经证明如果初步禁令不被核发，将立即对其造成无法弥补的损害；核准或拒绝初步禁令对于利害关系人可能的损害；公众利益等四个要素。上述四个判断标准历经实务发展最后被简化为：申请人本案胜诉可能性、拒绝初步禁令是否造成无可弥补的损害、申请人与相对人间之利益衡平以及公益考虑等，即目前多数巡回上诉法院所实行的四步检测法。❶ 理论上，各要件地位应相当而由法院逐一审酌，但实际上当法院决定核发禁令时，若部分要件理由较为充分时，可用以弥补其中某项要件较薄弱之处，特别在当事人间利益衡量以及公益考虑两要件上，由于并非所有案件均与重大公益有关，或在当事人间可能造成失衡，因此在多数案件中，法院均仅探讨申请人本案胜诉可能性以及核发与否是否造成申请人无可弥补的损害，而对于当事人间利益衡平以及公益考虑，若无明确证据显示本案与此有关，法院通常即推定符合要件而不再分析。但无论是何要件，只要其中有一项法院认为不适当者，法院即可拒绝核发禁令。

3. 初步禁令的效力

初步禁令的目的在于阻止侵权行为的持续，通常情形法院仅禁止被告继续生产、制造、销售系争商品，但在特定情形下，法院可以命令毁弃或回收所有的侵权产品以避免未来发生继续非法使用他人专利的情形。例如，在 Birdsell v. Shaliol 案❷中，由于整个机器都是侵权的产品，除非被告能够以金钱完全补偿原告的损害，法院因此命令将该侵权物品销毁以避免未来继续发生专利侵害。至于初步禁令的效力范围同于其他法律上处分，可区分为主观效力范围及客观效力范围。

关于主观效力范围，《美国联邦民事诉讼法》第 65 条第（d）项规定，初步禁令的主观效力范围及于公司的职员、代理人、事务员、雇员、律师

---

❶ Susser, Howard & Jerry Cohen. Supreme Court Ends Special Treatment for Patent Injunctions [J]. Boston Bar Journal, 2006: 9.

❷ Birdsell v. Shaliol, 112 U. S. 485, 488-489 (1884).

等，并包括后继公司。换言之，依条文规定必须就初步禁令主观及客观所及的范围予以明确详述记载，如此不致因为效力范围过度扩张而侵害相对人的权利，更重要的是可避免相对人以迂回手段规避初步禁令的适用。在主观效力范围方面，主要考虑在于初步禁令一旦核发，不但对当事人发生拘束力，其效力并扩张及于与当事人可视为同一主体的关系人（非本案形式当事人的实质当事人）。至于效力是否及于并未参加诉讼的继受人，法条虽未明文规定，然 CAFC 曾于 Additive Controls & Measurement Systems, Inc. v. Flowdata, Inc 案❶中肯定地方法院将有利害关系继受者或受让人纳入初步禁令效力范围的见解，即如果是法院核发初步禁令后而本案诉讼尚未判决前，相对人（侵权者）将其设备或资产等让于第三人的情形，此等身为有利害关系继受者或受让人身份的第三人，虽未实际参与本案诉讼，仍为初步禁令效力之所及。但因法条的立法目的在于防止相对人通过第三人规避初步禁令执行或第三人实际上参与相对人侵权活动的法律漏洞，因此，倘能举证不属应与禁令效力所及当事人视为同一主体的第三人，即不受初步禁令效力所拘束。❷

　　至于初步禁令的客观效力范围，依据《美国联邦民事诉讼法》第 65 条第（d）项规定，禁令核发必须提出理由，并且范围必须特定，可知原则上禁令的效力仅及于书面所记载的范围，且该记载必须具体明确而不可概括，例如只记载包括所有"未来"可能侵权的产品，而未指定详述应被禁制的特定产品，即不合规定。❸ 对于禁令的客观效力范围要求记载明确，是为避免相对人受到不合理的处罚，如果禁令模糊不清，会使当事人受到非预期性的蔑视法庭制裁。❹ 又即便是相对人为规避禁令所重新设计的商品，其是否在禁令的范围内，应由法院在蔑视法庭程序中另行审理该产品

---

❶　Additive Controls & Measurement Systems, Inc. v. Flowdata, Inc, 96 F. 3d 1390, 1395 (Fed. Cir. 1996).

❷　Eli Lilly & Co. v. Premo Pharmaceutical Labs. , 843 F. 2d 1378 (Fed. Cir. 1988).

❸　Int'l Rectifier Corp. v. IXYS Corp. , 383 F. 3d 1312, 1318 (Fed. Cir. 2004).

❹　David B. Conrad. Mining the Patent Thicket: The Supreme Court's Rejection of the Automatic Injunction Rule in eBay v. MercExchange [J]. The Review of Litigation, 2007 (26): 119.

是否构成侵权，❶ 不得直接将该产品含括在本案禁令范围之内。

4. 初步禁令的违反

要判断被告的行为是否违反初步禁令，是相当困难的工作，通常为防止将来侵害的发生，例如侵权者仍以变更型号或其他方式规避初步禁令，实务上对于专利侵权争议中，初步禁令范围特定的要求通常考虑稍加松绑。而在具体个案中，早期法院所确立的判断标准是检视变形产品与原产品之间的差异是否等同，进而决定相对人的行为是否违反禁令。❷ 但晚近见解似有转变，从原本针对侵权人新产品与旧产品是否实质上均等作为侵权与否认定，变成仅对于新产品内容审查，判断是否落入专利权人的专利范围，而不再是比较新旧产品等同与否。❸ 如此法院将无可避免地需进一步审阅专利的专利申请范围及说明书内容等，倘涉及需另为诉讼的实质问题时，则法院亦得要求当事人另以补充或重新申请主张。此等拒绝适用等同原则检视变形产品与原产品的差异的主张，显然与早期见解所确立的判断标准已有不同。此外，学说上有认为对于申请人提出此等程序是否适当亦在衡量范围，至于所提出的程序是否适当，则必须视当事人间的实质争议是否即得藉此获得解决或申请人提出是否延误而定。

如果相对人未能遵守法院所核准的禁令内容，则权利人可以诉请"藐视法庭程序"救济，法院有可使用裁量权裁处刑罚或罚金惩罚藐视法庭命令的行为。依照美国法院的见解，对于专利权人主张侵权人有违反禁令的行为时，法院首先必须判断法院的禁令是否果真被违反，才能确认是否需进入藐视法庭程序，此时专利权人附有举证责任以证明相对人有藐视法庭命令的情形存在。又判断是否有藐视法庭的程序，原则上仅根据双方声明，而非经过一个完整的审判程序来决定，在证据法则上亦不适用严格证明法则，唯若证实确有违反禁令的行为，即使是在民事的禁令，法院亦得判处

---

❶ Black & Decker Inc. v. Robert Bosch Tool Corp., No. 04 C 7955 (N. D. Ill. Nov. 29, 2006).

❷ Interdynamics, Inc. v. Firma Wolf, 653 F. 2d 93 (Fed. Cir. 1981).

❸ KSM Fastening Sys, Inc. v. H. A. Jones Co. 776 F. 2d 1522, 1537 (Fed. Cir. 1985).

侵权人支付罚金给专利权人，甚至是科处刑罚以为惩戒。❶ 另外美国联邦最高法院认为，藐视法庭程序是一种特殊且慎重的救济方式，因此即便其严谨程度不如审判程序，亦不能仅依据"合理的理由"即怀疑被告有违反禁令的行为，因此联邦上诉法院在审理藐视法庭程序时必须异常谨慎小心。❷

（二）损害赔偿

禁令的核发由于影响层面太大因此是属于少数例外的情形，相对来说事后请求损害赔偿的救济管道即为美国专利诉讼实务上的主要内容。此种制度上先将权利❸赋予一方当事人（如专利权人），并允许其在权利受到侵害之后，事后向加害人请求赔偿的保护形式，称为"补偿法则"形式的救济概念。❹ 专利侵害案件以补偿法则作为计算损害赔偿责任的基础，从许多方面来看均为合理。首先，专利侵害案件具有纷争的不可避免性，原因是申请专利范围是由文字组成，而文字本身即具有文义解释的不确定性，往往会因为当事人对于申请专利范围的认定宽严不一而产生讼争，在一方当事人认为其并无侵害专利的情事时，要求其事先须取得他方当事人同意，实属不可能，因此只好在事后经由诉讼程序确认成立侵害行为时，方要求行为人负损害赔偿责任。其次，从专利权的特性来看，专利权人在专利期间实质上享有市场的独占地位，若单纯以财产法则保护，则无异于助长专利权人无限制提高授权代价的动机，或可能采取各种策略行为使协商无法

---

❶ Arbek Mfg. v. Moazzam, 55 F. 3d 1567, 1569 (Fed. Cir. 1995).

❷ California Artificial Stone Paving Co. v. Molitor, 113 U. S. 609, 618 (1885).

❸ 此处所谓的权利，并非法律上的债权或物权的权利概念，而是单纯指法律制度在有利益冲突的双方当中，决定其中一方得享有优势地位而言，至于如何保护被赋予优势地位的一方，则属于第二阶段执行层面的问题，其保护形式分财产法则与补偿法则两种。Guido Calabresi & A. Douglas Melamed. Property Rules, Liability Rules, and Inalienability: One View of the Cathedral [J]. Harv. L. Rev., 1972 (85): 1089-1093.

❹ Robert P. Merges, Peter S. Menell, Mark A. Lemley. Intellectual Property in the New Age [M]. ASPEN Publishers, 2003: 297, 646.

进行，继而提高谈判成本、降低经济效率，为了避免此类"钳制问题"❶宜采取补偿法则作为专利侵害案件的损害赔偿基础。如何确定专利侵权赔偿数额是审判实务中的难题。根据各国的专利法以及相关实务，专利侵权损害赔偿数额的计算标准一般说来有四种方法，即权利人所失利益、侵权人侵权所获利益、合理权利金及法定赔偿额。

1. 按照权利人因被侵权所受的损失计算

权利人因被侵权所受的损失，是指市场上出现的侵权产品使得专利产品市场占有率下降，而造成专利权人实际营业利润减损的数额。专利权人实际营业利润减损的数额可以依据专利权人的专利产品因侵权所造成销售量减少的总数量乘以每件专利产品合理利润所得之积计算。如果专利产品销售量减少的总数无法确定，则可以侵权产品在市场上销售的总数量乘以每件专利产品合理利润所得的积计算，所得的数额视为专利权人因侵权行为所受的损失。在此值得注意的是，当法院使用此种方式计算专利权人营业利润减损的数额时，专利权人必须举证侵权行为与其营业利润数额的减损间具有相当因果关系，然而在实际市场经济机制中，可能有多方面的因素会影响专利产品的销售量，凡是专利产品的质量、导入市场时机、供给数量、市场需求、销售范围与对象等，都会影响专利产品的市场价格与销售量，若把许多原因综合导致的结果完全归责于专利侵权行为，似乎不尽合理。盖因市场机制的复杂影响，专利权人往往难以举证其营业利润的减损与侵权行为间具有相当因果关系。况且专利产品的销售量如果未因侵权产品进入市场而下降，则专利权人就无法估计其营业利润的减损额，也就无法适用此计算方式。

在以专利权人因侵权所受的损害为计算基准时，美国联邦巡回法院在1995 年 Rite-Hite v. Kelley❷案中认为专利权人应获得相当于在相关市场上

---

❶ Ian Ayres, Eric Talley. Solomonic Bargaining: Dividing a Legal Entitlement to Facilitate Coasean Trade [J]. The Yale Law Journal, 1995 (104): 1083.

❷ Rite-Hite Corp. v. Kelley Co. 56 F. 3d 1538 (Fed. Cir. 1995).

侵权的竞争者可以合理预见的任何损失。❶ 专利权人所受的损害应指其因侵权产品的存在所造成专利权人无法获致其原先未受侵权时所预期的利润。虽然美国联邦巡回法院在 Rite-Hite v. Kelley 案中已对专利权人因侵权所受的损失给予明确定义，但专利权人仍必须证明若不是因为侵权人侵害其专利，专利权人便可以合理获致预期的利润。美国联邦巡回法院在 1995 年 King Instruments v. Luciano❷ 案中即要求专利权人必须证明两者间的因果关系。至于要如何举证才能证明侵权行为与所受损害间的因果关系，法院则一直引用美国第六巡回上诉法院在 1978 年 Panduit v. Stahlin Bros 案中所提出的潘达规则 （"Panduit Test"）❸ 以检视侵权行为是否会导致专利权人利益的减损。

潘达规则要求专利权人对侵权行为与所受损害间之因果关系的举证必须证明下列四点：一是专利商品确实有市场需求；二是市场上缺乏可替代专利商品的非侵权商品的存在；三是专利权人所具有的量产和营销能力能满足市场需求；四是专利权人原本可获得的利润额。虽然美国法院已经建立检视此因果关系的原则，然而潘达规则的四项要件都是不确定性甚高的事实问题。专利权人首先必须提出市场调查与产品占有率报告，以证明专利产品及侵权产品的商业用途与市场需求。其次还需证明市场上缺乏可替代专利商品的非侵权商品的存在，这一项要件往往是举证上的关键点，专利权人通常无法举证一项不存在的事物，况且若专利权人将专利授权给第三人使用，则市场上无疑必定会出现可替代专利商品之非侵权商品。至于专利权人所具有的量产和营销能力是否能满足市场需求，则是一项会随时间、地域、销售对象而变动的变量。而专利权人原本可获得的利润额，则更是对已经不可能发生的事实作预测。是以专利权人所提出的证据都仅是相对性的资料，结果仍交由陪审团判断。若该经济资料不为陪审团所采纳，

---

❶ David W. Opderbeck. Patent Damages Reform and The Shape of Patent Law [J]. Boston University Law Review, 2008 (89)：127.

❷ King Instruments Corp. v. Luciano Perego, 65 F. 3d 941 (Fed. Cir. 1995).

❸ Panduit Corp. v Stahlin Bros. Fibre Works, Inc. 575 F. 2d 1152 (6th Cir. 1978).

专利权人便不得要求以其所受损失的利益来计算赔偿金。

2. 按照侵权人因侵权所获得的利益计算

一般说来，损害赔偿是以填补损害为原则，如果以此原则为出发点考虑对专利侵权的赔偿额，理应适用前述专利权人因被侵权所受的损失利润为计算基准。然因专利权的无体特性，侵权行为活动仅是侵权人与专利权人共享专利发明的利益，侵犯专利权的行为与合法行使专利权的行为可以同时进行，彼此间并无物理上的敌对性。而且在某限定范畴的市场中，侵权行为人在市场上实施专利权必定会排挤专利权人所预期的市场获利，侵权产品的市场占有率来源即得视为其剥夺了专利产品原本所拥有的市场占有率，既然侵犯专利权行为所获得的利益属非法利益，理应归专利权人所有。是以对专利侵权行为的损害赔偿，自不能仅考虑专利权人所受之损害，尚应视侵权人所获得的利益而定。为便于计算专利权人因侵权行为所受的损失，可以推定侵权人因侵权行为所获得的利润应为原本专利权人所应获得的利润，而直接作为赔偿额。然而此论点可能会违反民法的填平原则。若侵权人对侵权产品的经营销售能力优于专利权人或生产制造的数量高于专利权人时，其因侵权所获得的利润极有可能会多于专利权人所损失的利润，此差额不应推定为专利权人的损失利益，而应当视为侵权人的不当得利，是以专利权人应该以不当得利为请求依据，要求侵权人返还其侵害所得之利益。侵权人因侵权所获得的利益可以根据该侵权产品在市场上销售总数乘以每件侵权产品的合理利润所得之积计算，一般按照侵权人的营业利润计算，对于完全以侵权为业的侵权人，可以按照销售利润计算。然而以侵权人侵权所得利润作为计算赔偿金标准亦与以专利权人所受损害作为计算赔偿金标准存在同样的问题。一种产品的销售利润也会受到许多市场变动因素影响，其销售利润并非皆由于实施专利技术而来。如果侵权人并未因为在市场上实施系争专利而获得利润，则无法以侵权人获利来计算赔偿额。

3. 参照专利许可费计算

虽然损失的利益是计量完全赔偿专利权人的损害赔偿额的一种方式，但不是计量损害赔偿额的唯一方式。根据完全不同于损失的利益的理论，专利权人得有权获得高于合理权利金的损害赔偿。1970 年 Georgia-Pacific Corp. v. U. S. Plywood Corp. 案❶提到，合理权利金是另一种回复一般补偿性损害赔偿的方式，它不是衡平于或相称于由所证明的损失的利益而证实的实际损害。Georgia-Pacific 案根据相关事证以及先前个案，归纳列出了 15 项参数以确定合理权利金，包括：专利权人因该专利的授权所接受的权利金，用以证明已确立的权利金；被授权人使用类似系争专利的其他专利所支付的权利金比率；授权的性质或范围，就地域性或产品销售的对象是专属或非专属授权、或有限制或无限制的授权；授权人维持其专利独占的既有的策略及营销计划，通过不授权其他人使用该发明或通过特别条件的授权以维持其独占性；授权人与被授权人间的商业关系；因销售专利产品而对于被授权人其他产品的促销所产生的影响，该发明对于授权人促销他的非专利产品的既有价值，并且及其衍生或搭售的销售范围；专利的存续期间以及授权的期间；专利产品既有的获利能力，其商业成就以及其目前受欢迎程度；如果有近似结果的旧有方法或装置，专利产品相对于旧有方法或装置所拥有的效益或优点；专利发明的性质；授权人所拥有或生产的商业实施例的特性，以及对于已经使用该发明者的好处；侵害人已利用该发明的程度以及任何证明该利用价值的证据；惯例上允许使用该发明或类似发明的特定业务或可比较业务的利益或售价的一部分；已实现利益的一部分，其归因于该发明而有区别于非专利的组件、方法、商业风险或侵害人所加诸显著的特性或改良；合格专家的意见证词；当授权人（如专利权人）与被授权人（如侵害人）双方合理地且自愿地试图达成协议而（于侵害开始时）同意的数额。

从经济学角度分析，论者认为这些因素可以分为三类：一是该专利的发明对于产品或市场需求的显著性；二是在该产业被授权人愿意对该发明或相似的发明所支付的权利金比率；三是对于该专利的价值的专家证言。❷

---

❶　Georgia-Pacific Corp. v. U. S. Plywood Corp. , 318 F. Supp. 1116（S. D. N. Y. 1970）.

❷　Mark A. Lemley, Carl Shapiro. Patent Holdup and Royalty Stacking［J］. Tex. L. Rev. , 2007（85）：1991.

另有论者认为其中许多因素可对应于一般常用的定价方法，如比较法、市场法、成本法或经验法则等。❶ 另有论者认为有些因素是受其他因素影响或互斥的；具体个案中法院可能着重在其中少数因素。

此外，法院有很大的裁量权来指导陪审团关于要特别考虑或者不用考虑的因素。无论如何，Georgia-Pacific 案的 15 项因素虽然缺乏一个有权重或量化的公式来解决权利金计算的问题，这些因素提供了一个重要的定性分析架构，以进行权利金之经济分析或作为检查表。以合理权利金来决定损害赔偿时，法院有很大的裁量权来选择所要采用的方式。除了"已确立的权利金"之外，通常还有"假设性协商"以及分析法。美国联邦最高法院早已于 1889 年提到已确立的许可费计算专利侵害损害赔偿的观念，毫无疑问地，当已经有若干销售是因为专利权人的授权以制造、使用以及贩卖该专利技术，因而确立授权的一贯价格，该价格得以被用来计量损害赔偿。❷ 专利权人先前有所授权协议应在决定合理权利金时占有相当重要的分量。❸ 这便是已确立的权利金，也是列于 Georgia-Pacific 因素的第一因素。已确立的权利金通常是相对合理的，因为它免除猜测双方当事人假设的同意条件。当专利权人已经以一致的权利金一贯地授权其他人的行为可与被告从事的行为相比拟，该权利金就是已确立的，而且表示出专利权人将授权给使用该发明的被告的条件。❹ 假设性协商是指有意愿的授权人（专利权人）与有意愿的被授权人（侵害人）双方在侵害开始之前，合理地自愿地达成协议。前提是双方均同意专利是有效的而侵害人的产品侵害了该专利，Georgia-Pacific 因素中若干因素与假设性协商有关，其中第 15 项因素更展现了假设性协商的观念。假设性协商背后的经济原理是根据授权双方会考虑的成本与效益，以及议价的杠杆。Georgia-Pacific 的第 4 项及

---

❶　Mark Glick, Lara Reyman, Richard Hoffman. Intellectual Property Damages: Guidelines and Analysis [M]. Wiley, 2003: 153.

❷　Rude v. Westcott, 130 U. S. 152, 165 (1889).

❸　Unisplay, S. A. v. American Elec. Sign Co., 69 F. 3d 512, 519 (Fed. Cir. 1995).

❹　Monsanto Company v. Homan McFarling, 488 F. 3d 973, 979 (Fed. Cir. 2007).

第 5 项因素用以检视授权人所有付出的成本，如不再维持市场独占或创造了市场竞争者，这些因素反映授权人所要付出的代价，也会影响授权金比率，但授权人仍能接受。第 6 项、第 8 项及第 13 项因素可用来检视被授权人所获得的效益，如专利产品所带来的利益，以及授权导致其他产品所带来的利益，这些利益使被授权人愿意付出授权金。当然这些因素都是一体两面，互为双方的成本或效益，由双方自愿地协商出可接受的权利金。假设性协商，虽然是假设性的，这种分析必然涉及若干市场的概算，该市场会假设性地于没有该侵害之下发展。这个分析要求健全的经济以及事实基础。❶ 用分析法所决定的合理权利金不需要假设的授权协商，而是着重于侵害开始时侵害人本身的预估利益。分析法试图由侵害人的实际或预估利益中分出一部分给专利权人作为合理权利金。有一种方法是假设侵害人会满足于标准的产业利润率，侵害人预估毛利减去某些费用获得预估净利，合理权利金就会落在预估净利与产业标准净利之间。

4. 法定赔偿额与惩罚性赔偿

从理论上来讲，上述三种计算方式皆能平衡专利权人与侵权人间的利益得失，为专利侵权赔偿数额的计算提供合理公平的原则。然就审判实务而言，不论是以专利权人的损失、侵权人的获利，或是该专利的合理许可费来计算，都与市场经济存在复杂的关联性，所以这三种计算方式并无法给予法院在审判上一个具体的适用准则。我国 2008 年《专利法》特别将上述最高人民法院的司法解释中的法定赔偿纳入专利法层面，将此法定赔偿明列于第65 条，并将法定赔偿额上限由 50 万元人民币提高至 100 万元人民币。

美国专利法中还有个比较特殊的制度叫作惩罚性赔偿，《美国专利法》第 284 条规定不论是陪审团认定或法院估定的损害赔偿，法院均得增加损害赔偿额至所认定或估定数额的三倍。对于败诉的侵害人，法院有增加损害赔偿额的裁量，法条只规范 "至多三倍" 的限制，并没有规定任何构成要件或裁量依据。在司法实务上，美国法院认为损害赔偿的增加必须以故

---

❶　Riles v. Shell Exploration & Prod. Co. , 298 F. 3d 1302, 1311 （Fed. Cir. 2002）.

意侵害或恶意为前提要件。❶ 不过恶意可能用在很多地方，而仅有第 284 条的恶意侵害下，才足以增加损害赔偿，因此此处所谓恶意是指恶意侵害，为故意侵害的类型之一。❷ 法院决定惩罚性损害赔偿时，需要进行两个阶段的认定：一是根据明确且令人信服的证据证明该侵害是故意；二是由所有事实详情决定应该要增加损害赔偿。也就是说，事实认定者必须决定，侵害人是否从事了会导致惩罚性损害赔偿的行为。如果是，便由法院根据裁量权，根据所有事实详情决定是否增加或增加至何种程度的损害赔偿，但是至多增加至原先陪审团认定或法院估定数额的三倍。因此，故意侵害并非必然判定增加损害赔偿，决定增加损害赔偿首要的判断是根据所有的事实详情中侵害人行为的恶性。❸ 相较于请求一般损害赔偿专利权人必须以充分证据证明损失的利益，请求惩罚性损害赔偿专利权人则肩负很大的举证责任，要以明确且令人信服的证据证明侵害人的行为是故意侵害。

2018 年 12 月，国务院常务会议审议通过《专利法修正案草案》，同期该草案也经过了全国人大常委会的第一次审议，草案中引入了惩罚性赔偿，加大了对侵犯专利权的赔偿力度，其规定对故意侵犯专利权，情节严重的，可以在按照权利人受到的损失、侵权人获得的利益或者专利许可使用费倍数计算的数额 1~5 倍内确定赔偿数额；并将在难以计算赔偿数额的情况下法院可以酌情确定的赔偿额，从现行专利法规定的 1 万~100 万元提高为 10 万~500 万元。

第二节 专利不可执行

一、不可执行的内涵

专利无效当然其就是不可执行的，而专利有效/无效与专利可执行/不

---

❶ Beatrice Foods Co. v. New England Printing & Lithographing Co. 923 F. 2d 1576，1578（Fed. Cir. 1991）.

❷ Jurgens v. CBK Ltd.，80 F. 3d 1566，1571（Fed. Cir. 1996）.

❸ Riles v. Shell Exploration and Prod. Co.，298 F. 3d 1302，1312-13（Fed. Cir. 2002）.

可执行两者的意义大不相同。判断专利有效/无效的标准是依据专利申请人申请专利的发明是否具备可专利性来判断。一个有效专利的专利权人才具有合法的专利权。判断专利可执行/不可执行的标准是依据专利申请人在专利申请或审查过程，或者专利权人在实施专利权时，是否有存在专利权执行的法定障碍。一个可执行的专利，法院才会基于法律赋予专利权人的权利，以司法公权力给予救济。专利的有效/无效系为专利权应否合法存在的问题。而专利的可执行/不可执行则是在专利有效的前提下，法院判断是否应基于专利权人的请求，以司法公权力给予救济的问题。除非日后在诉讼中法院认定专利不可执行，否则一个有效的专利推定为具有可执行性的专利。反之，一个不可执行的专利，则不论该专利为有效或是无效，法院都得拒绝专利权人的请求而不给予救济。专利有效/无效与专利可执行/不可执行的法律效果的影响范围大不相同。如果某一专利的一请求项被法院判定无效，则该无效判决并不会影响同一专利的其他请求项的有效性。反之，如果某一专利的一请求项被法院判定为不可执行，则该专利的所有请求项都不可执行。而且由该专利衍生出来的其他专利或专利申请的申请专利范围请求项，也有可能会被认定是不可执行的。在专利诉讼时，专利的有效性及专利的可执行性都为被告得以提出抗辩的理由。在实务上，专利的有效/无效以及专利的可执行/不可执行，也是除了专利侵权/不侵权之外双方当事人攻防的重要战场。

由此可见，专利不可实施时，专利权人只是形式上拥有专利权，并无法寻求司法公权力的救济，来强制被告为一定行为或者中止某一行为的权利。一般说来，造成专利不可执行的原因乃是专利权人在取得专利或是行使专利权的期间，有不符合公平正义原则的情事，例如，依据美国联邦最高法院及 CAFC 的判例，如果法院认定专利申请人在专利申请或是审查期间有不正当行为，或是专利申请人在申请专利的过程中有不合理且未解释的迟延造成专利申请懈怠，❶ 或是专利权人在行使专利权的过程中滥用专

---

❶　Symbol Technologies, Inc. v. Lemelson Medical. , 277 F. 3d 1361 (Fed. Cir. 2002).

利权，则该专利会被法院判决不可执行，然而实务中多见的则是专利不正当行为与专利权滥用两种类型。

二、专利不正当行为

在美国专利法中，专利权人在申请过程中的不正当行为可作为专利侵权的抗辩事由，其规制源自衡平法。大陆法系虽无明文的不正当行为的法律规制，但是依诚实信用原则以及实务中的见解，专利申请人在专利申请中的欺诈行为也会引起相应的负面法律评价。❶

根据美国专利法，如果专利申请人在专利申请及审查的过程中，向专利局提供错误信息或作出不当陈述意图误导专利局；或是故意不揭露某一信息而意图隐瞒专利局，如果意图误导专利局或是向专利局隐瞒之信息对该申请专利发明的审查具重要参考价值，而且专利申请人在作出前述欺骗或隐瞒行为时具有欺骗专利局的意图的话，专利申请人的行为就是不正当行为。❷ 在 J. P. Stevens & Co. v. Lex Tex Ltd. 案中，CAFC 建立了两个步骤的分析程序，以检测是否构成不正当行为，首先，最低程度的重大性与欺骗意图必须被证明，证明程度为清晰可信的证据程度。一旦证明二者俱备，法院则衡平二者并以法律观点决定天平的一端是否倾向作出不正当行为的结论。❸ 可见专利申请人不正当行为的构成要件有二，分别是重要信息及意图欺骗。此外，由于不正当行为是由衡平法引申而来的规范，基于衡平法理法院在审理案件时具有个案权衡的空间。

所谓重要信息是指在审查申请专利的发明时，对审查委员具有重要参考价值的信息。要讨论的是如何决定所谓"重要"信息的重要性？其判断标准为何？CAFC 成立之前，各个联邦地方法院及巡回法院在判断重要信息时所采用的标准并不一致。1982 年 CAFC 成立之后，认为专利申请人不

---

❶　Kevin Mack. Reforming Inequitable Conduct To Improve Patent Quality: Cleansing Unclean Hands [J]. Berkeley Technology Law Journal, 2006 (21): 147.

❷　Molins PLC v. Textron, Inc., 48 F. 3d 1172, 1178 (Fed. Cir. 1995).

❸　J. P. Stevens & Co. v. Lex Tex Ltd., 747 F. 2d 1553 (Fed. Cir. 1984).

正当行为是专利申请人在专利申请及审查时面对专利局的行为规范，故法院应参考专利局的规定采用与专利局一致的重要信息判断标准。

美国专利商标局在 1977 年于联邦行政规则 37 C. F. R. §1.56 明确规定，专利申请人在专利申请及审查过程中具有揭露重要信息给专利局的义务，称为信息揭露义务。37 C. F. R. §1.56 也规定了判断该信息是否为重要信息的标准：对一个合理的审查委员而言，在他决定某一专利申请是否应准予专利时，有相当的可能性会认为该信息是重要的信息。❶ 此一重要信息的判断标准因此被称为"合理审查委员"标准。

"合理审查委员"标准被法院广泛地用来判断该信息是否属于重要信息的标准。但由于"合理审查委员"标准条件太过简略且太过宽松，在个案适用时引起很多的批评。直到 1992 年，美国专利商标局再次修正 37 C. F. R. §1.56 的内容，更明确具体地定义关于重要信息的判断标准。修订后的重要信息判断标准为：如果该信息本身或是该信息与其他信息的组合足以构成对该专利申请范围的任一请求项不具可专利性的表面证据；或是该信息与专利申请人在反驳专利局指出该发明不具可专利性，或是支持该发明具可专利性时所采取的论点矛盾或是不一致，则该信息属于不正当行为的重要信息。美国专利商标局 1992 年新制定的重要信息的判断标准又称为"可专利性"标准。

在美国专利商标局提出新的"可专利性"标准后，旧的"合理审查委员"标准是否就应该完全被取代或废弃？CAFC 并不如此认为。在 Digital Control，Inc. v. Charles Mach Works 案中，CAFC 指出，由于在判断不正当行为时，法院需要权衡考虑个案中重要信息及欺骗意图这两个构成要件，所以重要信息的判断并没有理由被限定在任何单一标准。新的重要信息的判断标准并非用以取代的先前判例。相反地，它只是提供另一个新的重要信息的判断方式。依据上述 CAFC 之意见，新的"可专利性"标准并非用来取代旧的"合理审查委员"标准，而是用来作为"合理审查委员"标准

---

❶　Digital Control，Inc. v. Charles Mach Works，437 F. 3d 1309，1314（Fed. Cir. 2006）.

的补充判断。

专利申请人在作出误导或隐瞒专利局的行为时，必须具有欺骗专利局的意图，才属于专利申请人的不正当行为。CAFC 在 Kingsdown Med. Consulants, Ltd. v. Hollister Inc. 案❶的全院联席判决中指出，在判断专利申请人是否属于不正当行为时，意图欺骗是独立于重要信息的构成要件。故如果该信息属于重要信息时，并不必然就足以认定专利申请人具有欺骗的意图。欺骗意图的标准是为专利申请人具有欺骗专利局的故意。如果被告仅能证明专利申请人在专利申请及审查的过程中，因为过失而产生错误。即使该过失是为重大过失，仍然不能因此认定专利申请人具有欺骗专利局的意图。欺骗意图是一主观要件，在诉讼中能找到直接证据证明专利申请人具欺骗意图的情况相当少见。实务上比较常见的情况是，被告在本案整体案件事实中，举出多个间接证据来间接推论专利申请人具欺骗意图。需注意的是，依据间接证据来推论专利权人是否具备欺骗的意图时，需与其他证据作整体考虑。而且意图欺骗必须是在整体考虑所有证据之后所得到的最合理的推论，欺骗意图要件才符合。最后，要证明意图欺骗被告需负举证责任。并且被告提出的证据，不论是直接证据或是用以推论专利权人具备欺骗意图的间接证据，其证据力都需达到明确且可信服的程度。❷

依据 CAFC 判例，对专利申请人的不正当行为的处罚非常严重。如果法院认定专利申请人在专利申请及审查过程中，针对申请专利范围其中一个权利请求项有不正当行为则不仅该项权利请求会被判定为不可执行，该专利申请专利范围的所有请求项皆会被判定为不可执行。❸

专利申请人的不正当行为大致可分为：向专利局作出不当陈述或提供错误信息，意图误导专利局的不正当行为；或是故意不揭露信息，意图隐

---

❶ Kingsdown Med. Consulants, Ltd. v. Hollister Inc. 863 F. 2d 867 （Fed. Cir. 1988） （en banc）.

❷ Star Scientific, Inc. v. R. J. Reynolds Tobacco Company et al. , 537 F. 3d 1357, 1368 （Fed. Cir. 2008）.

❸ Kingston Med. Consulations, Ltd. v. Hollister, 863 F. 2d 867, 877 （Fed. Cir. 1988） （en banc）.

瞒专利局的不正当行为。前者是专利申请人的积极作为，后者则是专利申请人的消极不作为。❶

（一）专利申请人隐瞒专利局

美国法院不正当行为的规范包括要求专利申请人在专利申请及审查的过程中，必须向专利局揭露与申请专利发明相关的重要信息。专利申请人未尽到此作为义务，就有可能会被法院认定是不正当行为。美国联邦行政法规 37 C. F. R. §1.56 中也有信息揭露义务的相关规定。美国专利商标局公布的专利审查基准（MPEP）中就专门针对专利申请人的信息揭露义务作了详细的说明。在讨论专利申请人意图隐瞒专利局的不正当行为的典型形态时，讨论的重点在于哪些信息是被法院以及美国专利商标局认定为重要信息。

需注意的是，如果专利申请人故意不揭露某一重要信息给专利局，而使得专利局审查委员在审查该申请专利的发明时未能知悉并审酌这一重要信息，才属于隐瞒专利局的不正当行为。因此，专利申请人隐瞒专利局的不正当行为的构成要件，除了专利申请人故意不揭露某一重要信息之外，还要考虑该信息是否已被审查委员审酌。如果专利申请人并未揭露某一信息，但是审查委员在自行检索现有技术时知悉并审酌这一信息的话，则仍然不属于专利申请人有隐瞒专利局的不正当行为。此外，如果某一信息并未揭露给审查委员，但是其他审查委员审酌的信息的重要程度高于未揭露的信息时，未揭露的信息仅为重复信息而非重要信息，故即使专利申请人故意不揭露该信息，且审查委员也未审酌这一信息的情况，也不构成专利申请人隐瞒专利局的不正当行为。意图隐瞒重要信息是专利诉讼中最重要的不正当行为态样。理由是如果真的发现专利申请人意图隐瞒某一信息的话，该信息通常都会是与申请专利的发明可专利性相关的重要信息。同时，专利申请人隐瞒未揭露该信息给专利局的行为，也可以作为证明专利申请人具有欺骗专利局意图的重要证据之一。

---

❶　David Hricik. Where the Bodies Are: Current Examplars of Inequitable Conduct and How to Avoid Them [J]. Texas Intellectual Property Law Journal, 2003 (12): 287.

1. 专利申请人知悉的重要现有技术

如果专利申请人知悉某一现有技术，且认为这一现有技术可以作为判断其申请专利的发明是否具备可专利性，特别是新颖性及非显而易见性参考的重要信息的话，专利申请人就有揭露这一现有技术信息给审查委员的义务。需要注意的是，法院判例及专利审查基准虽然都有所谓"重复信息"的例外规定，即专利审查委员在进行现有技术检索时也找到这一现有技术，并且在审查时已审酌这一现有技术，或者虽然这一现有技术未被专利审查委员检索到，但是这一现有技术所揭露的内容，已经完全揭露在其他专利申请人提交或是专利审查委员检索到的其他现有技术中，则这一现有技术被认定为"重复信息"。在此情况下，专利申请人未揭露这一现有技术给审查委员并不属于隐瞒专利局的不正当行为。但是由于现有技术的重要程度以及现有技术是否为重复信息的判断主要决定于专利局或是法院（当日后提起专利诉讼时），而不是专利申请人本身，所以专利申请人如果认为某一现有技术有可能是重要信息的话，最好还是提交给专利局。此外，法院以及专利局只要求专利申请人在形成发明构想、提出专利申请，到专利审查的过程中，如果知悉任何重要信息就要向专利局揭露，并不要求专利申请人在申请专利时一定要进行相关现有技术的检索。但是，如果专利申请人在申请专利的过程中自己曾作过现有技术的检索，则检索及搜寻的结果都必须向专利局揭露。

现有技术信息是专利诉讼中关于专利申请人不正当行为案例最常见的重要信息类型。而且对被告而言，现有技术信息也是最重要的证据。除了可以作为证明专利申请人具有不正当行为的证据之外，如果被告发现原告知悉但未揭露给审查委员的现有技术可以证明该专利不具可专利性的话，这一现有技术也可以作为证明该专利无效的证据。在实务上，专利申请人故意隐瞒的现有技术有相当大的可能性就是可以证明该专利无效的现有技术。就算这一现有技术无法证明该专利不具可专利性，但是只要它符合重要信息的标准，除了属于是重要信息之外，专利申请人未揭露这一现有技术给专利局也可以作为证明专利申请人有欺骗专利局的意图的证据之一，故被告也可以依此主张专利申请人具有不正当行为。

2. 外国对应专利申请的检索报告中引用的现有技术信息

根据 37 C. F. R. §1. 56（a）的规定，如果专利申请人就相同发明，除了在美国以外，还向其他国家申请专利的话，则外国的专利审查机关审查对应专利申请时，所提出的现有技术检索报告中所引用的现有技术信息是为重要信息。专利申请人应该将该检索报告中引用的现有技术信息揭露给美国专利商标局供审查委员审酌。由于美国专利商标局特别例示指出此类现有技术信息为重要信息，表示专利局认定此类现有技术信息为具高度重要性的重要信息。而 CAFC 有相当多的判例❶在判断某一文件是否属于重要信息时，就以它曾被对应外国专利申请的现有技术检索报告所引用为理由来认定该文件属于重要信息。由此可知，美国专利商标局及法院都认为对应外国专利申请的现有技术检索报告中所引用的现有技术信息是高度重要信息。因此专利申请人在申请美国专利时必须特别注意要揭露这类信息。特别是对有些专利申请人而言，他们是委托不同的律师或是专利代理人来处理不同国家的专利申请，此时就必须注意如果美国的专利申请正在审查中，而其他国家的对应专利申请已经有现有技术检索报告的话，必须要通知负责美国专利申请的代理人揭露给美国专利商标局。

3. 重要的外文信息

如果专利申请人知悉重要的外文信息，除了要将该外文信息揭露给专利局，供审查委员审酌以外，专利局还赋予专利申请人额外的两项信息揭露义务：（1）必须用英文准备一份对该外文信息的说明提交给审查委员；（2）如果专利申请人之前已经将该外文信息翻译成英文，或是可以取得该外文信息英文翻译的全部或是部分的话，专利申请人必须将可以取得的英文翻译提交给审查委员。在 Semiconductor Energy Lab Co. v. Samsung Electronic Co. 一案❷中，CAFC 肯认专利局赋予专利申请人对于重要外文信

---

❶ Regents of the Univ. of California v. Eli Lilly & Co., 199 F. 3d 1559（Fed. Cir. 1997）.

❷ Semiconductor Energy Lab Co. v. Samsung Electronic Co., 204 F. 3d 1368, 1376–1378（Fed. Cir. 2000）.

息有特别的信息揭露义务。需注意的是，专利局只要求专利申请人提交一份重要外文信息内容之说明，但并不要求专利申请人必须要将该重要外文信息全部翻译成英文。而如果专利申请人之前已经有翻译，或是知道如何取得该重要外文信息之全部或一部分翻译，或是专利申请人自己已经翻译了该重要外文信息之全部或部分的话，专利申请人都必须将该翻译提交给专利局，否则便是违反 37 C. F. R. §1.98 (3) 的规定，有可能会被认定为不正当行为。

4. 先前销售或先前使用的信息

依据《美国专利法》35 U. S. C. §102 (b)，如果在发明的专利申请日前，美国国内公开销售或使用的物品已经有具有与该发明相同的技术特征的话，该发明不具备新颖性。如果是专利申请人自己在申请专利之前就先公开销售或是使用具有该技术特征的物品的话，专利申请人则要在公开销售或使用后一年内提出专利申请。如果在公开使用或销售一年后才提出专利申请的话，该发明亦不具备新颖性，不得准予专利。依据上述法律规定，产品的先前销售与使用信息是决定专利申请人的发明是否应准予专利非常重要的信息。但是专利申请人通常远比专利局的审查委员更清楚这些信息的来源及内容，甚至专利申请人自己就掌握有这类信息。专利局的审查委员并没有足够的资源与能力去寻找并挖掘出这些商业信息。如果没有专利申请人的协助，专利局几乎不可能取得这些资料。因此，美国专利商标局及法院都认可先前销售及使用信息是重要信息，专利申请人如果有该信息就应该揭露给专利局，否则极有可能属于隐瞒专利局的不正当行为，因为专利局之审查委员几乎不可能知悉这些信息。

5. 同时专利申请

同时专利申请是指由同一个专利申请人提出多个发明技术相关甚至相同的专利申请，且这些专利申请同时在专利局进行审查中。这些同时专利申请可能由同一个审查委员，也可能是由不同的审查委员进行审查。如果这些同时专利申请中，某一专利申请的发明对其他同时专利申请而言是重要信息的话，专利申请人必须通知审查委员有其他同时专利申请。即使同时专利申请是被同一个审查委员审查时，依据美国CAFC的判决意见，❶ 专利申请人不可以假设审查委员在审查某一个专利申请时，必须记得其他正在审查或是已经审查过的专利申请。因此，如果某一专利申请的内容可能会是它的同时专利申请的重要信息时，不论这两个同时专利申请是否是由同一位审查委员来审查，专利申请人都必须向审查委员报告有另一个同时专利申请同时正在审查之中。

美国专利审查基准不只规定专利申请人有向审查委员报告同时专利申请的义务之外，还更进一步地强调，如果审查委员审查某一个专利申请时检索或审酌的现有技术，如果对同时专利申请而言也是重要信息的话，专利申请人则除了要报告同时专利申请以外，还必须特别要将这一现有技术信息揭露给同时专利申请的审查委员。

6. 同时专利申请中相似申请专利范围请求项的申请过程的档案历史

如果专利申请人提出的同时专利申请之间不只发明技术类似，甚至连申请专利范围请求项也很相似的话，依据CAFC的判例，❷ 此时专利申请人不只需要向审查委员报告这个同时专利申请，还需要向审查委员报告这个同时专利申请的审查委员的审查意见以及所引证的现有技术信息，特别是审查委员认定不具可专利性的审查意见及理由。CAFC的理由是，为了避免专利申请人提出多个申请专利范围近似或是相同的同时专利申请交由不同的审查委员审查，从而让专利申请人有机会可以从中发现对自己最"友善"的审查委员，并选择对自己最有利的审查结果，所以如果同时专利申请中，申请专利范围请求项相似的话，专利申请人必须有向其他同时专利申请的审查委员报告的义务。此外，CAFC所提出另一个理由是，专利申请的发明通常都是非常复杂的技术，当审阅这些档案时，不同技术背景的审查委员的理解也会不同。因此，要求揭露其他审查委员的审查意见的目的不是拿来拘束本案的审查委员的意见，而是作为审查时参考资料。因为其他审查委员针对与申请专利范围请求项相似的其他专利申请的审查意见，

---

❶ Ayco Prod., Inc.v.Total Containment, Inc., 329 F.3d 1358, 1365-1369(Fed.Cir.2003) .

❷ McKesson Information Solutions, Inc.v.Bridge Medical, Inc., 487 F.3d 897(Fed.Cir.2007) .

对本案的审查委员而言，也属于重要信息。

7. 正在进行的相关诉讼案信息

如果专利申请人在申请专利的同时，也是一个正在进行的专利诉讼案的当事人，而且该诉讼案的相关事实对于正在申请中的专利申请而言是重要的信息的话（如专利诉讼所涉及该专利的发明与专利申请的发明技术高度相关，或是在诉讼中发现的事实对该专利申请而言是重要信息），则联邦上诉法院认为，❶ 这些事实必须提交给专利申请的审查委员知悉。

8. 与专利说明书的发明揭露有关的信息

《美国专利法》第112条规定有美国专利申请人在专利说明书中描述自己的发明时必须注意的事项。第112条的规定最重要的有两点：（1）可实施性，说明书必须充分揭露发明的内容，使得具备发明相关技术领域通常知识之人，在阅读专利说明书之后知道如何实施该发明的技术；（2）最佳实施例，说明书必须揭露专利申请人在提出专利申请时，其所知该发明的最佳实施例。如果专利申请人在专利说明书中描述自己的发明时，意图有所隐瞒而未充分揭露其发明，不符合上述可实施性及最佳实施例的标准的话，就有可能构成隐瞒专利局的不正当行为。

依照专利审查基准关于可实施性的标准的规定，只要专利说明书的发明揭露足以让发明相关领域具通常知识之人不需要再作过度的实验就知如何制造或是使用该发明即可。故如果专利申请人的揭露满足上述要求，即使未揭露其他与发明相关更详细的细节，也不构成意图欺骗专利局。但是如果专利申请人意图欺骗专利局而故意不揭露其发明的最佳实施例的话，则法院会认定专利申请人有不正当行为，该专利及其他由该专利衍生的相关专利都有可能会被认定为不可执行。❷

（二）专利申请人误导专利局

误导专利局的不正当行为与上述隐瞒专利局的不正当行为不同之处在

---

❶ Star Scientific, Inc. v. R. J. Reynolds Tobacco Company et. al., 537 F. 3d 1357 (Fed. Cir. 2008).

❷ Consolidated Alum. Corp. v. Foseco Int'l, Ltd., 910 F. 2d 804, 807-808 (Fed. Cir. 1990).

于，在上述隐瞒专利局的不正当行为中，除了被隐瞒信息通常都是重要信息以外，专利申请人未揭露该重要信息的消极不作为，就可作为证明专利申请人具欺骗意图的重要证据；但是在误导专利局的积极行为中，除了必须证明该积极行为所指涉的客体为重要信息之外，还必须另外证明专利申请人在做出该积极行为时，具备欺骗专利局的主观意图，而不只是单纯的疏忽或是过失。而且由于证明主观意图的直接证据实际上难以取得，故大多数的案件都必须衡量个案整体事实，依赖多间接证据去推论专利申请人具有欺骗专利局的意图。因此，与专利申请人隐瞒专利局的不正当行为相比，要让法院认定专利申请人误导专利局的积极行为属于专利申请人的不正当行为的难度更高，而且关键在于如何证明专利申请人确实具有欺骗专利局的意图。实务上法院认定专利申请人具不正当行为的案例中，专利申请人积极行为构成欺骗专利局的不正当行为的比例也远比专利申请人未揭露重要信息构成隐瞒专利局的不正当行为的比例还低。

在讨论专利申请人误导专利局的不正当行为的典型形态时，讨论的重点在于何种行为会被法院认定为具有欺骗专利局的意图，并非专利申请人只要在专利申请及审查过程中有做出某些行为就会被认定具有欺骗意图，必须要衡量个案整体事实来进行判断。就诉讼实务而言，专利申请人如果被发现多次做出下列行为，就有可能会被推论为具有欺骗专利局的意图。

1. 隐藏重要信息在大量无关的信息中

如果专利申请人在专利审查的过程中揭露大量与发明无关的信息，并且把少数真正重要的信息隐藏在大量无关信息中，依据 CAFC 的见解，这种行为有可能会被认定为欺骗专利局的不正当行为。例如，在 Molins PLC v. Textron, Inc. 案[1]中，专利申请人在专利审查过程中提交一份列举了 94 个现有技术信息的信息揭露声明书（IDS）给审查委员，但是除了其中一个现有技术信息属于重要信息之外，其他 93 个都是无关或是重要性很低的信息。CAFC 认为这样将重要信息隐藏在大量无关信息中的做法是意图让

---

[1]　Molins PLC v. Textron, Inc., 48 F. 3d 1172, 1178（Fed. Cir. 1995）.

审查委员浪费太多时间在那些大量无关信息上，而无法有足够的时间与心力来发掘并研究该重要信息。这种信息揭露的方式与实质上隐瞒该重要信息并没有差别。因此判定本案专利申请人将重要信息隐藏在大量无关或不重要的信息中揭露给专利局的行为属于欺骗专利局的不正当行为。

在美国专利审查基准中，专利局也特别强调专利申请人应尽量避免一次揭露大量数据给专利局。专利局要求专利申请人在揭露数据之前，要先删去明显无关的或是不重要的数据。如果真的必须要一次揭露大量数据的话，专利局要求专利申请人必须要把他认为特别重要的数据标示出来并注明理由。需注意的是，单单隐藏重要数据在大量无关的数据的行为本身，并不足以证明专利申请人确实有不正当行为。法院需通盘参酌其他与本案相关事实，来认定专利申请人是否真的具有欺骗专利局的意图。

2. 向审查委员揭露错误信息

在审查专利时，专利申请人有时必须向审查委员解释申请专利的发明与现有技术之间的差异，或是该发明相对于现有技术的优点，或是该发明本身的技术特征。如果专利申请人向审查委员作解释时，故意揭露错误信息意图欺骗或误导审查委员，上述行为有可能会被认定属于专利申请人欺骗专利局的不正当行为。例如，专利申请人在答辩时故意错误解读审查委员所引证的现有技术信息，或是将审查委员引导到这一现有技术信息中比较不重要的部分，使其忽略其他较重要的部分的话，上述行为也有可能会被认定构成专利申请人的不正当行为。在美国专利审查基准中，专利局也提醒专利申请人在专利说明书或是信息揭露声明书（IDS）中描述现有技术或是其他数据时，必须注意是否有不正确或是不完全的描述。

同样地，单单揭露错误信息的行为本身，并不足以证明专利申请人确实有不正当行为。尤其是专利申请人对现有技术的解读只能作为审查委员的参考之用，审查委员还是必须自己解读和审视所有的现有技术。故法院仍需通盘参酌所有本案相关事实，来认定专利申请人是否有不正当行为。

3. 只揭露外文资料的部分翻译或部分说明

前项提到专利申请人负有揭露外文资料的内容说明及翻译给审查委员

的义务。但是如果专利申请人只揭露外文数据的部分翻译，或是只针对外文资料中某一部分作说明的话，须注意没有提交翻译或是没有说明的部分有没有可能会被专利局或是（日后提起诉讼时）法院认定为重要信息的内容。如果有的话，则有可能会被认定为构成误导专利局的不正当行为。在 Semiconductor Energy Lab Co. v. Samsung Electronics Co. 案❶中，原告在专利申请及审查的过程中选择性地只翻译不重要的部分，并且也只针对不重要的部分作说明。法院认定原告这么做是意图误导审查委员，这样的行为不仅没有满足专利申请人的信息揭露义务，而且构成欺骗审查委员的不正当行为。专利局在专利审查基准中也引用这个案例说明专利申请人在揭露外文资料的翻译及说明时应注意的事项；并且强调诚信及善良义务并不是要求专利申请人要提供所有外文数据的翻译，而是要避免在明知会误导审查委员的情况下仍然故意只揭露不重要的部分的翻译和说明。因此，如果揭露的翻译只是外文数据的部分的话，须注意其他没有翻译的部分是否包含有重要信息，如果有的话应该在揭露时作清楚的说明。

4. 揭露虚伪或是不完全的实验记录或是测试数据

在准备专利说明书提出申请时，为了说明发明具有的功效，或是将发明与其他现有技术作比较，专利申请人有时会在专利说明书中描述针对发明技术所作的实验或测试的内容或结果。此外，在专利审查的过程中，为了反驳审查委员认为申请专利的发明相对于某一现有技术或是数个现有技术的组合不具新颖性或非显而易见性的核驳意见，专利申请人可以提交相关的实验记录或是测试数据来证明申请专利的发明与现有技术相比具有可专利性。由于专利局的审查委员并没有能力去查证这些实验记录或是测试数据是否真实无误，所以当专利申请人提交实验记录或是测试数据时，通常都必须附上宣誓书，宣誓这些数据的内容为真实的。如果事后发现提交的实验记录或是测试数据内容并非真实的话，则构成欺骗专利局的不正当行为。

---

❶ Semiconductor Energy Lab Co. v. Samsung Electronics Co. , 204 F. 3d 1368, 1376 – 78 (Fed. Cir. 2000) .

5. 专利申请文件中的错误信息

在申请专利时，除了要准备揭露发明内容的专利说明书之外，还需要准备专利申请书及其他相关文件。如果专利申请人故意在专利申请书填写错误信息，则有可能属于为误导专利局的不正当行为。例如，若某一专利申请是多个发明人的共同发明，专利说明书的记载却故意遗漏了某个发明人，或是将对发明没有贡献的人列名为发明人的话，上述发明人的不实记载也有可能会被视为不正当行为。CAFC 认为，发明人是信息揭露义务的义务人，故意遗漏真正的发明人或是故意错列其他人为发明人的话，会让具有信息揭露义务之人得以规避尽到该尽的义务。❶ 因此，与发明人有关的信息，包括专利说明书中准确的发明人的记载，或是专利审查过程中，关于发明构想的形成过程或是共同发明人的贡献的说明，不论是否与发明的可专利性有关，如果以"合理审查委员"标准而言都属于重要信息。在揭露这些信息时都必须注意。此外，如果申请专利之发明有主张优先权的话，须准备关于优先权日的证明文件给专利局。以"合理审查委员"标准而言，该优先权证明文件属于重要信息。如果该文件数据故意记载不实信息的话，依据 CAFC 判例，也有可能会属于欺骗专利局的不正当行为。❷

三、专利权滥用行为

专利权滥用原则源自美国司法实务界，是从衡平法中的"不洁之手"发展而来，内容针对专利权人行使专利权时，未合法行使专利范围，而扩张或延伸专利权的法定权限，❸ 致专利权人享受专利制度所赋予权利外，超额享有非法利益，有损公共政策之目的。对于专利权滥用原则应否存在，学界有支持及反对两说，支持说认为专利权滥用原则是可行的衡平原则，

---

❶ Frank's Casing Crew & Rental Tools, Inc. v. PMR Technologies, 292F. 3d 1363 (Fed. Cir. 2002).

❷ Li Second Family L. P. v. Toshiba Corp. , 231 F. 3d 1373, 1380 (Fed. Cir. 2000).

❸ Robin C. Feldman. The Open Source Biotechnology Movement: Is It Patent Misuse? [J]. Minnesota Journal of Law, Science and Technology, 2004 (6): 117.

其与反托拉斯法所表达的政策理念明显不同，而不需达到有损害的结果即可主张。从适用目的上来看，不难发现该滥用原则不可能被反托拉斯法所取代而有其存在的必要性。反对说认为专利权滥用原则将使法院在个案审理中不再需要检视专利权人执行授权是否有促进竞争或反竞争的状况。但是专利授权在垂直市场中的分配限制，何以被视为具有正当性而不是瓜分市场？这表示专利授权在适用某一判断原则时合法，而在专利权滥用原则的检视下即视为不合法吗？由此，除非专利授权具有反竞争的效果，否则专利权滥用原则不应存在。❶ 从司法判例来看，专利权滥用原则越来越有被倚重的倾向。

在美国法院的立场上，一旦认定专利权人有滥用专利权者，即使被告确实有侵害的事实，法院亦会断然拒绝专利权人寻求救济的请求，❷ 甚至驳回专利权人的"禁令"申请或归还不正利益的要求，必须待专利权人将滥用行为净化❸或滥用行为效应被驱散后，❹ 才能据侵害的事实而主张其权利，对侵权者而言得减轻其侵权的责任，这是 20 世纪初的看法。20 世纪后期，经济学者的论点逐渐影响专利权滥用的看法，且反托拉斯法执法机关积极介入专利授权违法性的审查，所以专利权滥用在结合反托拉斯法的判断模式后，已不再单纯以未落入专利范围而认定，应再以有无反市场竞争的结果作为判断基准，此意味着滥用行为必达法律保护目的以外的程度，而刻意利用专利权作为控制、限制或阻碍竞争的工具时，才会构成专利权滥用，CAFC 在 1986 年的 Windsurfing International 案❺及 1997 年 Virginia

---

❶　Jere M. Webb &Lawrence A. Locke. Intellectual Property Misuse：Developments in the Misuse Doctrine ［J］. Harv. J. Lav&Tec, 1991（4）：257.

❷　Robin C. Feldman. The Insufficiency of Antitrust Analysis for Pantent Misuse ［J］. Hastings Law Journal, 2003（55）：399.

❸　Thomas F. Cotter. Misuse ［J］. Houston Law Review, 2007（44）：901.

❹　David McGowan. What Tool Works Tells US about Tailoring Patent Misuse Remedies ［J］. Northwestern University Law Review, 2007（102）：421.

❺　Windsurfing International Inc. v. AMF, Inc., 782 F. 2d 995（Fed. Cir. 1986）.

Panel 案❶中均持认此看法。

专利权滥用原则是否应以反托拉斯法作为审查基准，在美国学界与实务界一直存在不同的声音。肯定说认为，专利权滥用原则所关心的焦点在于专利权行使是否符合专利法的基本政策，但是该概念在解释上相当模糊，且在适用上亦不够客观，反而会造成法律具体适用的不安定；相反地，反托拉斯法的发展已有相当时间，不仅其相关法则业已确认，且于实际应用方面亦无太多疑虑，为避免法律适用不稳定，并有效保障专利授权契约内当事人的期待与权益，应以反托拉斯法的法则作为审查专利权滥用的基础，此为实务界的看法。❷ 否定说则认为，专利权滥用原则是代表专利权人利用授权契约而扩张专利法中未允许的保障，尽管专利权滥用的行为会对市场造成不当限制或影响，但大部分会阻碍其他发明人的研究意愿，所以专利权滥用原则应该单纯适用，不应由反托拉斯法之法则介入审查，如此才不会遮蔽专利法所关注的核心焦点，这一观点主要为学界的主张。❸

在专利权滥用原则的运用上，经常由专利侵权诉讼的被告提出，因为此为有效的抗辩主张。当然专利权滥用原则不是一成不变的，长期以来与反托拉斯法的关系甚为密切，虽然两者的法律属性不同，但是专利权的行使，如果违背反托拉斯法的规定，往往会构成专利权滥用；相反地，构成专利权滥用的行为则未必达到违背反托拉斯法的程度。❹

（一）专利权滥用的形态

在美国联邦最高法院于 1917 年 Motion Picture 案中判定专利权人搭售非专利品是企图扩大其专利权独占范围，违反专利制度的公共政策目的，而形成有关专利权滥用理论的概念后，即适用该项理论于其他授权契约类

---

❶ Virginia Panel Corp. v. MAC Panel Co. , 133 F. 3d 860 （Fed. Cir. 1997）.

❷ 陈家骏. 公平交易法中行使专利权之不正当行为 [J]. 法令月刊, 1994 (45)：17.

❸ Robin C. Feldman. The Insufficiency of Antitrust Analysis for Pantent Misuse [J]. Hastings Law Journal, 2003 (55)：399.

❹ Dan L. Burk. Anti-circumvention Misuse [J]. U. C. L. A. L. R. Ev, 2003 (50)：1095.

型中，下级法院更将该项理论扩大适用于各种专利权行使的行为。❶ 而在美国案例发展过程中被认为可能构成专利权滥用的形态有：对于非专利品的搭售行为、包裹授权、无合理基础的专利费、逾越专利期限的限制条款、回馈授权条款、约定使用领域的限制、价格歧视及明知专利无效而指控他人侵权等。❷

美国知名反托拉斯法学者霍温坎普（Hovenkamp）指出，经过多年来的案例见解发展，法院似乎将专利权滥用分为三种类型：第一种即为美国联邦最高法院创设专利权滥用理论以来明示为当然违法的类型，例如专利权人对个别且商业上通用的非专利品要求搭售的行为，专利权期限过后仍要求给付权利金的行为，以及固定价格的安排等，此类当然违法的行为经认定后，法院即无须再进一步确认是否有任何限制竞争的效果；第二种类型则是专利法明定不构成违法的类型，例如在 1988 年美国专利法第 271 条（d）（5）增订后，搭售行为人若不具有市场力量，即不构成滥用便是一个典型的例子；第三种则是介于前二者之间，必须再检视影响竞争程度的类型，例如 CAFC 于 Virginia Panel 案❸中所表示，在确认行为不属于当然滥用或属于《美国专利法》第 271 条（d）所排除的不构成滥用行为后，法院应判断该行为是否为专利权范围内的行为，如果行为并无扩大专利权范围的效果，即不构成扩大专利权范围的滥用行为；反之，亦即行为有扩大专利权范围的效果时，则必须再根据合理原则进行分析。而根据合理原则分析时，必须考虑该等行为所加诸的限制是否合理，以及包括相关产业信息，在加诸限制条件前后的状况及该等限制的性质、背景及影响结果等。❹

---

❶　Joel R. Bennett. Patent Misuse Must an Alleged Infringer Prove an Antitrust Violation [J]. A. I. P. L. J. Q. J, 1989（17）：1.

❷　Walker Process Equipment, Inc. v. Food Machinery & Chemical Corp., 320 U. S. 172（1965）.

❸　Virginia Panel Corp. v. MAC Panel Corp., 133 F. 3d 860（Fed. Cir. 1997）.

❹　Herbert Hovenkamp, Mark D. Janis & Mark A. Lemley. IP and Antitrust：An Analysis of Antitrust Principles Applied to Intellectual Property Law [M]. New York：Aspen Law & Business, 2003：3.

前述学者霍温坎普所指出的第三种类型的判断方式被称为"两阶段测试"理论。❶ 在"两阶段测试"理论概念下，专利权滥用与反托拉斯法的违反仍属不同的法律概念，两者有所区别，专利权滥用是一个较广的法律概念，一个不违背反托拉斯法的行为，却可能构成专利权滥用。❷ "两阶段测试"也并未扬弃美国联邦最高法院自 Morton Salt 案以来所建立的形式分析方法，而兼含形式分析方法及合理原则，作为判断是否成立专利权滥用的方法，❸ 此种分析方式毋宁是在专利滥用理论应否完全实行反托拉斯的分析方式与应否独立于反托拉斯的分析方式而仅以专利制度所代表的公共政策为判断标准的争论间采取的一种折中方式。

（二）专利权滥用的判断

专利权滥用原则据以判断的核心是道德标准的公共利益，但是此种看法具有高度的不确定性且在概念上亦是模糊不定，❹ 而反托拉斯法虽发展较晚，然而如果借用其具体要件，援引作为专利权滥用原则的违法性判断，似乎极具明确且在个案审查上亦较有安定性。1980 年的 Dawson Chemical 案❺法院认为专利权人不应仅因其将专利权扩张到非专利物品上而被判"本身"（per se）权利滥用，并以反托拉斯法所运用的合理原则加以分析判断。之后 1988 年美国国会通过专利法修正案（Patent Reform Act of 1988）也增修《美国专利法》第 217 条第 d 项第 5 款规定，明文规范专利权人的搭售行为并不构成专利权滥用，除非专利权人在该专利的相关市场中具有市场力量，此即以反托拉斯法的合理原则作为专利权搭售违法性的分析。换言之，专利权人可以在某种程度上享有搭售的权利，不受美国法院审查

---

❶　ABA Section of Antitrust Law, Intellectual Property Misuse: Licensing and Litigation [M]. Chicago 111. ABA. 2000: 26.

❷　C. R. Bard, Inc. v. M3 System, Inc. , 157 F. 3d 1340, 1372-1373（Fed. Cir. 1998）.

❸　Katherine E. White. A Rule for Determining When Patent Misuse Should be Applied [J]. Fordham Intellectual Property, Media and Entertainment Law Journal, 2001（11）: 671.

❹　王勉青. 我国专利权滥用法律调整的规定性 [M] //专利法研究（2006）. 北京: 知识产权出版社, 2007: 93.

❺　Dawson Chemical Co. v. Rohm and Hass Co. , 448 U. S. 176（1980）.

而享有豁免权。接着 1997 年在 Virginia Panel 案中，美国 CAFC 曾表示"专利权滥用原则是在专利权人扩张其被授予专利的法定范围并产生反竞争效果时，该原则才有适用的余地"。❶ 是故专利权滥用原则在晚近的发展又将反竞争的效果纳入分析，其观点无非是将反托拉斯法的审查原则纳入专利权滥用的判断核心。❷ 换句话说，专利权滥用原则的判断无法回避反托拉斯法的判断标准。

1. 当然违法原则

当然违法原则❸是反托拉斯法审查违法性的判断原则之一，此原则源自 1980 年谢尔曼法的立法，由于该法的目的是排除有损竞争的商业行为，而其内容仅有规范简单的构成要件，所以美国法院似乎要自行运用法则予以判别，认定何种商业行为存在不合理的限制，当然违法原则即为其中一项分析方法。早期认为横向限制竞争协议均违反谢尔曼法的宗旨而具有反竞争的效果，应当加以禁止，美国联邦最高法院法官威廉·霍华德·塔夫特（William Howad Taft）就认为反托拉斯法在排除一切固定价格的协议，除非该协议被认为具有一定的合法原因，所以固定价格在反托拉斯法发展的初期是被认定为当然违法的行为态样。❹

在解释上，当然违法原则是指法院仅须执行有限度的判断分析，首先应确定相关的行为是否确实存在，其次则决定该项行为是否为法院在过去认为属于当然违法的行为类型之一。如果经由法院分析认定两者符合的话，则可直接宣告被告的商业行为具有反托拉斯法上规定的违法性，而不需要考虑该项行为在实际上所造成的损害或者被告实行此行为的理由。换言之，该原则是基于某些行为的反竞争相当明显，因此没有必要再做进一步分析，且基于诉讼经济与法律可预期性的考虑，使企业有较明显的方向可供遵循。

---

❶　Donald S. Chisum et al. Principles of Patent Law：Cases and Materials ［M］. 3ed. New York：Foundation Press，2004：1103.

❷　Mark D. Janis. Transitions in IP and antitrust ［J］. Antitrust Bulletin，2002（47）：253.

❸　David W. Van Etten. Everyone in the Patent Pool：U. S. Philips Corp. v. International Trade Commission ［J］. Berkeley Technology Law Journal，2007（22）：241.

❹　辜海笑. 美国反托拉斯理论与政策 ［M］. 北京：中国经济出版社，2005：57.

不过，法院在运用此原则时必须对被告的行为已有相当的认识，即该行为是属于经验中不法的行为，且可以确信即使是在合理原则的判断下仍被视为不法，才可以据以运用当然违法原则，因此该原则是在例外状况下予以采用的分析方式。

当然违法原则在专利权滥用的判断上亦属相同的分析方式，即不必过问专利授权契约的内容为何，其中仅须有此种授权形态的约定必属违法，无须再查其契约内容合理与否，或衡量其他情节而予以判断。换言之，对市场上某些限制竞争的行为，不必考虑它们的具体情况和后果，即可直接认定这些竞争行为严重损害了竞争，构成违法而应予以禁止。所以，专利权滥用的当然违法原则是指授权条款的"本质"即会产生严重限制公平及自由竞争效果，因此不问其约定内容是否具有合理性与否，或能否产生其他促进竞争的利益，只要有此约定则属违法。常见的当然违法案件类型包括固定价格约定、产量限制、搭售、集体抵制、平行划分市场、限制转售价格等。

1975年美国司法部提出"九不原则"，针对九种类型行为采取严格的审查作为，一律以当然违法原则观点对待。所谓"九不原则"是认为下列九种授权限制对于市场竞争具有不利的影响而应被视为当然违法：（1）搭售协定；（2）专属性回馈授权；（3）转售对象的限制；（4）限制被授权人生产或销售与授权使用之专利无关的产品或服务；（5）与被授权人约定在未取得其许可前不再授权第三人；（6）强制整批授权；（7）专利费计收不依合理销售比例决定；（8）限制被授权人出售使用专利程序所制造之无专利产品；（9）限制转售价格。❶

因此专利权滥用在运用当然违法原则时，即能明确认定滥用的行为，无须再审酌其他情形予以综合判断。对美国法院来说是简单的适用方式，然而其认定效力影响颇大，然而如前所述，应在经验法则上有此案例发生且专利权人行为的危害性甚大时才有适用余地。当然违法原则无须考虑专

---

❶ Daniel P. Homiller. Patent Misuse in Patent Pool Licensing: From National Harrow to "The Nine NO-NOs" to Not Likely [J]. Duke L. &Tech. Rev., 2006 (7): 56.

利权人滥用后的实际损害，那如何判断专利权人的行使行为，则须有丰富的认知或处理相同个案经验的人作判定，而此种判定即便在合理原则的评断上亦具有违法性质。所以，运用当然违法原则必须小心谨慎面对，目前美国法院在审理专利权滥用案件时，已朝向当然违法原则为例外适用，而以合理原则作为优先判断的依据，此亦表示美国法院认为应该限制当然违法的类型范围，取而代之的是合理分析后行为与经济间互动的价值。

2. 合理原则

合理原则的发展和当然违法原则之间具有相当密切的关系。当然违法的专利授权行为能避免许多社会资源的浪费，但是此种标准缺乏足够的弹性，稍有不慎即可能落入违法的范畴，实际上会令企业不愿有交易的行为，终使这些厂家或企业无利可图而放弃研发与创新或退出竞争市场，而严重影响市场竞争的机制。美国法院对于交易契约限制竞争行为的认定，在合理原则的判断下必须同时考虑诸多因素，例如受影响产业本身的特殊状况、在相关行为发生前与发生后相关产业所产生的目标、效果等。换言之，在合理原则的"分析方法"中，必须考虑原告与被告约定的契约内容是否存在不合理限制竞争的证据，如确有该证据显示，则转换举证责任的地位，再由被告承担能促进竞争的举证之责。所以，评估被告在交易契约中所提的抗辩理由、争执点及限制的必要性等因素，经综合判断后才能正确据以认定交易契约是否具有违法性。若被告的行为并不会对竞争造成影响或影响程度微小，抑或相反地对竞争市场有帮助时，被告有正当合理的商业理由来支持此种行为的进行则不属违法行为。

总的来说，归纳美国法院对交易契约使用合理原则分析时，所须考虑的因素如下：（1）受影响的产业本身的特殊状况；（2）在相关行为发生前与发生后，相关产业所产生的变化；（3）被告之所以实行此项做法，所希望达成的目标、效果；（4）是否有其他限制较少的行为，亦可产生相同的效果。合理原则适用于大多数的交易契约，但如交易行为内的限制条款仅假借提升效率之名而掩饰实质上是在限制公平竞争行为者，则仍有可能落入当然违法的类型中，并非一旦使用合理原则判断交易行为，即排除当然违法原则的适用，这种适法上的判断及解释则需要法院自行决定。

在判断专利权滥用的基础上，当然违法的认定上已逐渐改变，转而趋向合理原则靠拢。1952年，美国国会修正美国专利法的规定，将专利权滥用在专利法中加以法典化，于《美国专利法》第271条第d项内增列第一款至第三款，该法的规定对当时不断被扩大使用的"专利权滥用原则"产生初步的限制。此时是有利于专利权人的发展，在某种程度上来说，美国法院依据该法修正的内容，已开始客观审视其他相关情事来排除当然违法的适用类型。在1980年的Dawson Chemical案中，美国联邦最高法院不认为专利搭售是当然违法的类型，且同意搭售行为在某种程度上可以提供发明的诱因。此外，美国联邦最高法院并表示专利权人有权选择不授权给其他竞争者，并可利用任何商业方法收回其投资，以鼓励发展新科技，所以由此案中可窥见实务态度的转变，认为专利制度除保护自由竞争之外，在促进创新的目的上亦具有相同的重要性，可见美国法院对搭售行为已不再认其当然具有违法性，而是以合理原则进行审查。1987年美国参议院提出《知识产权反托拉斯保护法》草案，对专利权滥用原则有相当程度的限制，经与美国众议院协商后在1988年通过专利法修正案，在《美国专利法》第271条第d项增列第四、第五款规定，其中第五款所规范的搭售行为，必须专利权人在该专利或专利产品的特定市场具有市场力量时才有专利权滥用的余地，否则不认为搭售行为具有当然违法性。由此可知，实证法在分析搭售行为的滥用判断时再一次宣示专利权滥用原则的判断已趋近合理原则。

1995年，美国司法部及联邦贸易委员会针对知识产权授权行为制定了《知识产权授权的反托拉斯法准则》，在该准则中明确表示知识产权授权的合法性判断。其中，垂直限制多半适用合理原则分析，但转售价格的约定则属本质上的当然违法类型；在水平限制中，如有限制产量、瓜分市场、价格约定或集团抵制等行为亦会被认为当然违法的类型，无须再进一步判断其在竞争法上有无促进竞争或限制争的效果，此外，其余授权类型已采合理原则为其分析的方式。从美国历史的演进可以看出，判断专利权滥用的方法已从"当然违法"向合理原则的立场靠拢，这由经济发展与效率追求的影响所致。

第三节　法定侵权例外

一、专利权耗尽

耗尽原则指专利物经专利权人第一次销售后，专利权人对该专利物的控制便耗尽，因此他人对该专利物再度出售或使用行为非专利权之所及，应不构成专利权的侵害。❶ 概念上，用尽原则有时可被认为创造出某种形态的使用上的默示授权，但是其事实上分属不同范畴。用尽原则与默示授权的最大不同在于用尽原则被视为法律原则，对欠缺的规定提供补充，故在该原则下，可被合理推论的特定条件将被安置于专利品的销售契约中，即加入一个本不存在的条件。

例如，在 Fuji Photo Film Co., Ltd. v. Jazz Photo Corp. 一案❷中，富士胶卷拥有 LFFP 相机相关专利权，同时也在美国境内销售 LFFP 专利相机，一旦将 LFFP 专利相机首次卖给消费者后，便已经获取对价以作为报偿，即被认为已授权或允许买方的后续使用或是再出售，富士胶卷就此台 LFFP 专利相机不能在事后再次主张专利权或收取专利费。简单说，富士胶卷在美国境内首次将其 LFFP 专利相机卖给消费者后，就耗尽了在这台相机上原属于富士胶卷的美国专利，此种耗尽理论乃是知识产权法的共同原则。另外，耗尽理论的适用仅限于物品专利的产品或方法专利的生产物，至于方法专利权本身并无耗尽原则的适用。❸ 在 Adams v. Burke 一案❹中，法院

---

❶　任军民. 我国专利权权利用尽原则的理论体系 [J]. 法学研究，2006（6）：67.

❷　Fuji Photo Film Co., Ltd. v. Jazz Photo Corp., 394 F. 3d 1368（Fed. Cir. 2005）.

❸　蔡明诚. 论知识产权之用尽原则——试从德国法观察、兼论欧洲法之相关规范 [J]. 政大法学评论，2004（41）：41.

❹　Adams v. Burke, 84 U. S. 453, 21 L. Ed. 700（1873）.

认为专利产品在经过出售阶段后，取得对价的专利权人或实施权人对于该产品的使用就丧失规制权限。

依耗尽原则，专利发明只要经过出售就会使得专利权人的发明专利权耗尽，因此在出售后所谓的使用就不构成专利权的直接侵害，这里所谓的使用包含维修的行为但不包含再造。● 换言之，在不改变专利发明的同一性下，维修以供使用不构成专利权的侵害，但对于改变发明同一性的再造行为则不为法律所允许。❷ 而美国实务对于维修与再造的区别仍无一明确标准，举例而言，对于组合发明的要素加以更换究属维修或再造？如果认为属维修，则行为人不构成直接侵害；如果属再造，行为人则因制造而构成直接侵害。

二、默示授权原则

默示授权原则源自衡平法则，支配特定类型的禁止反悔原则，用以排除专利权人主张权利，即该权利在其他状况下确实存在，但在特定状况下可认为专利权人已放弃相应的排他权。❸

举例而言，当专利权人并未出售专利装置或授权使用专利方法，而是出售为专利装置而设计的组合组件或是专利方法的组成部分给购买人，这种行为可推论出专利权人已默示授权给该购买人"有权制造、使用及销售该专利装置或使用该专利方法"。默示授权理论是指任何人购买仅用于专利发明的组成部分时，此种出售行为可据以推论当事人有授权的意思，依此默示授权取得使用该组成部分所构成专利发明的实施权限，因而不构成专利权的侵害。❹ 默示授权是针对组合专利或方法专利所使用组成部分的出售，以此为基础而形成的理论。美国 CAFC 认为默示授权理

● 任军民. 我国专利权权利用尽原则的理论体系 [J]. 法学研究，2006（6）：70.

❷ 胡开忠. 专利产品的修理、再造与专利侵权的认定——从"再生墨盒"案谈起 [J]. 法学，2006（12）：95.

❸ 袁真富. 基于侵权抗辩之专利默示许可探究 [J]. 法学，2010（12）：37.

❹ Mark D. Janis. A Tale of the Apocryphal Axe：Repair，Reconstruction，and the Implied License in Intellectual Property Law [J]. Md. L. Rev.，1999（58）：423.

论乃是基于合同法上的原则而来，❶ 因此默示授权理论的成立，必须是该组成部分的购入者因组成部分的受让而信赖其已获授权，并因此信赖而有所行为。

三、临时过境交通工具

在暂时或偶然进入本国领域的船舶、航空器、车辆上使用该船舶、航空器、车辆所搭载的发明并不构成侵害，不过该使用必须是专为船舶、航空器、车辆的需要而使用，才可免责。

关于本条构成要件，首先，本条的规范对象是任何国家的任何船舶、航空机或交通工具，此等交通工具的特性在于价格较昂贵而且依照国际法是其所属国的领土延伸。其次，对于所属国的限制在于须为予本国的船舶、航空器或交通工具相同特权的国家，可见互惠原则的展现。再次，规范对象为该等交通工具上所使用的发明物，所以如无发明存在即与专利无关。且须有暂时或偶然进入本国境内的情事发生。又次，该发明是专用于该船舶、航空器或交通工具且为应付该船舶、航空器或交通工具的所需。最后，该发明有一定的限制，该发明不得在本国境内为许诺销售、销售等营利行为，以图营利；既然属于暂时或偶然过境，就不可趁机在交通工具上制造、许诺销售、销售相关专利产品。值得一提的是，我国专利司法实践中尚未遇见主张临时过境的抗辩事由以对抗侵权指控的成功案例。

四、科学研究与实验

基于科学实验目的所为的制造和使用不构成专利权的侵害，理由在于发明专利权人的利益并未因实验目的的制造和使用而受到损害，而只是基于行为人为了增加知识、满足好奇心或消遣的动机所为，并不会对于专利权人应得的利润造成损害。❷ 这一制度旨在鼓励开展科学技术研究，并且

---

❶ E. g. Power Lift, Inc. v. Weatherford Nipple – Up Systems, Inc., 871 F. 2d 1082（Fed. Cir. 1989）.

❷ Whittemore v. Cutter, 29 F. Cas. 1120, 1121（C. C. D. Mass. 1813）.

仅为科学研究和实验目的使用专利的行为不会对专利人的潜在经济利益产生冲突。但如果是行为人出于测验产品在市场上的评价或为了顾客的便利而使用已获专利的机器或为了自己事业的需要而使用的情形时，多半是行为人出于自己经济利益的考量，因此不能主张实验的目的而免除侵害之责。❶

对于科学实验例外的性质，有学者认为专利权人既已因专利制度保护其在一定时间内享有合法排他的独占权而公开其发明的内容以避免重复研究，进而有更新更多的发明以提升学术与技术水准，则为研究、教学或试验而实施他人发明又无营利行为，不足以损及专利权人的专有制造、销售、使用等专有实施权，自是应该加以鼓励，属于"合理使用"而为专利权效力所不及。❷ 另外，亦有学者认为纯粹为了确认他人发明有无技术效果及程度高低、专利性调查、技能调查、改良发明等之目的，对他人的发明加以实验，有助于发明品的改良，可提升技术的层次，从促进产业发展的专利制度的精神观之不应禁止。❸ 据此可知，虽然学说均以发明专利法之目的，即提升技术水准、层次为允许实验例外空间的依据，但是否将实验的技术性当作是否落于实验例外范畴的适用基准仍值得进一步探讨。

五、先用权

所谓在先使用权，依我国《专利法》第 69 条规定是指使用人在专利申请人申请专利前，已经制造相同产品，使用相同方法，或已完成必需的准备，为专利权的效力所不及。规范在先用权的理由大致上以公共利益的考虑为主，其可以保护既有的经营事务及设备，一方面可以防止社会资源浪费损失，另一方面对专利申请当时既存的经营者及准备者也比较公平合理。在某种程度上讲，在先用权是对最先申请人及最先发明人利益保护的

---

❶ Elizabeth A. Rowe. The Experimental Use Exception to Patent Infringement：Do Universities Deserve Special Treatment？［J］. Me. L. Rev.，2006（59）：283.

❷ 曾陈明汝. 两岸暨欧美专利法［M］. 北京：中国人民大学出版社，2007：128.

❸ 杨崇森. 专利法理论与应用［M］. 台北：三民书局，2008：326.

均衡，有调和先申请主义和先发明主义制度的效果。❶

一般认为，先用权既为保障先使用人的投资，并兼顾先使用权人与专利权人间的利益平衡而设，其并不区分物品专利或方法专利而有不同。先用权的范围，须受到本身发明技术或物品范围的限制。换言之，使用人主张在先用权时，如其发明为专利权的一部分，则仅能在其发明本身存在的范围内进行，不能因为先用人可以主张在先用权来对抗专利侵害，就说明其可在未获得授权下实施该发明范围外的专利，而超出原本发明的实施仍属专利权的侵害，在先使用权的范围并不及于此。

既然在先用权的规定本为保障使用者对于技术或物品的研发而投入的资金及时间所设，因此，使用人于主张在先用权时，其范围自以使其投资获得保障为限，以免为专利权例外规定的在先用权反客为主，致专利权人过度受到侵害。所谓"原有范围"，学说上有认为其是指实施形态上的限制；即在先用权仅能在原有事业本身实施该发明的形态内主张。而在实施形态转换时，亦可容许从高度实施形态转换为低度形态时，先用人可以主张在先用权。例如，原本对于发明的实施形态为制造，由于制造属高度行为，故可允许先用人在为对发明的使用或销售时，可以主张在先用权。这是因制造行为本在先用权的范围内，从而当然可允许先使用人在该范围内为较低度行为时，有先用权的适用。然而，在由低度实施形态转换为高度实施形态时，如先用人原本是使用该发明，当其转换为较为高度的制造行为时，因已逾越原本先用权的范围，故先使用人此时不得主张先用权。

六、Bolar 例外

我国 2008 年《专利法》在第 69 条"不视为侵犯专利权的情形"中新增了第 5 款："为提供行政审批所需要的信息，制造、使用、进口专利药品或者专利医疗器械的，以及专门为其制造、进口专利药品或者专利医疗器械的。"这一条款也即国际通行的"药品实验（Bolar）例外"制

---

❶　雷艳珍. 现有技术抗辩研究［D］. 武汉：中南财经政法大学，2010：76.

度。Bolar 例外又称"早期工作例外",最先在美国创立,因 20 世纪 80 年代初发生在美国的 Roche 公司诉 Bolar 公司药品专利侵权案而得名,其是基于药品专利保护的特殊性,为平衡专利权人的私权利益与社会公共利益而对药品专利权进行特别限制的制度创新,其基本含义是指,为了对药品和医疗器械进行临床实验和申报注册而实施相关专利的行为,不视为侵犯专利权,其目的是克服因药品和医疗器械上市审批制度造成在专利期限届满之后仿制药品和仿制医疗器械上市所带来的迟延。Bolar 例外可以有效地消除药品专利到期后专利的所有者事实上享有的附加的专利期限,有助于仿制药品在药品专利到期后迅速投入市场,促进专利药品和仿制药品的竞争,从而大幅降低同类药品的价格,消费者会从中受益。❶

Bolar 例外制度是为了使仿制药可以在专利到期前就得到上市许可,从而避免因审批而使专利药的"实际有效专利期"不合理延长而对药品专利权进行特别限制的重要制度,它的实施能使仿制药在药品专利期届满后立即上市参与竞争,为患者及时提供廉价药品,有利于公共健康。WTO 在2000 年欧盟与加拿大的争端解决案中,认定这种例外是符合 TRIPS 协定第30 条的有限例外是合法的。目前,发达国家和越来越多的发展中国家在本国的专利制度中引入该例外,Bolar 例外制度逐步演变成为国际医药专利保护实践中的一项通行准则。

---

❶ 胡潇潇. 我国专利法"药品实验例外"制度研究［J］. 法商研究,2010（1）：96.

第三章　专利权无效判定理论

第一节　专利权授予行为的解析

一、专利权授予行为的界定

与著作权法不同的是，专利权的取得必须向知识产权局申请，知识产权局对专利申请依法予以审查，然后作出核准或是驳回的决定，即授予专利权或是不授予专利权。专利授予的决定由知识产权局作出，所以专利取得过程可以理解为专利授予过程。在专利权的取得过程中，专利申请仅是一个启动机制，随之而来的则是一系列的动态活动。在专利申请期间，知识产权局收到申请人提出的专利申请后，先会依专利法的规定，审查申请文件是否齐备，再根据专利说明书，确认申请专利的发明是否具备专利的形式要件及实质要件。若有不符专利法、实施细则或其他行政规则的规定者，知识产权局将采取各种行政行为，与申请人进行意见交换。故从广义角度的理解，专利授予这个过程中的知识产权局的行为即可理解为专利授予行为，而在狭义的专利权授予行为之前的过程进行中，尚有许多相关的行政行为，特别是知识产权局的许多通知行为其性质也值得探讨，并对专利授予行为的性质界定有较强参考意义，相关专利行政行为的法律性质的定性，将关系到申请人的行政救济。

（一）知识产权局的通知行为

在专利申请期间，最常见的问题为知识产权局认为专利申请文件有说明不明之处而不符合专利法规的规定，知识产权局可根据专利法的规定通知申请人限期为某些行为。根据我国《专利法》第 37 条的规定，国务院专利行政部门对发明专利申请进行实质审查后，认为不符合本法规定的，应当通知申请人，要求其在指定的期限内陈述意见，或者对其申请进行修改；无正当理由逾期不答复的，该申请即被视为撤回。据此，知识产权局的通知行为包括，限期申请人为某些行为与通知限期补充修正。

通知限期为某些行为，如向专利审查员进行说明答复，或进行必要的实验、补送模型或样品。对于实验、补送模型或样品，知识产权局在必要时可以到现场或指定地点实施勘验，要求申请人说明。此种行政行为有助于专利申请程序的进行，申请人也会比较配合。但是如果申请人主动申请进行这些活动，知识产权局决定驳回申请，则该决定是否剥夺了申请人于申请程序中陈述意见的程序权利，一般来说这应属于专利申请程序性行政处分。申请人对其不服，似可提起行政救济，但是申请人不能单独对此提出救济要求，而是在专利申请审定后提起行政救济时一并提及此问题。换言之，申请人仅可在对实体决定不服时一并声明。

通知限期补充修正，一般是通知申请人限期补充、修正说明书或图片，实务上知识产权局都是以通知函的形式，要求申请人限期补充、修正说明书或图片，若申请人不同意修正或补充的，则视为撤回专利申请。应该说此通知函是当事人就知识产权局初审认定的法律、事实等给予修正及答辩的机会。如果申请人在没有通知的条件下主动申请补充、修正说明书或图片，而知识产权局作出驳回申请的决定时，该决定产生剥夺申请人于申请程序中补充、修正说明书或图式的程序权利的效果，应属于专利申请程序性行政处分。申请人对其不服可提起行政救济，但是也得在对实体决定不服时一并声明。

（二）专利权授予或驳回

专利授予行为是指国家专利审查部门依有专利申请权的民事主体之请求，按专利法所规定的条件和程序，确认其发明创造是否具备可专利性的条件，依法作出决定并予以公开告示的行为。❶ 知识产权局的核准和驳回决定的作出固然是行政机关的行为，但是行政机关的行为有公法行为亦有私法行为，不同的性质其救济途径亦有所不同，对专利权核准和驳回行为的界定可以从下列角度予以观察。

第一，知识产权局是行政机关。知识产权局是依法设立的代表国家从事公共事务，能独立对外负责专利业务，具有单独法定地位的组织，属行政程序法中的行政机关。专利权核准或驳回是行政决定，并包含其他公权力措施。

第二，专利权授予或驳回属于公法事件。依专利法的规定，发明人或其他专利申请权人须向专利行政机关申请专利，经专利行政机关核准审定后，才取得专利权，故我国专利权的授予是属于国家的权限。而专利申请人提出专利申请案，须经知识产权局受理审查专利要件。故关于专利申请、审核要件等相关法律规定，以知识产权局为规范相对人，并非任何人皆得适用，依公私法区分理论中的修正主体说，属公法规定，因而知识产权局核准或驳回专利申请权人的专利申请属于公法事件。

第三，专利权核准或驳回是特定或可以特定的具体事件。知识产权局是针对"申请人"的关于"核准或驳回其专利申请"事项所作的通知，相对人特定且事件具体，属于特定的具体事件。

第四，专利权核准或驳回直接对外发生法律效果。知识产权局作出核准或驳回审定书，通知机关外部的申请人就其申请专利的发明是否取得专利权，不属于机关内部的行为，而是机关外的申请人在法律上是否取得专利权的效果，属"对外"发生法律效果。

第五，专利权核准或驳回直接发生的法律效果不以公法上的法律效果为限，其私法效果自是无可置疑。知识产权局授予专利权，是创设并给予专利申请权人一项专利权，对于专利申请人来讲知识产权局的行为属于授益，是行政机关行使公权力所为的决定直接发生私法的法律效果。反之，

---

❶ 梁志文. 专利授权行为的法律性质 [J]. 行政法研究，2009（2）：32.

知识产权局驳回专利申请是剥夺申请人取得专利权的机会，属于损益的行政决定。

第六，专利权核准或驳回属于单方行为，之所以称为单方行为，主要是强调其行为的官方性，即行政机关作出行政决定时不受相对人意思的拘束，而是依照职权自作决定。❶针对一件专利申请，知识产权局作出核准或驳回的审定书，通知申请人就其申请专利的发明，是否取得专利权是其片面的决定。虽然专利权核准或驳回在某种程度上也有相对人，即申请人的参与和配合，但是其并不能因该相对人的参与行为而影响其单方性，因为专利法中有相对人参与的设计是基于程序正义的观点，其目的并不在使相对人得以与行政机关共同决定行政决定的内容，充其量只是在保护相对人，使其免于被迫接受为其所不欲的行政处分。专利实务上，核准或驳回虽由专利局单方作成，但并不排除当事人参与行政程序的权利，例如，陈述意见及听证权。而是否核准专利申请并非基于申请人与知识产权局的协商而达成合意所决定，故为单方行为。

二、专利权授予行为的性质

（一）行政合同说

行政合同是以行政法上的法律关系为契约目标（内容），而发生、变更或消灭行政法上的权利或义务的合意。赞成授予专利权的行政行为属行政合同者认为，契约说的立论基础是由专利制度创造的目的出发。

首先，契约说论者认为专利权的授予是以国家与发明人签订具有对价的契约，发明人将其技术内容揭露给社会（经公告的专利申请，任何人均可申请阅览、抄录、摄影或影印其审定书、说明书、图片及全部文件资料），国家赋予其一独占的权利（排除他人未经其同意而制造、销售、许诺销售、使用或为上述目的而进口该物品）；其次，从专利的核准过程中发明人与专利行政机关在申请专利范围的确定上有谈判性质，其具有双方性，

---

❶ 杜颖. 知识产权行政授权及确权行为的性质解析［J］. 法学，2011（8）：73.

专利权人在说明书中揭露足以支持申请专利范围并符合专利的要件后即应授予专利权，显然很不同于其他具有公法效果的行政行为；最后，至于其所发生的私法权利并不因其先被定性为行政契约而倒果为因地认为其非契约，契约说较符合专利制度的本质而不可本末倒置地说要在现行法体系中寻求解答，并迁就现行法体系，还不如解释为契约更为适当。

行政合同说的立论基础是认为专利权的取得是国家与发明人签订具有"对价关系"的契约，且权利取得的过程具有一定的双方性。● 而行政契约指两个以上的当事人，就公法上权利义务设定、变更或废止所订立的契约；其是契约当事人意思表示一致而发生法律上效果的行为；特征包括法律效果的发生取决于当事人主观上意愿、对成立契约的特定法律关系双方意思表示具有相同价值且该行政契约发生公法效果。专利权的核准是基于专利法的规定，不是以专利局和申请人主观上的意愿而发生，并且专利审查标准是专利局单方订立，申请人不符合审查基准的规定即可能会收到驳回处分，因此专利局和申请人的意思表示并非居于对等地位。再者，行政契约中行政机关单方调整或终止契约时需补偿相对人的损失，而这些情况并不符合专利权授予的相关规定，因此对于专利权核准的性质属行政契约的观点仅具参考意义。

（二）行政许可说

行政许可说则是将专利权视为特许权思维的延续，专利权由封建特许权发展而来，最初，专利权的授予源自国王的特许，是使被许可人受经济和思想控制的一种手段，尽管使被许可人免受行会章程的限制，但并不是现代意义上的独占权。在该种制度安排中，专利授权行为是君主的恩赐，确属行政许可行为，非经许可不享有特定利益。行政许可说在我国专利立法上也能找到相关支撑，如对专利授权或不授权的行为不服，其救济途径只能依据《行政复议法》和《行政诉讼法》的规定来进行。专利权经由授权而取得，专利审查机关的审批行为对于专利权的取得具有决定性意义，

● 吴文宾. 专利审查制度之研究［D］. 台北：世新大学，2005：25.

以至于人们得出这样的结论，即专利权为行政机关的行政行为所创设，专利授权行为是行政许可行为，是专利审查部门的审批结果。

应该说，行政许可说较能直观地描述专利权授予的行为，而专利申请与专利权授予中的法律构造也多有行政许可的模式。而我国《行政许可法》又是如何界定行政许可行为的呢？其第 2 条明确规定："本法所称行政许可是指行政机关根据公民、法人或者其他组织的申请，经依法审查，准予其从事特定活动的行为。"可知行政许可是准予相对人从事特定活动的行为，实施行政许可的结果是相对人获得了从事特定活动的权利和资格。❶ 行政许可作为一种行政管理性活动，和专利权授予还是大不一样。

另外，行政许可说还有不少局限性。其一，现代意义上的专利权并非特权而是私权，专利授权行为只是行政机关基于发明创造而确认和保护权利人独占权的行为。国家角色发生了转换，如果仍将专利授权行为视为行政特许，与现代专利法的合法性理论不符。❷ 其二，专利权的授予的法律意义一般来说仅为推定有效，并非确定的效力，专利权人及第三人针对专利权的授予的信赖与其他行政许可的信赖相比，信赖利益的保护程度大不相同。专利局授予的专利权被撤销时，专利局并不因为对不符合专利法规定条件的发明授予了权利而承担责任，可见专利权授予行为并不如一般行政许可那样受比例原则、诚实信用原则和信赖保护原则的拘束。其三，如果专利权的授予属于行政许可的话，那么针对专利权的有效性的判断问题只能是专利局及行政法院的权限，而根据世界各国的专利法制来看并非如此，许多国家的普通法院对专利权的有效性都可以自行判定。

总而言之，专利权的授予行为尽管属于专利局的行政行为，并且有行政许可的直观印象，但是其仅能对部分内容予以解释，专利权授予的核心范畴远非其可一并囊括。

---

❶ 王韶华. 民事诉讼制度和行政诉讼制度比较研究［D］. 北京：中国政法大学，2004：139.

❷ 梁志文. 专利授权行为的法律性质［J］. 行政法研究，2009（2）：34.

（三）行政处分说

许多学者认为专利权核准的法律性质为行政处分说，**❶** 但是对于其属于何种行政处分则有相当大的分歧，其中较有代表性的是确认处分和形成处分两种观点。

1. 确认处分说

确认处分说认为，专利是一种私权利，从事发明创作所获得的成果，本来就应该属于发明创作人所有，即发明人具有自然法上的权利，国家确认专利是对于这种私有财产加以承认而已。因此，对于创作发明给予专利权的保护并不是在创设一个新的权利。专利法的功能仅仅是在管理这一权利而已。确认处分说认为国家不能"创设"专利权，仅能对具备法定要件之发明创作"宣告"其存在并赋予其一定的法律地位而已。专利权核准这一确认处分是确认发明人已有的发明权，经此确认后发明权始能发挥排他权的效力。**❷**

而专利行政机关的审查，是确认该发明符合专利法规定的条件，最后才能获得专利权，然而这并不是说知识产权局的专利权授予仅是确认处分而已。确认处分只在宣示某既存的法律状态，若发明人在申请专利前后所具有的权利类型不同且内涵各异，如何能谓专利权授予仅仅在宣示其发明权的存在而已。虽然专利行政机关的审查行为，是确认该发明符合前述专利法规定的条件，具有类似确认处分的性质，正是基于这种确认行为专利行政机关并没有裁量权限，必须赋予申请人一定的法律地位，其已实质变更申请人在申请专利前后的法律地位，这与现实不符。还有，确认处分说尚无法解释许多专利制度的内容。一是如果专利权是发明人固有的、自然的权利，为何在专利制度中专利权设有保护期间限制？若是自然权利，则不应设有期限。二是按照自然权利论，如果数人分别独立地完成同一项发明，则每一个发明人应该都有一项专利权，然而实施专利制度的国家只将

---

❶　曾陈明汝. 两岸暨欧美专利法 ［M］. 北京：中国人民大学出版社，2007：45.

❷　杨崇森. 专利法理论与应用 ［M］. 台北：三民书局，2008：22.

专利权授予最先申请者。三是如果自然权利说属实，则为什么同一发明在某国家可以得到专利，在另一个国家却不被获准呢？又或者同类的发明在同一国家中，原本不被承认为专利，而后却因国家政策的考虑而被获准专利呢？确认处分说也有其意义，其认为专利权授予与其说是"设立"不如说是"确认"的核定，那么就当初获得认可的专利权的争讼，就倾向于采取民事诉讼的模式，即采取所谓无效诉讼之方式，就已经核给的专利权，得由法院直接为无效宣告，而无须再经由当初赋予的行政机关，再以行政处分撤销其原核准的处分。

综上所述，确认处分说是较为理想化的学说，其与现实多有扞格之处，但是截取某些特定的专利权的授予过程来讲，确认处分说是可以片面地予以相对合理的解释的。

2. 形成处分说

形成处分指设定、变更或消灭某具体法律关系的行政处分，处分一经作成即直接达到使法律关系发生、变更或消灭的效果，其间并没有执行的问题。形成处分说认为发明创作是人类的生活现象，人类生活进步就是需要连续地发明及其模仿，仅是发明人并不能取得任何权利，专利制度是国家将能在产业上利用并具有新颖性、进步性的发明，抽离出来予以保护，希望因奖励发明而有助于国家产业的发展，因此，专利核准审定无非是出于国家产业政策而授予专利权的形成处分。故而国家对于发明人没有授予专利的义务，当发明人提出专利申请时，由于是否授予专利，国家有自由裁量的决定权，所以就发明人而言，关于发明后的自然状态，不但没有私法上的专利权，也没有接受公法上授予专利处分的权利，此时国家授予专利将使自然状态不存在的权利，产生称为专利权的私权，也就是说核准专利的行政处分是专利权成立不可欠缺的要件。❶

而如果严格按照形成处分来理解的话，专利权是因专利行政机关的核准处分所创设，既然当初赋予知识产权必须经过行政处分，则事后就权利

---

❶ 熊诵梅. 行政机关授予智慧财产权之性质与效力［J］. 法令月刊，2007（7）：101.

的剥夺也应该是专属于原核准机关的行政权，法院不能自为处理。因此，关于专利权有效性的问题，行政机关有第一次决定的权力，即必须由当初授予权利的机关再以行政处分撤销原核准处分，通过此来否定专利权的效力。所以在专利权有效性的争议程序上应采取行政救济途径，即提起相关行政程序及行政诉讼加以解决。但是现实中，许多国家的专利权有效性问题法院皆可自行判定，如果严格按照形成处分来理解的话也有不周全之处。

（四）司法性行政行为说

梁志文教授将专利权授予行为称为专利授权行为，而这种称谓与专利许可意义上的专利授权自是有所区分，但是为了不致误解，似乎称为专利授予行为更为妥适。他认为专利授予行为本质上属民事司法性行政行为。发明人的申请专利行为是行使民事权利行为，属司法性行政程序中的起诉行为，它的基本目的在于引起专利审查部门依据职权从事相应确权审查行为。申请专利的行为不同于专利申请权，它只是一种引起专利审查部门进行确权审查的意思表示，它不是法律行为中的意思表示，而仅仅是纯粹的程序性行为。相应地，专利授予行为在本质上是属于根据权利人的申请而为的一种司法性行政行为。即它是指专利审查部门以中间人的身份，依照一定的程序，确认申请人对符合专利法规定的发明创造享有独占权，它裁定了专利权人和社会公众及其竞争者之间的利益归属。故而从这种意义上讲，专利授权行为实为司法性行政行为，而且专利授予行为具有行政司法裁决的基本特点。梁教授进一步认为，将专利授予行为定性为司法性行政行为，符合专利法基本理论。首先，专利权是私权，是天赋人权而非特许权。其次，专利权是法定权利，但权利的来源不是行政创设，而是发明人的创造。这不同于行政许可所创设的准物权，准物权是对非属权利人所有的财产予以开发利用的权利，非经特许不享有其利益。最后，司法性行政行为说可矫正现行专利程序法上因制度安排所导致的不合理之处。❶

司法性行政行为说另辟蹊径，但是亦有弊端。本来司法与行政在权力

---

❶ 梁志文．专利授权行为的法律性质［J］．行政法研究，2009（2）：34．

分立的角度来看就是两个不同的范畴,若将专利申请的行为看作起诉行为,那么申请专利的权利到底是实体上的权利还是程序权利不可得知。另外起诉对方当事人为谁,如果对方当事人为公众的话,其程序权利以及实体权利的行使如何进行,很多情况下公众并未参与其中,如果说是专利局作为公众的代言人的话,那么就会存在裁判者与当事人一方的身份重叠的情况,于法律构造的合理性上不合。即使是公众作为当事人一方,其实质参与的过程也仅能是在专利授予完成后提起相关程序,在狭义的专利权授予中其并不具法定的程序身份,许多国家的专利法并未在专利申请过程中赋予公众相关的权利,从前的异议程序也多被取消。尽管有的国家尚保留有公众针对专利申请的情报提供制度,但是公众仍处于相对附属的地位。所以在某种程度上讲,专利申请与授予这一法律过程中主要还是着重于专利申请人与专利局之间的法律关系。

实际上专利权授予行为定性的困境和专利权的性质认定一样较为复杂。一方面专利权授予行为的准确界定不易,专利申请与核准是一个复杂的兼具程序与实体的动态过程,涉及的法律关系比较多;另一方面在对其定性时的路径依赖,即套用已有的模式是我们想要回避却无法回避的问题,而我们又缺乏足够的理论支撑来创新;还有就是不同国家和地区的专利法制度构造亦有所差异,也造成了认知上的分歧。针对前述的各种学说,笔者倾向认定专利权的授予行为更像是属于形成处分,因其创设出一定期间独占排他的权利,而专利权被定位为私权,因此知识产权授予行为所创设的法律效果为私法效果,即授予专利权为形成私法效果的形成处分。此说也是得到最为广泛认可的学说,日本学者丰崎光卫就认为专利主管机关所为的处分并非单纯的确认行为,专利主管机关的行为,特别是登记,并非仅单纯地对于既存法状态的确认,即使没有从无到有的创造力,也应有赋予上述效力的形成力。❶ 此外,樱井博行也认为最好是从专利申请到设定登记作整体的观察,专利制度是为了保护及利用发明,并藉由奖励发明来促

---

❶ 豊崎光衞. 工業所有権法 [M]. 有斐閣,1980:37.

进产业发展，由发明是否申请专利是发明人的自由，因此推定专利法所规定专利申请的最后处分应该是希望获得登记。从这里来看，申请专利的目的既然是企图取得权利，就不能单独审视专利审定的法律性质，必须着眼于登记是在创设新的权利，以此点而言，专利审定的法律性质应该是形成处分。❶ 但是本书并不主张严格的形成处分说，专利权性质及专利权授予行为的性质比较复杂，除了要分析专利权授予的形成处分性质外，不可排斥性地否定其他面向的认识，特别是专利权性质的特异性，这对制度构建的多样性来说颇具意义。

三、专利权授予与有效推定

专利权授予后，专利权即推定有效，尽管其可能在后续的程序中效力被否定，但是在专利权被撤销之前专利法规定的专利权的效力内容皆为可以实现的。而许多国家并未对专利有效性予以明确规定，如我国专利法，还有的国家非但没有规定专利有效性问题，还从反面对专利授予的效力进行了限制性的规定，如《印度专利法》第 13（4）条明确规定，专利授予所进行的审查并不视为对专利最终效力的保证，中央政府或任何与专利审查、公告及附随行为相关的官员均不承担任何责任。❷ 依其语义，印度专利法从另一个角度对专利有效性推定予以了规定，其并未否定专利权有效性的推定。应该说，不管专利法是否明文规定专利权有效性推定，也不管专利法是以何种方式规定专利有效性问题，被授予的专利权被推定有效都是专利法的应有之义。

与此相应的是美国专利法对此予以了明文规定，《美国专利法》第 282条规定，经过 USPTO 所核发的专利，被推定为有效且符合所有的专利要件。就此项规定所代表的意义，美国法院的见解也有分歧。有法院指出，此项规定仅是程序上的一种策略而非实体法，其仅为举证责任倒置的规定，

---

❶　櫻井博行. 特許処分と特許無効の法的性質——侵害訴訟における無効の抗弁の許容に向けて［J］. 東洋大学大学院紀要，2000：54.

❷　The Patents Act, No. 79 of 1970, 13（4）; India Code（2005）.

其规定侵权诉讼中被告必须负担提出证据证明专利无效以及最终于法庭说服所涉专利无效的责任。❶ 也有不同见解指出这是尊重 USPTO 认定的一种规定，其认为此项推定是"强而有力的"❷ 或是强调要推翻此项推定效力必须以明确且具说服力的证据来证明。❸

可见对于《美国专利法》第 282 条有关专利权有效推定的解释，也同时影响推翻此项效力所需的举证程度。《美国专利法》第 282 条的适用范围包含专利及其个别权利请求项。在大多数情况下，法院在判断专利效力时都是以个别权利请求项为基础，所以在个案中专利的各个个别权利请求，乃是各自独立地被推定其效力，原则上不受其中某一申请专利范围效力的影响。例如，在 Glaros v. H. H. Robertson Co. 一案❹中，法院即指出在《美国专利法》第 282 条有关专利效力推定的条文下，专利的各个权利请求项必须个别地、独立地加以考虑，并因此认为基于陪审团针对一项权利请求项认为无效的裁决，以简易判决宣告两个申请专利范围无效是不恰当的。另外，虽然在实务上法院常将专利有效性推定规定与非显而易见性的专利要件共同讨论，但不代表有效性推定规定仅适用于此。只要是所有挑战专利有效性的基础均适用。Hybritech Inc. v. Monoclonal Antibodies，Inc. 案❺判决书就曾指出"专利有效性的推定，适用于所有专利法有关专利效力的规定，而不仅是指第 103 条的非显而易见性要件"。

综上所述，专利权被推定为有效，该推定不仅适用于专利实质要件问题，也适用于专利申请中的程序问题。❻ 而且专利权每一个权利要求，无论是独立的还是从属的均应推定为独立有效，而不受其他申请专利权利请求项的影响，即使部分权利请求项无效，其他权利请求项仍应视为有效，主张专利权全部或其中任何部分权利请求无效的举证责任，应由主张者承

---

❶ New England Braiding Co., Inc.v.A.W.Chesterton Co., 970F.2d 878, 882(Fed.Cir.1992) .

❷ Robotic Vision Systems Inc.v.View Engineering Inc., 189 F.3d 1370, 1377(Fed.Cir.1999) .

❸ Kegel Company, Inc. v. AMF Bowling, Inc. , 127 F. 3d 1420, 1429（Fed. Cir. 1997）.

❹ Glaros v. H. H. Robertson Co. , 797 F. 2d 1564（Fed. Cir. 1986）.

❺ Hybritech Inc. v. Monoclonal Antibodies, Inc. 802 F. 2d 1367, 1375（Fed. Cir. 1976）.

❻ 张广良. 论专利权保护范围的确定原则 [J]. 电子知识产权, 2009（10）: 29.

担。F. 斯科特·基夫教授认为，"专利有效性推定"效力应该抛弃，在民事诉讼中，似乎采用"优势证据"举证责任标准较好，而不是现在的"清楚且令人信服的"证据标准。相应地，专利权保护客体、等同原则、授权后的专利程序以及专利诉讼程序均应作一定的修正。❶

第二节　专利权无效判定的基础

专利权是属于受法律保护的私权利的一种，具有可执行力。所谓可执行力，是指基于权利人的请求，法院可依据法定该权利的范围，向被告发出强制为一定行为或中止某一行为的命令，作为权利人执行该权利的救济。就专利权而言，专利权的可执行性则是指专利权人可以藉由向法院提起专利侵权诉讼来请求法院作出相应的判决，强制被告中止继续制造、使用、销售及为许诺销售受该专利权保护的物品或方法，或是针对被告过去所为的制造、使用、销售及为许诺销售受其专利权保护的物品或方法的行为对专利权人所造成的损害，强制被告予以赔偿。

根据专利法理论，专利的核发有其法定要件，也就是说专利申请符合各项法定要件才可以核准专利，法定的专利机关作为审查专利申请的公权力代表，其核准的专利权都是推定有效的。专利权的有效推定在不少国家的专利法中即有所体现，1952 年以前美国即已通过法院的判决承认经 USPTO 核发的专利被推定为有效，1952 年美国国会则将此项普通法见解明文化，将专利有效性的推定规定在《美国专利法》第 282 条，其明文规定经过 USPTO 所核发的专利被推定为有效且符合所有的专利要件。专利权被推定有效，而且一般情况下专利权就是具有可执行力的。

既然被核准的专利权被推定有效，那么说明其并非终局性的有效，只要依法律或事实有足以表示专利或其申请专利范围之一为无效者，即得加

❶　F. Scott Kieff. The Case for Preferring Patent-Validity Litigation over Second-Window Review and Gold-Plated Patents: When One Size doesn't Fit All, How could Two do the Trick? [J]. U. Pa. L. Rev. 2009（157）: 1937.

以推翻此项推定效力，也因此于专利侵权诉讼中，被告得以专利无效作为其防御方法，所以《美国专利法》第 282 条将专利无效规定为"任何与专利效力及侵害有关的诉讼的抗辩"。可以说，专利权被推定有效但是其效力并不稳定，一旦针对专利权效力的否定性评价得到落实，那么专利权的有效性推定即被推翻，被推翻的"专利权"就不再是所谓的专利权，当然也就不具专利权的执行力。

从前述分析可以得知，专利权的无效得经由一定的程序，而被推定有效的专利权在无效判定之前可能在权利实现的过程中产生了许多相关的法律关系，而宣告无效的专利权视为自始即不存在，那这些法律关系在其基础——专利权被认定为无效之后应如何调整以及利益相关者的权利义务分配也是很重要的议题，这也就涉及专利权无效的相对力、专利权无效的溯及对象以及专利无效的效力等问题。

一、专利授予行为的公定力

专利权的授予属于创设私权的行政行为，专利权被核准后即被推定有效。专利权推定有效符合专利法制度的内在机理，同时其也是行政行为公定力的必然要求。公定力是日本学者美浓部达吉首创的法律概念，❶ 其以国家意志的公定力为核心，得出行政处分的公定力理论，其含义为国家行为受合法的推定，除有权机关撤销或认定无效外，人民不能否定国家行为的效力，仅得依法以争讼为手段而请求救济。公定力的本质是行政行为内在的国家意志，其是一种对世的效力，不仅包括相对人，还包括所有国家机关、社会组织和公民个人。❷

法律关系中所产生的信赖，当然包含私法上与公法上的信赖保护，虽

---

❶ ［日］美浓部达吉. 公法与私法［M］. 黄冯明，译. 北京：中国政法大学出版社，2003：112.

❷ 公定力由于本质上是以国家权威行政行为合法及有效的基础，其实无法符合现代民主法治的观念，所以该概念已被许多学者放弃，但是其与行政处分作为国家公权力手段的本质仍有相当的关系，本书是在国家公权力本质的基础上使用此概念。

然公私法各具特殊性质，但是二者亦有共通的原理，私法规定的表现一般法理者，应也可适用于公法关系。然而私法上的信赖保护毕竟是以私法自治为根基，且以对等的相对人关系前提，与公法上的信赖保护仍有差别，公法上的信赖保护是基于公法关系的本质而发生，且为国家以优越的地位与人民发生的法律关系，并受公法的支配，故尚与私法上的信赖保护略有不同。行政行为的公定力是公众对专利局授予的专利的信赖基础，所谓"信赖基础"是指公众所值得信赖的客体，其必须是一个国家的权力行为才有形成人民信赖的可能，而信赖基础也是公法上信赖保护原则的前提要件。行政机关的行政行为所形成的法律关系，因其行政行为的公定力会产生信赖。国家机关除应依法行政外，并应致力于提升公权力的公信力，以维护法律秩序的安定平和，同时保障人民的信赖，因此在公法领域渐次形成"信赖保护原则"，以树立国家公权力行使应遵守的准则，这也是法治国家原则的基本范畴。

"信赖保护原则"是指人民基于对国家行为的信赖，在合法的情形下其信赖应受到国家的保护。换句话说，是指公众信赖授权性行政处分的存续力，就生活关系已作适当的安排，事后该行政处分即使经过撤销，公众的信赖利益亦应受到保护。所以，公法上的信赖保护专指人民信赖的保护而言，公众因为相信既定的法律秩序，而安排其生活或处置其财产，则不能因嗣后行政行为的撤销，而使其遭受不能预见的损失，以保障人民的既得权益，并维护法的安定性与法律的尊严。

信赖保护是从法的安定性原则推衍出来的，所以信赖保护原则与法的安定性息息相关。法的安定性原则源自人类对安全的需求，以便人类能够安排、进行其社会生活。从广义上讲，法的安定性涵盖两种概念：其一是通过法达成的安定，又称为不可破坏性或稳定性；其二是关于法本身的安定，又称为法律的确实性。❶ 前者是指法律状态的安定性，能保障已经存在的法律关系，使其免于受到侵害，例如，合法占有权、所有权不受侵害、

---

❶　胡建淼. 论公法原则 [M]. 杭州：浙江大学出版社，2005：798.

法院判决的确定力等；后者则为法律权利义务规定的安定性，着重在于法律文字对权利义务规定的明确性，其要求法律的构成要件、法律效果须明确，公众才能理解法律的规定，并预测法律对自己行为的影响。所以，法治国家要求行政行为具有明确性、可预见性、可测量性，自能维持法律秩序的安定性。❶

判断某一行政行为是否具有公定力，或者具有什么样的公定力，应当以国家意志作为核心标准。既然不同的行政行为内在的国家意志对法律关系的渗透和介入存在差别，那么，不同的行政行为在公定力上毫无疑问也应当是有差别的。如果该行政行为是国家意志的体现，则具有公定力；反之，则不具有公定力。如果该行政行为涉及的所有法律关系都是国家意志的体现，则所有法律关系均具有公定力；如果该行为涉及的法律关系部分是国家意志的体现，部分不是国家意志的体现，则体现国家意志的部分具有公定力，不体现国家意志的部分不具有公定力。❷ 专利权从权利依据来讲是一种"法定权利"，法律规定是知识产权产生的"依据"，❸ 故针对专利权授予行为来说，其毫无疑义体现了国家意志。

专利权无效判定即对专利机关授予的专利权提出有效性质疑，从表面上看似乎是未服从和尊重行政机关的国家公权力，但是从专利法的构造来看，专利权无效判定并未损及专利授予行政行为的公定力，一方面，专利权授予的行政行为公定力可能与其他行政行为的公定力有所差异，不同类型的行政行为以及针对不同对象的行政行为对公定力的程度要求不尽相同，专利权授予的特殊性在于其权利要件的存在使得专利机关的授予行为是受到特定羁束的，并且这种羁束是由专利权的本质所决定的，故专利权并非绝对体现国家的意志力；另一方面，专利权的诸多要件的判定并非哪种主体的意志所能准确把握，即使是国家意志力也不例外，故国家意志在这里

---

❶ 翁岳生 . 行政法（上册）[M]. 北京：中国法制出版社，2002：129.

❷ 羊琴 . 论行政行为的公定力差别及其在民事诉讼中的运用 [D]. 武汉：中南财经政法大学，2010：49.

❸ 吴汉东 . 知识产权本质的多维度解读 [J]. 中国法学，2006（5）：99.

与其他行政行为相比处于比较谦抑的境地，专利权的有效性推定说明其仅是推定而不是最终效力，这也成就了专利法的特殊性法权构造。如果说专利权授予的无效判定属于行政行为公定力的谦抑的话，那么即使是专利法中专利权无效判定也并不是说完全脱离了公定力的范畴，通过前述专利无效的效力问题的探讨可以看出，专利法对专利行政授予行为公定力的谦抑也有相关的配套设计，专利无效并非没有一点信赖保护原则适用的空间，相反，专利法通过其特定的信赖保护规则维持了法的安定性。

总的来说，专利权的本质与专利权授予行为的性质对专利权无效判定制度体系的逻辑具有决定作用，专利权是经行政机关的授予行为所形成的私权，行政行为的公定力并不是体现在其专利权本生的效力绝对性上，专利权的有效性只是推定的，而不是最终效力。在专利权的要件上发现有瑕疵的情况下，自是可以予以推翻专利权的有效性推定，从某种程度上讲，专利权无效判定制度是专利法系统中不可或缺的有机部分，专利权人与公众对专利行政授予行为的尊重皆在专利法的范畴内，专利权被判定无效后，专利法在法的安定性与权利实质准确性上予以了平衡，即不管是专利权人还是公众在专利法中特定的信赖保护原则的统摄下，并不会因为专利权的无效判定获致不可预见的损失，或者说即使有损失也是法律情感和认知上较为可接受的范围。

二、专利权范围的界定困境

专利权利范围在概念上可以看作土地外围的栅栏一样，表征着专利权的界限。专利的权利范围的界定，依现行各国立法例，主要根据权利请求书所记载的范围决定。由于权利请求书界定了专利权的范围，各国的专利法对其记载方式及内容与说明书一起皆有明确规定，如《欧洲专利公约》第 84 条规定其应对所要保护的对象加以定义。申请专利范围应清楚与明确且为发明说明所支持，《美国专利法》也在第 112 条规定其应包括发明的文字叙述及其制造、使用方法和程序的叙述，使任何熟悉该行业有关人士或最具关联的人员，均可依该完整、清晰及精简、正确的语词即可制造并且使用其相同产品，且说明书应记载发明人实施其发明所可设想的最佳方式。权利请求书应具体指明申请专利的目标、技术内容及特点，一般来说，申请专利范围得以一项以上的独立权利请求表示，其项数应配合发明或创作的内容，必要时可以有一项以上的从属项。独立请求项应载明申请专利的目标、构成及其实施的必要技术内容、特点，从属请求项应包括所依附项目的全部技术内容，并叙明所依附项目外的技术特点，依附于两项以上的从属项为多项附属项，应采用选择式，从属项可以其他从属项依附进行叙述，但多项附属项之间不得直接或间接依附。除此之外，在说明内容结构上有所谓的前文、过渡词组、请求主文及机能词句等专门记载方式，以这种结构化的方式说明权利请求项有助于确定专利权范围。

由于发明的内容须通过抽象文字表达，专利权利范围就难以清晰界定，或是难以以直观的形式被人们以定型的方式理解，专利权范围的界定一般只能以解释的方式来进行。❶ 在学说上便存在不同的解释方法，关于如何解释专利权的保护范围，一般而言有下列几种方式。第一种是中心限定主义，此说认为发明创作本身是一种技术思想，而申请专利范围所记载的文字内容仅是抽象思想具体化的典型例，故创作所及保护范围并非止于文字记载而已，应得以某一程度的延伸解释专利保护范围。因此，专利权的保护范围并非局限于申请专利范围的记载，而是以申请专利范围为中心，向其外侧有一定范围的技术延伸。在撰写权利请求时，只需书写发明者认为的典型实施例来当作代表，然后在解释申请专利范围时，参酌发明说明书、图片等记载，采用等同原则来界定保护范围。本说偏重于专利权人的保护，而其缺点为权利范围有扩张解释之虞，且范围不易确定。第二种是周边限定主义，此说认为专利是创作者与社会大众之间所缔结的契约，在解释专利权的范围时，亦应依类似于契约解释的精神来规范。申请人提出的申请专利范围即是其所欲主张专利保护的创作范围，其他人亦可依此知悉专利权人独占权的范围，就如同土地所有权人以栅栏圈围其所有权界限一般。

---

❶ 刘筠筠. 专利权保护范围的不确定性问题研究——兼论等同原则的适用 ［M］// 专利法研究（2008）. 北京：知识产权出版社，2009：135.

因此，于解释申请专利范围时，应以申请专利范围所包含的全部要件为最大解释限度，扩张解释则不予承认，凡是不包含于申请专利范围内而仅记载于说明书上的技术内容，不在专利权效力之列。本说优点为权利范围容易界定理解，缺点是申请人为防止保护范围有所遗漏，造成申请专利范围的项数过于繁杂。第三种是折中式限定主义，即将周边限定主义以及中间限定主义的内容加以折中，而不再局限于特定主义的立法方式，❶ 目前各国的立法例倾向于折中式的立法。折中式限定主义又可细分为两种：其一是消极论，消极论者是以申请专利范围的文字或措辞为准，当其认定有疑问或含混不清时才参考引用说明书及图片加以解释，属于被动性质；其二是积极论，积极论者以权利请求的"内容"为准，从分析专利保护范畴一开始就参考说明书及图片，以确定申请专利范围的实质内容与精神，属于主动性质。❷ 所以，专利权的范围可以说是比较有弹性的，不同的解释方法得到的权利范围差异较大，而这种差异就会使得专利侵权的认定结果迥异。

另外，专利权范围的解释原则上固然以申请专利的文字探求为主，但受限于文字本身的精确性，尚须参考其他相关的专利文件以及其他资料。一般来说，为解决申请专利范围文字不确定性所须参考的资料，可归纳为内部证据资料及外部证据资料。所谓内部证据，包含专利说明书、图片、申请过程中的档案等，由于其可对权利请求用语的意义提供脉络与澄清，因此当专利用语有争议时可作为参考资料。❸ 由于专利说明书和权利请求解释具有高度的关联性，因此专利说明书被认为是确定争议用语的最佳指南，申请专利范围与专利说明书中所使用的文字应作相同解释。❹ 所谓外

---

❶ 《欧洲专利公约》第 69 条以及该条的议定书即规定申请专利范围为认定专利权范围的基础，而且解释申请专利范围时得参考说明书及图片。

❷ 特許第二委員會第一小委員會. ドイシにおける特許クレーム解釋に關する判決の紹介 [J]. 知財管理，2000，597：1811.

❸ Athletic Alternative, Inc.v.Prince Mfg.Inc., 73 F.3d 1573, 1579−80(Fed.Cir.1996).

❹ Mark A. Lemley. The Changing Meaning of Patent Claim Terms [J]. Mich. L. Rev., 2005（104）：101.

部证据，包含前述内部证据资料以外其他相关可辅助判断内部证据的资料，其可能是专利文件，例如，其他专利、技术说明、论文及字典，也有可能是来自于专家、代理人或发明人的证言。早期美国实务对于申请专利范围的解释的参考文献，仅限于内部证据资料，至于外部证据资料则不在参考范围，但自 Vitronics Corp v. Conceptronics，Inc. 案❶后，CAFC 扩大权利范围解释参考资料的范围，依法院见解认为，虽然在大部分的案件中参考内部证据资料已足够，但如果检视所有内部证据之后，专利范围解释上仍有意思含糊之处，此时法院可借助外部证据资料的内容作为理解内部证据资料的辅助依据，当然不同种类的外部证据其参考价值也不尽相同。

正是专利权利范围的抽象性，以及其解释的不确定性造成了专利权利的范围不够清晰，这种清晰性缺失又使得公众对于专利权范围难以把握，难以准确规制和评价自身与专利有关的行为，并较容易对自己可能的违法行为形成合法的确信，并对专利权的范围提出合理质疑。而且由于专利权是一种一对多的权利关系，一旦授予特定专利权人专属排他的权利时，即意味着剥夺其他人享有此项权利的机会。专利权范围又因其抽象而不易界定，因此公众便有提出审查的动机，特别是利害关系人尤其如此，法律基于权利平等保护的原则也应对公众的合理动机提供制度出口，于是便有专利权无效判定的相关制度。因此，专利权人即使已取得专利权，但其专利权效力仍然存在被撤销的风险。

在所有专利撤销事由中，以违反专利法新颖性及进步性最为常见。除了申请人对于是否具备新颖性要件存在极大不确定性外，专利行政机关对于进步性中的"所属技术领域中具有通常知识者依申请前的先前技术所能轻易完成者"的实质认定，也存在不确定性，并常存在后见之明，即以现在的技术水准来评断申请前的技术水准，并且对于"是否能轻易完成"的认定也存在人为主观见解的差异性。尤其当法律之构成要件事实常使用不确定法律概念来规范时，行政机关在认定构成要件是否满足的时候，享有

---

❶　Vitronics Corp. v. Conceptronic，Inc.，90 F. 3d 1576，1582（Fed. Cir. 1996）.

极大的判断余地，尤其在判断进步性时，专利行政机关享有相当大的自由判断空间。不同审查官对同一事实的涵摄也常有不同结果，使得专利权人所取得的专利权存在不安定性。另外，禁止反悔原则的适用使得专利权的范围更为不稳定，也导致专利权的效力的不安定，面临随时被撤销的风险。

三、专利侵权诉讼无效抗辩

专利无效抗辩属于专利侵权抗辩制度之一，是指在专利侵权诉讼中，被控侵权人以涉案专利不符合可专利性条件，应当判定为无效为由主张其行为不构成侵权的抗辩。专利权的有效性是专利侵权案件的基础问题，特别是在专利侵权诉讼中，被控侵权人常常以专利无效作为抗辩理由，尽管许多国家并未在专利法中明确规定"无效抗辩"，但有效专利的存在是侵权诉讼的前提，而专利有效性问题又涉及专利局授予专利权的行政行为的效力。在民事案件中，行政行为本身并不是案件的诉讼标的，但案件的正确解决有赖于行政行为效力问题的先行解决，在这样的情况下，行政行为就成为民事诉讼的先决问题。❶ 尽管对专利有效性问题的处理方式是多样的，但是从某种程度上讲，在专利侵权诉讼中存在无效抗辩的情况下，专利权有效性问题可以说是专利侵权诉讼的先决问题。

专利的有效性为法律所推定，专利无效的举证责任落在被告身上，被告必须以清楚而具有说服力的证据，推翻有效性的推定。❷ 专利因法律规定而推定有效，此种推定直到专利侵权诉讼被提起时才生效。❸ 此种有效推定在有与推定事实相反的证据出现后则消失，❹ 此种推定的效果是要求相对方提出证据。在单轨制国家和地区，不存在审查标准不一致的情况，

---

❶ ［日］室井力．日本现代行政法［M］．吴微，译．北京：中国政法大学出版社，1995：95.

❷ Hybritech Inc. v. Monoclonal Antibodies, Inc., 802 F. 2d 1367, 1375, 231 U. S. P. Q.（BNA）81，87（Fed. Cir. 1986）.

❸ In re Morris, 127 F, 3d 1048, 44 USPQ2d 1023, 1027-28（Fed. Cir. 1997）.

❹ A. C. Aukerman Co. v. R. L. Chaides Constr. Co., 960 F. 2d 1020, 1037, 22 USPQ2d 1321, 1332（Fed. Cir. 1992）.

而在采取有效性审查双轨制的国家和地区，由于专利审查时采取不同的标准，当面对侵权的质疑时，被告可以要求对专利进行再审查或选择在法院质疑专利的有效性，一般来说专利局采取的审查标准相对法院来说较低，被控侵权人在举证责任上也就不尽相同。

所谓举证责任，包括两个方面，主张事实的一方应就其事实提出证据，即"提出证据的责任"，而提出证据的一方应就其所提出的证据，说服事实审理者其具有证明力，使其证据得以被接纳及相信，而证明事实的存在，称为"举证责任"。❶ 提出与说服的责任是程序性的概念，有提出责任的当事人在争点上提不出证据时，则应当承担因此而产生的不利法律后果的责任。说服的责任则不同，在争点上有说服责任的当事人，如未能说服事实认定者其主张已被优势证据或其他可适用的准则所证明就会败诉。提出证据的责任可以说是当事人提出充分的证据，以避免就该问题产生有害认定的义务，其也是一个会在当事人间移动的义务。❷ 所谓说服责任则是指当事人以证据于事实审查员或法官的心中，建立对事实所要求的相信的程度的义务。❸ 故对重要事实的陈述人，负有义务说服事实审理者其所述的重要事实可能为真。除非原告提供证据，否则无法支撑其举证责任。应注意的是，一旦提供一些证据，其"提出证据的责任"的义务即已满足，其举证责任不一定满足，其问题就在于其所提供的证据是否足以避免其案件作不利的认定结果。

审理程序中的争议，涉及许多发生在以往的事实，事实审理者无法确实知道当时发生的事情，能做的仅是获得何者可能发生的相信。该相信的强度即是事实审理者被说服的程度。举证程度标准影响当事人必须负担说服事实审理者的确定性，关系到诉讼胜败。❹ 基于这个想法，举证的程度

---

❶ 何家弘. 外国证据法 [M]. 北京：法律出版社，2003：436.

❷ ITT Commercial Finance Corp. v. Tech Power, Inc., 43 Cal. App. 4th 1551, 1558, 51 Cal. Rptr. 2d 344, 348 (2dDist. 1996).

❸ Ann Taylor Schwin. Evidence § 120 Section 115 of the Evidence Code, Cal. Affirmative Def. § 1：8 (2005ed.).

❹ In re Ballay, 157 U. S. App. D. C. 59, 73, 482 F. 2d 648, 662 (1973).

显示了社会对于特定形态的判决，在事实认定结论的正确性上感到满意的程度。举证程度标准的选择，一个很重要的考虑就是关于社会对于诉讼中所涉及的利害关系的评价。❶ 在民事诉讼程序中，有两个主要的举证程度标准。第一个且为最常用的是"优势证据原则"，第二个则为"清楚且具有说服力的原则"。民事诉讼最常适用"优势证据原则"，其单纯要求事实审查者依据就事实存在负担说服责任的一方所提供的证据，在其发现有利于举证责任一方的事实前，相信事实存在的可能性大于事实不存在的可能性。❷ 换句话说，优势证据原则要求在事实被发现前，于比较证据后，以较具有说服力的证据所支撑的事实为认定，而不是决定哪一部分必须被证明为请求或抗辩的真实部分。优势证据原则，是建基在民事诉讼中法律以相同的态度对待原告及被告，而寻求尽量降低错误的可能性。❸ 优势证据主义允许两造以大约相同的方式分担错误的风险，❹ 当证据最终差不多平衡时，负担举证责任一方则败诉。❺ 负有"优势证据原则"举证责任的当事人，其所述的事实必须是较可能发生的结果，当被保护的财产存在时，优势证据主义是合适的举证程度标准，除非有其他利害关系考虑，否则不适用"清楚且具有说服力的原则"。

主张专利无效者应负专利无效的举证责任，正是在质疑被保护的财产存在与否，证据须明确且具有说服力，所以优势证据原则并不适用，而是适用"清楚且具有说服力的原则"，是较高的举证程度标准，❻ 此种较高的举证标准是来自于推定专利有效原则。❼ 负有"清楚且具有说服力的原则"

---

❶　In re Winship, 397 U. S. 358, 370, 90 S. Ct. 1068, 1075 - 76, 25 L. Ed. 2d 368 (1970).

❷　Concrete Pipe & Products of Cal., Inc. v. Construction Laborers Pension Trust for Southern Cal., 508 U. S. 602, 622 (1993).

❸　United States v. Fatico, 458 F. Supp 388 (E. D. N. Y. 1978).

❹　Herman & MacLean v. Huddleston, 459 U. S. 375, 390 (1983).

❺　Office of Workers' Compensation Programs v. Greenwich Collieries, 512 U. S. 267, 281 (1994).

❻　In re David C., 152 Cal. App. 3d 1189, 1208, 200 Cal. Rptr. 115, 127 (5th Dist. 1984).

❼　Peter S. Canelias. Patent Practice Hand Book § 18. 01. Aspen Law & Business, 2002.

的当事人，则必须在裁判者心中建立对其主张的事件结果的确信，其并非要求一个绝对的确信，只是说证据的程度在事实审查员的心中建立，所声称的事实为真实的确信或说服力，❶ 所展现的证据相较于对方的证据具有说服力，其所支持的事实有极高的可能性为真实的，证据在事实审查员心中，产生其所声称的事实为真实的确信或说服力，而证据如此清楚、直接、有分量、有说服力，能使事实发现者对于争点确切事实的真实性，清楚地被说服而没有任何迟疑，❷ 证明的结果对诉讼中的基本事实产生一个事实为真实的合理的确信。❸ 清楚而具有说服力的证明无须是最终的，然而其要求证据必须清楚而没有实质的怀疑，充分且强烈地赢得使每一个理性人毫不迟疑地赞同的高度可能性。❹ "清楚且具有说服力"标准很难达成，且与"超越合理怀疑"的分界很难划分。❺

专利权无效抗辩是专利侵权诉讼中较为常见的抗辩手段之一，与其他抗辩方式不同的是其直接对系争权利的存在与否提出质疑。权利的存在是侵权判定的基础问题，那么权利的存在与否的审查成为侵权诉讼中的重要一环，权利有效性的推定使得无效抗辩提出者需要满足较高的举证责任才可抗辩成功。如果是法院自行判定专利有效性的话，专利权无效判定则采取的是"清楚且具有说服力的原则"，如果法院不能自行判定，则由专利局进行无效判定，其采取的举证责任标准则相对较低。

四、专利权无效的溯及对象

专利制度中撤销授予专利权处分确定后，依专利法规定发明专利权经撤销确定的，专利权的效力视为自始即不存在。我国对于专利权撤销采绝

---

❶ Stavinoha v. Stavinoha, 126 S. W. 3d 604 (Tex. App. Houston 14th Dist. 2004).

❷ Application of Boardwalk Regency Corp. for a Casino License, 180N. J. Super. 324, 434 A. 2d 1111 (App. Div. 1981).

❸ Lepre v. Caputo, 131 N. J. Super. 118, 328 A. 2d 650 (Law Div. 1974).

❹ In re Marriage of Weaver, 224 Cal. App. 3d 478, 486 - 88, 273 Cal. Rptr. 696, 700 - 701 (2d Dist. 1990).

❺ 江伟. 证据法学 [M]. 北京：法律出版社，1999：113.

对无效制，学说上对此几乎没有争议。而针对此条文的溯及效力对象则值得探讨。如果基于法条文义，则是指专利权而言，即"专利权"视为自始不存在（专利权溯及无效说）。但是从此溯及的效力对象解释上似乎不应认为是指专利权而言，而应是指曾经存在且形式上发生效力的"专利处分"而言。法律条文中的"专利权效力"应解释为"专利处分的效力"（专利处分溯及无效说）。

我国专利制度伊始多有借鉴外国立法例，例如美国专利法、德国发明专利法、日本特许法等。外国专利法多数明文规定专利撤销的溯及效力对象为专利权。且专利权的授予乃因专利行政机关进行专利核准审定而生，即核准审定处分的效力是创设一项专利权给专利申请人，则所谓撤销成立审定者，其处分的效力为剥夺原授予的专利权，这样解释也较为合理。认为溯及的效力对象为"专利处分"的观点的前提为，既然撤销理由成立，即指申请专利的发明自始即不具有可专利性的要件，因此专利行政机关先前错误审查而授予的专利权本来就不存在，并无所谓"视为自始不存在"的问题。换句话说，专利处分溯及无效说认为，授予专利权的专利核准审定是确认处分行为。笔者认为授予专利权的专利核准审定不仅仅是确认处分，实际上是形成处分行为。基于此逻辑，撤销理由成立者，即申请专利的发明自始即不具有可专利性的要件，则专利局先前审查认定事实不充分而授予的专利权的核准审定，除有显然无效的原因或被另一行政行为所撤销的，其核准审定的效力仍然存在，其所创设的专利权在法律上亦当然存在。综上所述，本书采专利权溯及无效说。

专利权经撤销的，专利权的效力视为自始即不存在。根据法条文意来讲，专利权撤销不具有撤销原"核准专利权的处分"的内涵，既然不是撤销原"核准专利权的处分"，那么原"核准专利权的处分"的效力仍在，只要专利撤销尚未确定，则专利权还存活。但是从实际效果上来讲，"撤销专利权"的确定也含有撤销原"核准专利权的处分"的内涵，只是如果撤销仍未确定，其撤销原处分的效力尚未发生而已，"撤销专利权"的确定实际上已取代原"核准专利权的处分"，是相对于原行政处分行为的第二次裁决，否则如果"撤销专利权"的确定仅仅是撤销专利权本身而已，那么在后的"撤销专利权"行为确定后，原"核准专利权的处分"的效力到底是什么状态则成为一个疑问。

专利法所谓的"专利权的效力视为自始即不存在"，依法条文义解释有两种解释方法：其一认为，虽然专利权撤销处分成立，但在撤销成立处分确定前，专利权的效力是维持有效，而在撤销处分成立确定后，专利权溯及至专利权期间开始之日即公告日失其效力（法定的解除条件说）；其二认为，在撤销确定前，专利权一经撤销即为消灭，而如果专利撤销成立处分最后未被维持而确定者，专利权溯及至专利权期间开始之日即公告日有效（法定的停止条件说）。据此，针对专利权在撤销处分确定前的效力为何的问题，若专利权撤销采法定的解除条件说，则在专利权撤销成立确定即解除条件成就前，专利权仍然有效。若专利权撤销采法定的停止条件说，则在最初撤销审定成立，专利权被撤销，而最终审定未被维持确定即停止条件成就前，专利权即已失效，但于专利权撤销成立处分最后未被维持确定，即专利权撤销成立处分最后又被上级行政机关或法院撤销确定后，撤销的专利权溯及回复效力。

依法条的"视为"二字似乎可以推知，应该采法定的解除条件说。按所谓"视为"者，是与现在事实相反的拟制，即将具类似性质，而实质不同的法律事实，以法律强行规定，赋予相同法律效果的立法。实质不同的法律事实，本应发生不同的法律效果，而在法律拟制的范围内，则发生法律所拟制的相同法律效果，除法律另为特别规定外，被拟制的法律事实，不得再发生其原应发生，但与法律拟制的法律效果不同的法律效果，这是法律拟制的当然解释。既然规定为"视为"，表示撤销确定前，专利权仍有效力，而在撤销确定时，为与前述事实相反的法律"拟制"，使专利权回溯自始不生效力；否则，如果说专利权一经撤销即消灭，应不必有此类规定的必要。而且根据行政法理论而言，专利局就专利申请作成核准审定，授予专利申请人专利权，其专利权推定有效，在专利权撤销事件中，若专利局作成撤销成立审定，被撤销人即专利权人可在法定期间提起诉讼，该撤销成立审定即处于争讼状态中，产生阻止行政处分形式续存的延宕效力。

行政争讼所发生的延宕效力而被制止者，应为"行政处分的法律效力"，而非仅行政处分的"执行力"，停止执行的行政处分应如同尚未生效来处理。所以，在撤销成立"确定"前，因被撤销人即专利权人得在法定期间合法提起诉讼而生延宕效力，则撤销成立审定的法律效力——"撤销专利权"及"原核准审定被取代"尚未生效，即专利权仍然有效。

综上所述，专利法所谓的"专利权的效力视为自始即不存在"，其意义是指授予专利申请人专利权，其专利权是推定有效，在专利权撤销事件中，若撤销成立审定被作成但未终局确定前，其审定的效力——"撤销专利权"及"原核准审定被取代"尚未生效，即专利权仍属有效，而在撤销成立审定终局确定后，其审定效力才生效，此时专利权溯及至专利权期间开始之日即公告日失其效力。如果采法定的停止条件说，认为专利权一经撤销即为无效，则若被撤销人即专利权人得在法定期间合法提起撤销诉讼救济并获得成功的话，则原撤销成立审定即被撤销。若撤销处分最后又被撤销而确定者，专利权又溯及自始有效，造成专利撤销事件的行政争讼期间，专利权的效力反复不已。即使如此，在撤销成立确定前，专利权的效力处于未来不确定的状态，专利权人行使专利权应该受到相当的限制。

五、专利权无效的效力范围

世界各国的专利法中，专利权无效制度是由其专利主管机关或法院，就任何人或是利害关系人所提出的专利撤销申请或专利无效审判请求案，经过审理之后认为该授予专利权的核准审定处分不符合专利法的规定时，应作出撤销专利权处分或宣告专利权无效的判决。然此项处分或判决确定时究竟在专利法上产生何种效力，各国专利法多数规定采绝对效力的立场，专利权撤销程序审理如作出撤销专利权的审定或判决确定时，该专利权将视为自始不发生任何效力。例如《德国发明专利法》第 21 条第 3 项前段❶

---

❶　§21（3）Mit dem Widerruf gelten die Wirkungen des Patents und der Anmeldung als von Anfang an nichteingetreten. Bei beschränkter Aufrechterhaltung ist diese Bestimmung entsprechend anzuwenden.

规定，撤销专利时，专利及申请的效力，视为自始不生效力。《日本特许法》第 125 条❶规定，发明专利无效审判确定者，发明专利权视为自始不存在。《韩国发明专利法》第 74 条第 4 项规定，专利撤销决定确定时其专利权视为自始不存在;❷ 第 133 条第 3 项前段规定，发明专利无效的审判确定者，发明专利权视为自始不存在。❸ 相对来说，如美、法等国于专利侵害诉讼中，被告提出专利权无效的抗辩或提出专利权无效确认诉讼，仍是在通常民事诉讼程序范围内判断专利权无效，法院如认为被告无效抗辩有理由时，则作出驳回原告请求的判决或专利权无效的判决;因判决的效力仅在诉讼当事人间产生专利权无效的相对确认，其效力并无对世效力，❹称为效力相对制。而美国后续有判决认为除非专利权人能举证证明在前诉的手续上、实体上及证据上无充分的机会主张己方的请求，否则一旦在前诉诉讼中被法院判决该专利权无效，专利权人嗣后再以专利权对他人提出侵害诉讼，须受禁止反悔原则的限制，即不得以该无效的专利权对他人主张权利而提起侵害之诉。❺ 法国在 1978 年修改专利法时，将专利权无效确定判决的效力从一贯的相对效力修改为绝对效力（《法国专利法》第 50 条之二第一项），所以多数国家的专利权无效制度已几乎完全采用效力绝对制。❻ 专利权撤销的溯及效力不适用于撤销确定前已执行的民事侵权判决自无疑义，较为值得关注的则是专利申请中临时保护措施上的补偿金请求权与专利授权合同等法律事项。

---

❶ 第一百二十五条　特許を無効にすべき旨の審決が確定したときは、特許権は、初めから存在しなかつたものとみなす。ただし、特許が第百二十三条第一項第七号に該当する場合において、その特許を無効にすべき旨の審決が確定したときは、特許権は、その特許が同号に該当するに至つた時から存在しなかつたものとみなす。

❷ Article 74 Decision on an Opposition.

❸ Article 133 Invalidation Trial of a Patent.

❹ Triplett v. Lowell，297 U. S. 638，19 USPQ1（1963）.

❺ Blonder-Tonque v. University of Illinois Foundation.，402 U. S. 313（1971）.

❻ 谢岳龙. 专利权撤销制度之比较研究［D］. 台北：政治大学，1997：27.

（一）临时保护中的补偿金

专利早期公开制度的目的在于提早让公众得知技术，同时减少投资者的不确定性，使投资者可及早进行侵权评估。早期公开制度虽是基于公益目的而设，但申请一经公开，其专利内容即解除秘密而处于一般公众所得知悉使用的状态，根本不能排除第三人据其内容并为商业实施的可能性，在这种情况下如果不对公开后公告的期间赋予一定权利的保护，对专利申请人来说显失公平。临时保护是专利法对发明专利申请被公布后到正式授予专利权之前的期间提供的保护。如果专利审查机关对发明专利申请采取秘密审查的原则，专利法也就没有提供临时保护的必要，因而只有采取先公开专利申请后授权的国家才在专利法中规定了发明专利权的临时保护。在妥善保护专利权利，藉以鼓励创作发明的目的上，专利法明定专利申请人得在将来对该第三人请求适当的补偿金，以作为专利申请人这一期间损失的填补。各国对于专利申请于早期公开后所赋予的保护方式有二：第一种是对申请人的保护，与假设其在公开日被授予专利权的保护相同，即以申请人自公开日起就具有专利权之情形同视。此种保护方式的法律效果是，未经许可而使用该申请专利之发明即构成对于专利权的侵害；❶ 第二种保护方式则是规定，发明专利申请公开后，如果任何人明知或应知而实施该发明者，申请人可以要求该人支付适当的费用。❷

关于申请人如何行使要求支付费用的权利，一般来说发明专利申请人对于申请公开后，曾经申请人以书面通知向发明实施者说明专利申请内容，而于通知后审定公告前继续就该发明进行商业实施者，得于发明专利申请公告后，请求该实施人支付适当的补偿金。取得补偿请求权的要件有：一是在申请公开后以书面通知该第三人发明专利申请内容；二是通知后审定

❶ 《欧洲专利公约》第67条第1项：（1）自按照第93条公开日起，欧洲专利申请在公开的该申请所指定的缔约国内，临时授予申请人第64条所规定的保护。
❷ 《德国专利法》第33条第1项：自根据第32条第5项的公告通知时起，对虽然明知或应该已经知悉其所使用的发明是申请目标的用户，申请人可以要求使用人视情况给予适当的补偿；不得行使进一步的请求权。

公告前继续为商业上实施；三是申请经实体审查审定确定取得专利权。所以，专利权人对在申请公开前使用申请人的发明技术，公开后不再继续使用的人不能主张任何权利，对公开后使用，但一经申请人通知申请的发明内容立即停止的人，也没有任何权利得行使。该制度目的在于填补专利申请人此段期间的损失，故明定专利申请人于将来取得专利权后，对该第三人得请求适当的补偿金作为补偿，但是其不可请求中止警告后的生产行为。在专利权核准后，该第三人仍继续制造专利物品时，专利权人当然对其可行使专利权。

关于补偿金请求权的性质，学说上约有不法责任说、不当利得说及专利法特殊权利说等。不法责任说认为，第三人的实施行为是构成对专利发明人所拥有的被赋予专利权权利的侵害行为，相对于此承认其补偿金请求权而加以保障。不当利得说认为，实施与申请公开的发明相同发明的第三人，必定享有若干利益，此种利益应返还专利申请人。专利法特殊权利说认为，在专利法规定设立以前，在申请公告前对申请中的发明并不存在任何请求权，而且补偿金请求权的行使时期、手段、成立要件、金额确定、行使效果等，全部规定于法条，补偿金请求权应视为专利法规定所创设的特殊权利。在立法政策上，以专利法特殊权利说似较妥当。

专利申请权或专利权如因申请被抛弃、撤回或被驳回确定，或被撤销等情形而归无效时，此项补偿金请求权似应视为自始无效，对此日本特许法有明文规定。❶ 我国法律并无规定，一般认为如补偿金给付后，该专利权被撤销而溯及的失其效力时，已给付的补偿金失去法律上的原因，故受领者须负不当得利之责。

---

❶ 《日本特許法》第六十五条（出願公開の効果等）：出願公開後に特許出願が放棄され、取り下げられ、若しくは却下されたとき、特許出願について拒絶をすべき旨の査定若しくは審決が確定したとき、第百十二条第六項の規定により特許権が初めから存在しなかつたものとみなされたとき（更に第百十二条の二第二項の規定により特許権が初めから存在していたものとみなされたときを除く。）、又は第百二十五条ただし書の場合を除き特許を無効にすべき旨の審決が確定したときは、第一項の請求権は、初めから生じなかつたものとみなす。

（二）专利授权合同

专利权经撤销确定者，专利权的效力溯及自开始失效，如果有以其订立专利授权合同的，被授权人所给付的专利费的基础即专利权，尔后因被撤销就失去效力或自始不存在。学说上一般认为，因专利授权契约是权利交易契约，其目标因专利法上的规定而拟制地自始不存在，当属给付全部或一部不能，依照民法理论该契约无效，出卖人自应负回复原状的义务，买受人即被授权人即可依不当得利的法律关系，请求返还先前给付的专利费。就专利权让与契约而言，专利权让与后，如该专利权被认定不存在时，让与人即原专利权人应负担民法上权利瑕疵担保责任，即受让人可解除契约，请求返还已支付的价金，就其所受的损害亦可请求赔偿，至专利权或实施权，如设定有质权时，质权人可解除契约的同时对质权设定人有求偿权。❶

美国 CAFC 于 1997 年 9 月 17 日就有关专利无效时已支付专利费应否返还的问题，在 Ted Geffner v. Linear Rotary Bearings Inc. & Garnett S. Teass 案❷中认为，除非被授权人能够证明专利权人的权利取得有瑕疵，且该瑕疵系事先知情而不告知被授权人，以诈欺的方式与被授权人签订专利许可协议，始有可能以受诈欺为由，主张该授权契约无效。在此案例中，由于专利权人于专利取得过程中业已会同被授权人及专利代理人等就可能构成专利无效的现有技术分析，并向专利商标局提出修正及报告这一现有技术，故在客观事实上，专利权人并无隐瞒或不实误导的情事，故认为被告的主张无理由。至于已支付专利费的返还部分，基于使用者付费的原则，由于该授权期间内被授权人根据该专利权实施，且获利润，因此以专利费方式"分享"部分利润予专利权人亦属合理。《日本特许法》第 125 条前段规定：特许应为无效的判决确定时，特许权视为自始不存在。日本学者对于专利权被宣告无效时，依授权契约所给付的专利费是否应返还，约有积极说、

---

❶　杨崇森. 专利法理论与应用［M］. 台北：三民书局，2008：551.

❷　Ted Geffner v. Linear Rotary Bearings Inc. & Garnett S. Teass, 936 F. Supp. 1150 （E. D. N. Y. 1996）.

消极说及折中说的对立。持积极说者认为，权利溯及既往而消灭时，没有任何权利可以赋予他人，故欠缺受领专利费的理由，而成为不当得利，应加以返还；持消极说者认为，专利权虽然溯及既往而消灭，但是受有该项事实上权利的保护的利益并未丧失，因此，专利费等作为该项事实上权利的保护对价，并非不当得利；折中说采用与持消极说者相同的理由认为不须返还。但是，举例来说，该发明专利权其有效性或是效力范围有疑问，是有名无实的发明专利权，像这类特别情形，被授权人并没有依其所获得的实施权而受有积极的利益，故应成立不当得利关系，被授权人得请求返还。❶ 我国专利法规定，宣告专利权无效的决定，对在宣告专利权无效前人民法院作出并已执行的专利侵权的判决、裁定，已经履行或者强制执行的专利侵权纠纷处理决定，以及已经履行的专利实施许可合同和专利权转让合同，不具有追溯力。但是因专利权人的恶意给他人造成的损失，应当给予赔偿。如果依照前款规定，专利权人或者专利权转让人不向被许可实施专利人或者专利权受让人返还专利使用费或者专利权转让费，明显违反公平原则，专利权人或者专利权转让人应当向被许可实施专利人或者专利权受让人返还全部或者部分专利使用费或者专利权转让费。再如《西班牙专利法》第 114 条第 2 项规定，除因专利权人恶意行为所造成的损害，应当给予赔偿外，无效宣告的追溯力不影响下列行为：（1）已经作出侵权判决并在宣告无效前，已经执行的侵权案；（2）无效宣告前签订并已执行的合同或协议。但基于衡平的理由或周围情况认为正当者，可请求返还合同或协议所给付的金钱（《意大利专利法》第 59 条之二❷亦有同样规定）。

对此问题，有学者持肯定见解，认为在法律或契约无特别规定针对专利权被撤销时，专利授权契约应如何处理的情形下，可参考日本学者的见解，准用民法中有关孳息的规定，其理由是无论授权人或被授权人，都是信赖善意专利局授予专利权而行使权利。再者，由于授权人与被授权人就

---

❶ 赖文智. 专利权撤销与专利费的返还 ［J/OL］. ［2019-10-21］. http：//www.is-law. com/OurDocuments/PT0001LA. pdf.

❷ Art. 59bis. Effects of a Declaration of Nullity.

授权关系而言，双方是互蒙其利，故基于专利权被撤销的风险应共同承担的理念，不应该将专利权被撤销的风险，全部移转到授权人身上。尤其，将专利授权契约解为契约无效的结果，契约当事人应依不当得利规定返还他方的给付，授权人须返还所取得专利费，被授权人须返还授权人所交付的技术数据、商业秘密等，仅是要清算彼此间的权利关系即是一大困难。是以，互负不当得利的返还义务无助于问题的解决。另外，此说认为在专利权买卖契约的情形，原则上维持买卖契约的效力，双方互相保有他方所为的给付。因为专利权本质上即具有非常高的不确定性，因此，专利权被撤销的风险，应该被当作专利权买卖契约的必然风险，应由双方寻求其他管道加以解决，而不是将专利授权契约解释为无效。

以上专利权撤销的溯及效力不适用于撤销确定前已履行的专利授权契约或专利权让与契约，使得当事人以善意取得的权利不受影响的情形。对此，本书以为应分别情形讨论。

一是专利权由非专利申请权人申请取得的情况。专利权经撤销后，真正专利申请权人得依专利法的规定，提出申请取得专利权。由于非专利申请权人（假专利申请权人）取得专利权至被撤销前，专利证书及专利权簿上所载的专利权人均为该假专利申请权人，若他人基于公示数据的信赖，而与该假专利申请权人订定授权实施契约者，应保护其善意的信赖，因此，专利法依该授权契约实施的行为列为专利权效力不及的情事。而如果被授权人明知与其订定授权实施契约的专利权人并非真正专利申请权人，则不适用本规定。至于以前已付给原专利权人的部分，似应由真正专利权人向假专利申请权人，或依不当得利或侵权行为损害赔偿请求。如果还没有给付时，应该把此专利费移转给真正的专利权人。根据专利法规定，非专利申请权人所得专利权，经专利权人提起撤销时，该被授权人因该专利权经举发而不存在之后仍然实施时，在收到专利权人书面通知日起，应支付专利权人合理的专利费。

二是专利权专利不适格。综观前述持肯定见解的学说，其理由无非是，即使系争专利权经撤销确定，被授权人事实上享有实施原专利技术的利益并未丧失，因此，专利费等作为该项事实上利益的对价。本书以为，以上情形仍得依民法上不当得利的规定，分析其要件，如果专利费为被授权人事实上享有的利益的相当对价，被授权人未受有损害，固无不当得利的问题，但系争专利权经撤销确定后，被授权人若发现专利费与被授权人事实上享有的利益相比显不相当，那么专利授权合同的当事人应依民法上的相关规定，解决彼此的权利义务关系，不能仅因为维持现状安定性而冻结过去违法行使专利权的效果的必要。至于专利权让与契约，其情形亦同，受让人可解除契约，请求返还已支付的价金并获得请求损害赔偿，但应扣除自出卖人实际移转的专利费收益。❶

第三节　专利权无效的判定权限

一、公私法分制与权限划分

专利权无效判定权限问题涉及行政机关与法院之间的权限分配，从世界各国的专利法制实践来看，专利权无效判定的权限主要属于专利行政机关以及法院，其中专利行政机关主要是指专利局，法院可能是行政法院也可能是民事法院，对于专利局的专利授予行为行政法院的处理权限自是无疑，而民事法院的专利权无效判定权限问题则较为复杂，一般来说专利权无效判定权限可以集中在专利局与民事法院两个机关。

专利局与民事法院的无效判定权限与行政、司法的权力划分有关，基于孟德斯鸠的权力分立理论，法国学者认为行政的争议应由行政自己解决，司法不得干涉。1872 年的大宪章正式赋予行政部门内创设机关审查行政行为的权限，从此演变成今日法国的行政法院，法国从此创设出法院二元制，审理因行政权所发生的争议，且随着自由派的改革风潮，影响了德国、奥地利等欧陆国家。既然行政权与司法权都是国家意志的执行，为什么行政

---

❶ 李扬. 专利权无效后实施费等可否作为不当得利处理 [J]. 知识产权，2010（3）：56.

权与司法权要分开行使呢？它们之间是一种什么关系呢？应松年教授和薛刚凌教授将行政权与司法权的关系归纳为："一方面，行政权受司法权的监督，法院对行使行政权的行为有权进行司法审查；另一方面，随着社会的发展，行政权也在逐渐向司法领域渗透。"❶

　　行政与司法权力的划分与公私法分制等因素息息相关，公法和私法是大陆法系国家对法律体系的基本划分，一般而言公法是指涉及国家组织结构、调整国家与公民之间关系的法律，宪法、行政法、刑法皆属此列；私法是指调整个体之间关系的法律，民商法是其主体部分。严格来说，这种定义实际上基于西方近代以来形成的国家法律观，而这种划分本身源于罗马法。法律是以权利义务为核心的，法律就是通过权利义务的设置进行利益调整的。如果说权利义务是私法的核心，那么权利与权力则是公法的核心问题。实际上任何国家的公法都把公权力和私权利的关系作为其核心问题，权利和权力的关系实质上就是权利和义务关系的另一种表现形式。近代以来的法律的一个明显特征是公法被充分重视，并且在公法上既确认公权力又确认私权利。公法不仅局限于对公权力的授予，而且规定了私权利的公法保障，行政活动需要把公权力和私权利联系在一起看待，需要用私权利来限制公权力。公法与私法的区分并非属逻辑上的必然性，而是历史上的演化以及政治上的政策选择而来的。公法与私法的区分虽远溯古罗马时代，但两者的区分并非不可动摇。从昔日维也纳学派凯尔森所提倡的一元论，到德国学者 R. 维特赫尔特（R. Wietholter）的理念，皆否定公私法的区分；晚近学者又提倡三分法，在公法与私法之外创设行政私法的概念，亦可见公法与私法的二分法非属绝对价值的金科玉律。我国向来坚持公私法二元论，并因此成立二元诉讼制度，与其他国家不同的是，我国并不是分设普通法院及行政法院，而是在法院里设置普通法庭与行政法庭。

　　专利权是国家所创设的一种权利，赋予专利权人有限的排他权利，因此，在国家授予权利的前阶段是属于国家与人民之间的公的关系，而当人

---

❶　应松年，薛刚凌. 论行政权［J］. 政法论坛，2001（4）：127.

民取得专利权后行使其排他权的后阶段，又属于人民与人民之间私的关系，因此专利权本身即具备公法与私法两种属性因素。专利权之取得与丧失及其行政救济，涉及国家与专利申请人或专利权人间在行政法上的权利义务关系，而专利权取得后的侵害及其救济涉及专利权人与第三人间在私法上的权利义务关系。那么，有关专利权的有效性判定就要从两个角度出发，一是专利局对专利权无效判定的权限，二是民事法院对专利权有效性的判定权限。

二、专利行政机关的无效判定权限

专利局对专利权的无效判定具有当然权限，专利权的授予是基于国家政策而以行政权为之。在国家的行政行为中，以行政处分最为重要，一方面具有终结行政程序的决定作用，另一方面具有确定行政争讼类型的作用。专利权的授予依行政法理论是行政机关就公法上具体事件所为的决定或其他公权力措施而对外直接发生法律效果的单方行政行为。授予专利权的行政处分尚须经过相对人提出申请才能完成，故专利权的授予即属一种需当事人协力的行政处分。专利权无效判定的提起是公民公法权利的体现，根据行政法上公法权利理论，权利是指法律规范赋予法律主体，为了追求自己利益而请求其他法律主体为一定作为、不作为或容忍的法律上的力。由此可知，公法权利是公法规范赋予人民法律上的力，使其得为自己的利益请求国家为一定作为、不作为或容忍的地位。换言之，此即人民请求行政机关依法行政的公法上的权利。专利权的授予就是一种一对众，对专利权有利但对其他大众则产生剥夺其取得该权利的不利益的法律效果，故授予专利权的行政处分是一种第三人效力的处分，因此专利法规定在一定条件下，任何人以及利害关系人依据公法权利可提起无效宣告，这有所谓公众审查的作用。

专利局对无效宣告申请的无效判定与专利申请异议的判定虽然都具有公众审查的作用，都是其性质不一样。英国早在1852年的专利法中就创设了专利申请公开与异议请求制度，当时英国对专利申请案仅针对新颖性审查（采用不完全审查主义或称限定审查主义）。至于进步性要件，则等专利申请案公告后，有第三者提出异议申请时始进行审查，目的在于藉由第三人提出异议申请，以填补不完全审查主义的不足。嗣后德国于1877年制定的发明专利法，采用美国1836年公布专利法中的完全审查主义，并兼采英国1852年专利法的申请公告及异议请求制度，即专利申请案公告前，专利主管机关须于审查全部专利要件后，将该申请案公告，使社会大众有提出异议申请的机会，以确保审查的公正与妥当性。日本在1921年沿袭德国发明专利法，导入专利申请公告制度与异议申请制度。由于公众审查制度系在专利主管机关授予专利权之前，给予社会大众对公告中的专利申请案提出异议申请之机会，故又称"专利权授予前异议制度"。随着专利制度实施对效率要求的不断提高，专利授予前异议制度逐渐被抛弃，但是专利授予后的异议制度则得到了强化。专利授予后的异议制度在不同的专利法中称谓不尽相同，有我国的专利无效宣告制度、美国法中的再审查制度等，当然其制度运行机理也有些许差异，但是其性质差不多，似乎统称为专利权授予后异议制度较为合适。

如前所言，公众辅助审查制度通过第三人协助专利行政机关就审定公告的专利重新审查是否有错误核准专利的情况，使该等专利的核准能臻于正确无误的结果。至于已取得专利权后的异议程序，固有类似的目的和结果，但亦常伴随双方间专利侵权纠纷而来，当事人希望通过此程序，对已授予的专利权请求撤销。此外，专利行政机关的依职权审查则在适当必要的时机主动进行审查，以期所核准的专利均能达到正确无误的结果并顾及公平性。对于专利局的专利权无效判定中，程序主导权究竟应该交由审理者或当事人的不同考虑，而有职权主义或当事人主义的论争。关于职权主义，学者就其定义区分有所分歧，职权主义可区分为职权进行主义、职权调查主义、职权探知主义三方面，相对应当事人主义亦可区分为当事人进行主义、处分权主义、辩论主义三种对应概念。职权进行主义是指诉讼程序的进行、整理，仅依审理者的权限进行；职权调查主义则是指诉讼的开始、审理的对象范围及诉讼的终结均由审理者主导而言；职权探知主义是指，关于诉讼资料搜集主导权属于审理者，不受限于当事人所提出的证据及证据方法，当事人间无争执的事实，审理者亦得主动加以调查。不同的国家采取的模式也不同，日本特许厅采用的审判程序一般称为职权探知主义，是以《日本特许法》第 150 条第 1 项（证据调查）及第 153 条第 1 项（职权审理）为其根据，因为特许厅基于公益的立场有权力赋予及剥夺的权限与职责。在无效审判采用职权探知主义，不仅基于当事人的主张或受其拘束，尚可以职权进行必要的事实探知及证据调查或证据保全，而且即使在审判的当事人或参加人未主张理由也可以审理，但审判长应将其审理的结果通知当事人及参加人，指定相当期间且给予提出意见的机会（第 153 条第 2 项），并且根据民事诉讼法上"无诉无裁判"原则，无效审判的具体对象是根据"请求趣旨"（专利范围的权利请求项）来确定的，至于无效理由则是可以依据职权加以变动。《德国专利法》第 87 条规定联邦专利法院抗告庭在抗告程序中依职权调查事实关系，不受当事人事实陈述及证据声明的拘束，无效诉讼程序并不强调此原则。此与民事诉讼采取辩论主义，例外为发现真实的必要才可依职权调查证据有所不同。一般来说，基于专利权无效判定的公益性，在无效判定程序中应由审查机关依职权调查证据而不应受当事人主张的拘束，那些与当事人所主张的事项有关联的内容专利行政机关即应尽到合理程度的调查，在争议范围内应依职权调查证据。

专利局在专利权无效判定的过程中，对于专利权无效判定的审定，当事人是可以向法院提起行政诉讼的，行政诉讼的标的程序标的也因专利权无效判定审定的内容来定，专利局的专利权无效判定中专利权人还可以对专利权范围予以修改，一般来说只能缩减专利权范围以保存专利权。

三、侵权诉讼法院的无效判定权限

民事法院在专利侵权诉讼中面对专利权无效抗辩时，专利权有效性问题是一个基础问题。民事法院在处理专利权有效性的问题时，有两种处理方式：一是中止审理，专利权有效性问题留待专利局处理；二是民事法院进行本案化处理，对专利权有效性问题自行判定。前者是大多数大陆法系国家专利法的模式，后者则是英美法系所普遍采纳的模式，从国际专利法制的发展趋势来看，大陆法系与英美法系的民事法院在专利权无效判定权限问题上越来越接近。

（一）专利有效性先决问题与侵权诉讼法院中止审理

一般而言，如在普通法院系属中的案件并非审查对象的行政处分，则随行政处分的公定力而产生构成要件效力即确认效力，对普通法院应具有拘束力。事实上，关于诉讼目标的法律定性，民事诉讼法并无相关规定，但依行政诉讼法的规定，除法律别有规定外，凡公法上的争议，应依行政诉讼法提起行政诉讼，对于民事诉讼的判决，凡以行政处分是否无效或违法为据者，应由认定先决事实的行政法院为裁判后，以确定裁判所认定的事实供为民事裁判认定事实的依据。行政诉讼法规定，民事或刑事诉讼的裁判，以行政处分是否无效或违法为据者，应依行政争讼程序确定。前项争讼程序已经开始的，于其程序确定前，民事或刑事法院应停止其审判程序。换句话说，如果行政程序已启动，普通法院不能自行审查作为先决问题的处分适法性，普通法院需于行政争讼确定前停止其审判程序，若普通法院就该先决事实自行加以认定而为实体判决的依据者，其诉讼程序即有重大瑕疵，而基此所为的判决，亦属违背法律。民事诉讼法规定，诉讼全部或一部分的裁判，以他诉讼的法律关系是否成立为据者，法院得在他诉讼终结前以裁定停止诉讼程序。

专利侵权诉讼涉及人格权与财产权的损害，属于私权的争执，应按民事诉讼程序解决，而专利局为专利权授予的权责单位，专利有效性的判断因而仍归属于专利局的范畴。民事法院及行政机关对案件内容各有审判权范围，而民事诉讼程序审理侵权时更含有非属其审理范围的先决问题。先决问题系指作为判断诉讼事件主要问题的前提法律问题而言。在专利侵权诉讼中，专利有效性的判断即为民事诉讼程序以之为据的先决问题。为免对先决事实问题见解矛盾，造成行政机关/法院和民事法院的判决结果互相抵触，行政诉讼法及民事诉讼法分别设有相关规定。

专利权权利有效与否的问题（内容即行政处分是否应撤销或废止的问题），为民事诉讼中的先决问题，必须先予解决始能处理民事请求权有无理由之问题。但基本上普通法院受该行政处分公定力的拘束（普通法院应直接先认为权利有效），于民事诉讼程序中并不判断该行政处分是否有应撤销或废止的原因。该先决问题在我国诉讼体制上，划归行政法院审理，如果关于该权利有效与否的行政争讼程序正在进行中，普通法院则得裁定停止民事诉讼程序，等待行政争讼程序解决权利有效与否的确定结果。

相较于传统诉讼所涉诉讼目标的趋近一致性，专利侵权诉讼所蕴含的法律领域外的专业知识，显非传统诉讼所能比拟。在审理过程中往往牵涉复杂的科技知识，若非相关领域的专业人士恐怕难以窥其堂奥。因此于审理相关争议时，对于许多仅有法律背景的法官而言，有相当高的难度，造成审理上的极大负担。承前所述，专利权因其侵权形态与传统的私权利有很大的不同，需由法院与当事人界定专利范围和解读专利，故而面对复杂陌生的背景知识时，以美国 CAFC 为例，就有关专利权利范围的解释争议，其判决发回率达 37.3%，于此可以略知一二。❶ 但不幸的是，法官在技术问题方面的缺失为专利侵权诉讼本质上难以超越的障碍，任何人担任此审判工作均极难迅速胜任。

（二）侵权诉讼法院自行判定专利权有效性

在英美法系，专利侵权诉讼中法院可对专利权有效性问题并不需要中止审理，将专利权有效性问题留给专利局处理，法院可以对专利权有效性问题进行自为判定。由于英美法系并无公私法的严格区分，专利权的有效性问题并不是先决问题，而是专利侵权诉讼中的单纯的事实问题，可以说英美法系的专利法制度中有严格意义上的专利无效抗辩制度。如前所述，在大多数大陆法系国家的专利法制在专利侵权诉讼中遇有专利无效抗辩时都是民事法院裁定中止审理，将专利权有效性问题留待专利局解决，待专

---

❶ John Shepard Wiley. Taming Patent：Six Steps for Surviving Scary Patent Cases ［J］. UCLA L. Rev. ，2003（50）：1413.

利局对专利权有效性问题审定后民事法院再据此继续审理。但是这种处理方式也并非绝对，因为专利权具有私权属性，专利侵权纠纷亦为私权纠纷，专利权有效性问题实际上是私权存在与否的问题，即使专利权的授予具有国家公权力的因素也不能抹杀其私权属性。

根据大陆法系的公私法分制体系，私权争议本身就是民事法院的管辖事项，所以民事法院对专利权有效性的判定权限在理论上还是有空间的。事实上，各国专利法在与专利权有效性问题上，规定的普通法院的判定权限也有所不同，对于技术性强的与技术性较弱的专利权种类，法律是有区别对待的体现的。可以说，专利侵权诉讼中民事法院中止审理，一方面是法院对行政机关的行政处分的尊重，另一方面和专利诉讼的技术性也密切相关，民事法院在处理专利权有效性争议的问题时在技术方面不如专利局这种专责机关专业，法官素养的技术性缺失也使得专利权有效性问题处理上的专业度稍嫌不够。

但是随着各个国家的专利专业法院的设置，在法官素养上的加强使得民事法院处理专利权技术性问题上的专业度不再成为大的障碍，那么民事法院处理专利权有效性问题则有了现实的基础。另外，TRIPS 第 41 条第 2 项规定，与知识产权有关的救济程序应为公平而且合理，其程序不应流于无谓的烦琐或耗费过巨，或给予不合理的时限或不当迟延，足见专利侵权诉讼的程序保障在国际公约中业已成为一个重要议题。专利权具有合法垄断、强烈排他性、易被侵害等特质，且专利权的权利范围具有高度不确定性以及不安定性，从理论与实务观察，专利权争讼的战场应在侵权诉讼，尤以经产品化或即将产品化的专利技术，或是具有防御功能的专利技术，此类技术的专利诉讼层出不穷。尤其是此类专利侵权诉讼涉及庞大商业利益，技术发展日新月异，产品生命周期日趋短暂，不论是专利权人或是被控侵权人无不冀望能够尽速解决此类纷争，早日排除商业市场不确定的诉讼因素，以便进行下一轮产品的布局。若严格坚持公、私法二元制的司法系统，须待行政处分的纠纷确定后始能进行专利侵权的民事判断，其旷日持久不利于权利人以及被控侵权人双方的商业利益，且不符专利法所设定的促进产业发展的立法本意。对于专利权此类具有高专业性、不确定性、不安定性以及易被侵害性特征的行政处分，的确有相当的必要予以不同的制度设计，以期在公权力的安定性与私经济的权利保护之间取得平衡与调和，而民事法院对专利权有效性问题自行判定，即在专利侵权诉讼中将专利权所有争议本案化处理，可以解决专利无效诉讼领域长期存在"循环诉讼"的问题，❶ 在保证技术专业性的基础上可谓符合诉讼效率原则。

第四节　专利权无效判定的功能

一、日益突出的专利质量问题

合格的专利权应该符合新颖性、创造性和实用性，同时也应对发明予以充分公开；但实际上大量的被授权专利并不符合上述要求。据美国学者的研究，在诉讼中，有半数以上的专利权最终被宣告无效，这表明专利授权的质量并不可靠。❷ 全世界每年专利申请量超过 300 万件，因而不可避免会产生许多不良专利。以美国为例，常被实务界及学术界作为不良专利的事例有，第一为美国第 6368227 号专利，该专利的内容是关于一种荡秋千的方法。彼得·达沃豪斯（Peter Drahos）和约翰·布雷斯韦特（John Braithwaite）在其著作《信息封建主义》的开篇以此编了一个故事："公园里，一个女孩儿正在荡秋千。她没有像平时那样前后荡，而是拉着链子的一端左右摇着秋千。没过几天，她的父母收到了一封知识产权执法处的来信。信中声称，监视器已拍下了他们女儿荡秋千时所使用的方法，该方法属于一项专利的主题，玩趣公司已经申请了一项包含该方法的专利。他们要么缴纳专利许可费，要么将面临专利侵权诉讼。"❸ 该案被普遍认为是显

---

❶ 渠滢. 论专利无效诉讼中的"循环诉讼"问题 [J]. 行政法研究，2009（1）：84.
❷ 梁志文. 论专利危机及其解决路径 [J]. 政法论丛，2011（3）：58.
❸ ［澳］彼得·达沃豪斯，约翰·布雷斯韦特. 信息封建主义 [M]. 刘雪涛，译. 北京：知识产权出版社，2005：9.

而易见而无效，现已被撤销。第二为美国第 5443036 号专利，其是一种借助激光笔逗猫玩的方法。第三为美国第 7261652 号专利，是一种高尔夫推杆方法。第四是"封装无面包皮三明治"。1997 年，美国明尼苏达州和北达科他州两位申请人向 USPTO 提出申请，要求对"封装无面包皮三明治"授予专利权。约两年后，该申请案被授权。事实上，该项发明与作为现有技术的在先专利非常相近。此外，美国 PTO 于 1999 年 9 月所核准的 one click 专利，❶ 其技术内容是当购物者预先在网页上输入必要的相关信息后，以鼠标单击即可完成订购动作，由于当时正是网络购物兴起的时候，除了亚马逊与 Barnes and Noble 书店的专利侵权诉讼外，也引起了广泛的讨论，在耗费大量社会成本后，最终该专利被第三人提起再审查。上述各项专利均被认为对于科技创新无所助益，其获得长达 20 年的专利权保护的正当性备受质疑。

　　从法律实践看，美国不良专利比例很高。例如美国专利诉讼超过 90%不能进入审理程序，一般在证据开示后和解。进入审理程序的不足 10%专利纠纷中，大约 46%的发明专利被宣告无效，75%的外观设计专利被宣告无效。因此专利已经主要成为一种商业谈判、竞争的工具，作为私有产权的禀赋几乎丧失。❷ 美国国会的企业调查显示，一半以上的美国企业对目前的专利质量不满意，认为专利质量比原来有所提高的不足 13%，预期美国专利质量会提高的企业不足 20%。IBM、微软、Sun、惠普等很多美国大企业对专利质量也非常不满意。❸ 2003 年美国联邦贸易委员会在题为"促进创新：竞争与专利法律政策的适当平衡"的报告中将这种低质量的专利称为问题专利。所谓问题专利是指不当授予的专利，包括不符合现行专利法规定的授权条件，以及虽然可以授予专利权，但是权利要求范围过宽的

---

❶　同样的专利申请，欧洲专利局并未授予其专利权。

❷　Bronwyn H. Hall. Prospects for Improving U. S. Patent Quality Via Post-grant Opposition [J/OL]. 2004 (2). [2019-10-05]. http：//www. nber. org/chapters/c10801, 2004 (2).

❸　魏衍亮. 垃圾专利问题与防御垃圾专利的对策 [J]. 电子知识产权，2007 (12)：34.

专利。就问题专利而言，至少有三个负面影响。首先，问题专利的竞争对手考虑挑战问题专利有效性的诉讼费用极高、耗时极长，因此这些竞争对手要么向问题专利所有人支付许可使用费，要么干脆不对问题专利技术进行市场化、商业化。这无疑增加了商品和服务的成本，损害了消费者的利益。其次，某些人为了不正当获取高额赔偿金及许可使用费，利用专利商标局的审查漏洞，申请并获得问题专利权。这致使其他人也被迫效仿花钱申请并获得这类专利权，以对抗别人的侵权指控。这样本该应用于研发、促进技术创新的资金却花在了问题专利上。最后，如果问题专利所有人投资将专利技术进行市场化、商业化，一旦问题专利被专利商标局或法院宣告无效，问题专利所有人就失去了排他性权利且得不到补偿。❶ 不良专利的产生，主要源于审查过程的疏漏，当时原因则甚为广泛，可能是审查员缺乏足够的审查时间，也可能是缺乏相关的资源以至于无法搜索到适合的现有技术，❷ 当时问题专利的出现，同时意味着低劣的专利已普遍存在于专利制度中，而又有阻碍科技创新的负面效果。❸

专利质量问题主要是由审查原因造成的，当然这也是整个专利制度的体系问题。专利质量问题成因的背景较为复杂，贸易全球化也是其推手之一。自 1995 年 TRIPS 生效以来，随着企业对于科技研发投资日渐扩大，发达国家在发展中国家申请专利的案件逐渐增加，发展中国家经济成长也伴随着专利申请的增加等因素，导致专利申请量与日俱增，据 WIPO 统计，自 1995 年以来，专利申请量以每年平均 5.3% 的速度增加，特别是申请人为外国人的申请有显著增加，2006 年全世界共 176 万件专利申请中，外国人申请占 43.6%，和 1995 年相比增加 8%，而本国申请所占比例则从 64.3%下降至 56.4%，显然可以看到跨国专利申请已随着贸易全球化而逐

---

❶ 程良友，汤珊芬. 美国提高专利质量的对策及对我国的启示 [J]. 科技与经济，2007（3）：47.

❷ Justin Pats. Preventing the Issuance of "Bad" Patents [J]. IDEA，2008（48）：409－412.

❸ 周延鹏. 专利的品质、价值与价格初探 [J]. 科技与法律，2009（3）：55.

渐成为趋势。对于企业来说，知识产权也不再是消极的防御武器，也是一种资产，企业不仅可以借助专利授权许可来获取专利费，❶ 也可以作为诉讼谈判的筹码，因此利用专利布局来牵制竞争者是目前商战的有效策略之一，❷ 因而造成企业竞相申请专利，其结果除了导致专利丛林、缺乏专利保护的企业难以生存等现象外，也造成专利积案的增加以及专利品质与价值被忽略等问题。

许多国家都存在专利质量危机，虽然在程度上不大一样，但是多多少少都面临此困境。如前所述，专利质量问题最严峻的是美国，美国自 1980 年以来专利制度经历了一次勃兴，❸ 一系列司法、立法、行政、外交行为及措施使得可专利性的范畴扩展至生物技术等新技术领域，以及一些原来未受到保护或受到其他形式知识产权保护的技术领域，这些鼓励了大学和公共研究机构的加入，巩固了专利持有人的地位，放宽了对专利使用的反垄断约束，并且将专利的保护范畴从商业产品扩展至科学研究工具、材料和发现。向 USPTO 提交的专利申请量急剧增加，2004 年达到 37 万件。但 USPTO 受理的这 37 万件申请中有 10 万件为继续申请，这意味着 1/4 的审查工作为重复劳动。据统计，每年有 2 万~3 万件申请为继续申请，这导致申请案的积压，增加了审查工作量。此外，专利申请中过多的权利要求也影响专利质量的优劣。USPTO 的统计数据表明，23% 的权利要求来自 7% 的申请。USPTO 的专利申请量急剧增加，而且其中很多专利申请来自新技术领域，专利审查的复杂程度加剧，专利审查员人数增长的速度未能跟上工作量的增长速度。❹ 专利审查员需要充分的时间去审查判断专利申请是否满足法定的创造性、新颖性和实用性标准，是否对各自技术领域的普通

---

❶ The Economist. Survey：A Market for Ideas ［EB/OL］.［2019 – 09 – 25］. http：// www. economist. com/node/5014990.

❷ The Economist. Survey：The Arms Race ［EB/OL］.［2019 – 09 – 25］. http：// www. economist. com/node/5015059.

❸ John Lovick Turner V, The Patent Renaissance ［D］. University of Virginia, 2002：13.

❹ 陈武. 问题专利与专利权的重构——拟议中的"美国专利改革法案"思想评述［J］. 环球法律评论, 2009（4）：102.

技术人员而言是非显而易见，是否被充分地描述。但是为了缩短专利申请待审时间，提高工作效率，更好地满足客户的需求，专利审查员并没有充分地审查这些可专利性标准，审查员也接触不到审查所必需的最新现有技术信息。而且美国国会将 USPTO 的业务收入的一部分通过财政转移另作他用，使得 USPTO 可支配的经费相对不足，❶ 相当多的从业经验丰富的资深审查员被吸引到专利代理机构、专利律师事务所等高薪中介机构，导致 USPTO 审查员队伍素质和资格条件下降。这些因素都导致授权的专利质量的下降。

当前专利申请的授权率过高的问题较为突出。授权率一般有两种算法：第一种是核准率，是以一定期间内的"专利申请核准数"除以"专利申请总数"；第二种是授权率，是以一定期间内专利局的审查结果来计算，即"核准数"除以"核准数＋驳回数＋放弃数＋撤回数"，但是不管是以何种计算方式，一般来说核准率与授权率都与专利审查过程的严谨度或是审查品质有关系。❷ 美、日、欧三局官方所公布的专利授权率是采用第二种计算方法，都是 50% 左右，我国的专利授权率也比较高。对于授权率来说，无法片面依据授权率的高低来认定审查品质的优劣程度，而且授权率并没有客观的比较标准值，仅能认为具有相当的参考价值。举例而言，在计算授权率时，由于专利申请的界定不同也会造成不同的结果，在美国专利制度中还包括分案申请、连续申请、部分连续申请等专利继续申请，USPTO 都将其视为专利申请，故曾有学者分析美国 1993～1998 年的核准情况，在去除 28.4% 的连续申请后，核准比率高达 95%，而欧洲专利局与日本特许厅的核准比率则大概为 68% 与 75%；如果以核准率来看，美国为 80%～97%，欧洲与日本的分别为 67% 与 64%，所以在某种程度上讲，美国的专利审查

---

❶ Orin S. Kerr. Rethinking Patent Law in the Administrative State [J]. Wm. & Mary L. Rev., 2000 (42): 127.

❷ Cecil D. Quillen, Jr., Ogden H. Webster. Continuing Patent Applications and Performance of the U. S. Patent and Trademark Office [J]. Fed. Cir. B. J., 2001 (11): 1.

似乎已沦为"橡皮图章"。❶ 另有学者分析，主张相同优先权而向美、日、欧三局申请专利的案件后，发现在美国所核准的案件中，仅有 37.7% 也被日本与欧洲所核准，❷ 显然尽管美日欧三边专利局致力于专利法的调和，但是仍然因为制度的差异或申请人基于商业考虑等因素所导致的核准率有所差异，美国的核准率仍然相对于日本和欧洲来说要高，不免令人质疑其专利审查的品质低下。

当然也有学者提出不同的见解，认为不能仅对数据加以解读，还应该考虑到法律与实务之间的差异，且核准率并无相对的比较标准值，故不能认为美国的专利审查品质不够严谨。❸ 由于专利审查过程有一定的保密性，加上个案的审查时间不一，部分专利申请需要 2~3 年才会核准，而有的专利申请不到一年就被核准，因此难以计算各个专利局的核准率，❹ 较为可取的方法是选定一批案件来予以追踪其审查流程并计算其最终结果。有学者选定 2001 年 1 月于美国 PTO 申请的 9960 件发明专利申请进行追踪，发现最后有 7 成申请获得核准，同时也发现在最常被认为有不良专利的软件以及商业方法等技术领域，其专利核准率是偏低而非偏高，❺ 故一般人对于 USPTO 在此领域的审查似乎有所误解，但是其研究结果仍无法断言核准率与审查过程严谨度之间的必然关系，因核准率并不是单纯地由审查品质所决定，还有可能是申请本身质量不高或者其他原因，因此不宜单就核准率来判断专利局的审查品质。的确，不宜单就专利申请的核准率来判断专

---

❶ Mark A. Lemley, Bhaven Sampat. Is the Patent Office a Rubber Stamp? [J]. Emory L. J., 2008 (58): 181.

❷ Paul H. Jensen, Alfons Palangkaraya, Elizabeth Webster. Disharmony in International Patent Office Decisions [J]. Fed. Cir. B. J., 2006 (16): 679.

❸ Paul J. Heald. Transaction Costs and Patent Reform [J]. Santa Clara Computer & High Tech. L. J., 2007 (23): 447.

❹ Scott J. Bornstein, Barry J. Schindler, et al. Understanding Patent Reform implications: leading lawgers on Defining key Issues, Interpreting Current Propsed Legislation, and Projecting Future Developments [M]. Aspatore Books, 2009: 362.

❺ Mark A. Lemley, Bhaven Sampat. Is the Patent Office a Rubber Stamp? [J]. Emory L. J., 2006 (58): 181.

利局的审查品质,从世界范围来看,随着专利申请数的不断攀升,以及专利申请的核准率的高企,我们似乎不得不正视专利质量问题以及其与当前专利申请核准率的关联。

二、专利制度的质量控制功能

任何制度的存在必须有其合理性,而法律制度的合理性也必须考虑其功能效用。专利确权与专利获权、用权、护权这四个机制是专利制度的有机组成部分,这四个机制都在某种程度上与专利质量问题有所关联,所以其都有专利质量控制的功能和效用,❶ 但是这四个机制的专利质量控制机制属性或是关联程度并不尽相同。在专利用权与护权层面上,可以通过限制专利权的宽度、限制侵权损害赔偿额、限制等同原则的适用等规制专利权使用和优化专利诉讼程序的措施来完善专利制度,从而间接地起到提高专利质量的效果。专利获权与确权是与专利质量问题最为密切相关的层面,故其一直都是专利法制改革的中心,围绕此的专利制度改革也争议颇多。❷

专利获权层面上的质量控制机制,主要是以加强专利审查提高专利授予质量为中心。随着专利权在社会经济中所占的位置越来越重要,各国专利行政机关都开始强化专利审查行政主管部门的职责,专利审查部门所雇用的审查员也越来越多,并提高审查员的薪水以吸引优秀人才,另外不少专利局都在扩展现有技术数据库方面做出了很大的努力,其目的就是提高专利局的行政效率和质量。USPTO 在 2003 年提出的"21 世纪战略计划"中,提出其三大目标为灵活、能力及生产力,有意同步提升专利审查品质与审结数量,提升审查品质的做法主要是加强其内部的复核机制,而提高生产力的目的在于缩短审查时间,做法则包含强化电子化工作环境、扩大利用国外审查结果、增加审查人力以及借助外部检索机构来减轻审查人员的负担,尤其资料显示,在缩短审查时间方面确实已经达到了目标;日本

---

❶ Jason J. Chung. More Solutions to Reduce Patent Pendency: An Empirical Study [J]. J. Pat. & Trademark Off. Soc'y, 2009 (91): 338.

❷ W. Lesser, Travis Lybbert. Do Patents Come Too Easy? [J]. IDEA, 2004 (44): 381.

已将知识产权政策列为国家政策，以"知识产权立国"为目标，并设置知识产权战略本部，制订知识产权推进计划，为因应推进计划中专利审查迅速化的中长期目标，决定以迅速化、效率化为两大目标，并从 2004 年逐年推动提高专利审查能量与审查品质的计划，其采取的方案有扩大国外专利局审查与检索结果的利用、增加审查人力、扩大外包检索的规模等，❶ 另外值得关注的是，日本特许厅还从企业角度着手，鼓励企业严格选择较具价值的技术进行专利申请，并从全球策略的考虑提高向国外申请的比例，除可以适当节省企业不必要的支出外，也可以减轻特许厅的审查负担；欧洲专利局鉴于专利申请量以及篇幅、复杂度的日增，为缩短其审查时间及解决工作量的问题，其行政管理委员会于 2007 年建议采取以下策略，充分利用其他专利局、申请人或第三人的外部信息、提高专利要件的标准、提高审查流程的效率以及加强欧洲各国的专利合作等。❷ 虽然有消除专利申请积案的紧迫性，但欧洲专利局并未忽视专利质量问题，并一再强调质量重于数量的立场，❸ 因大量的专利申请并不一定代表科技研究有所成长，更多的优质专利才是社会所需要的。

　　专利局加强专利审查提高专利质量的努力并不局限在本国之内，国家间的专利局也积极合作以提高专利授予的效率，同时也着重专利授予质量的提升。由于美、日、欧三方占全世界专利活动的比重甚高，从 1983 年起鉴于专利申请量的持续增长问题，USPTO、日本特许厅以及欧洲专利局决定携手合作，并每年轮流在其中之一进行跨国会议讨论合作计划的执行与细节，目前三方间的合作计划，包含加强工作分享、发展专利合作条约、语言工具、专利信息、审查员的互换等。在 2008 年所召开的第 26 次会议中，合作计划进一步被扩展至韩国与中国国家知识产权局，而中国、美国、

---

　　❶　日本特許厅. 特許審查迅速化の中·長期目標を達成するための平成 20 年度実施計画［R］. 2008.

　　❷　EPO. Board of Administrative Council, Future Workload［R/OL］.［2019-12-21］. http：//www. managingip. com/pdfs/EPO_ Study%5B1%5D. pdf, 2007, 11：12.

　　❸　Lee Petherbridge. On Addressing Patent Quality［J］. U. Pa. L. Rev., 2009（13）：158.

日本、欧洲、韩国五大专利局之间决定调和其专利检索与审查的环境，以消除不必要的重复工作并分享工作内容，显然工作成果分享是在原有框架的基础上进一步扩展至其他专利局。在工作成果分享方面，五大专利局提出了多项方案，以期充分利用以及交换彼此审查上的资源与经验，其中一项就是快速审理的策略性处理，美国还提出"检索分享计划"，该计划是指当某一专利申请在五大专利局都有相对应的申请且每一相对应的申请都已经进入实体审查的准备程序时，接受第一次申请的专利局会对其进行检索，并将检索结果告知申请人并与其他专利局分享，专利申请人也将同时获得修正或者撤回的机会。对于申请人而言，基于检索结果的共享，申请人也可以在接到所有检索结果后再考虑审查程序的策略，显然这有助于降低后续费用与缩短审查时间。美日欧专利局还试行了"三边道路前导计划"对专利审查的合作路径进行探索，日本在 PCT 管道基础上提出的新通道计划也是想通过新的申请架构使得专利检索更为全面，从而强化专利品质。

在专利全球治理的局势下，加强专利审查部门的审查力度，成为当前各国专利局的共同努力方向。对于专利审查力度问题却存在针锋相对的不同观点，对通过强化专利审查力度来改善专利授予质量的观点予以严厉批评的学者是 F. 斯科特·基夫教授，他认为专利审查应采取较宽松的审查标准，而不应采取更严格的审查标准。在此基础上他还主张改革专利授予制度，采取注册制度而非现在的审查授权制度；应该由市场来筛选合格的专利，而非通过事前的授予控制。依现行专利法的规定，专利申请人向专利审查部门递交申请案，由专利审查员对申请案从技术和法律两个方面来审查是否符合可专利性的法律规定。F. 斯科特·基夫教授建议的注册制度也要求专利申请人向专利审查部门递交申请案，但无须予以审查。专利审查部门仅需对原始申请文件予以保存，并将准确的复制件向社会公开。❶ 显

---

❶ F. Scott Kieff. The Case for Preferring Patent-Validity Litigation over Second-Window Review and Gold-Plated Patents: When One Size doesn't Fit All, How Could Two do the Trick? [J]. U. Pa. L. Rev., 2009 (157): 1937.

然 F. 斯科特·基夫教授的观点过于偏激，与专利制度的发展趋势并不相符，几乎可以说是"治疗比疾病本身更糟糕"。大多数意见都赞同应该通过强化专利审查力度而改善专利授权的质量，强调严格专利授予的条件。现在专利审查部门面临的最大问题是专利申请数量的急剧增长，导致专利审理延滞，故可以提高专利申请费用和创造性标准，促使专利申请人自我挑选有价值的专利，从而减少问题专利带来的专利制度的多重不确定性，因为这些不确定性使得基于专利的商业模式变得决策困难和风险极大。问题专利增加了专利许可市场的交易成本，而通过诉讼的方式来确定专利权的授权质量，也浪费了大量的司法资源。专利法属于对自由竞争市场的干预，因而其根基在于，对某些可专利的客体的产权化保护，将激励更好的支持创新的市场出现。如果这些财产权是如此不确定，专利法激励创新市场的目标就将无从实现。❶

尽管加强专利授予的审查力度无疑是比较准确的方向，但是我们也应该考虑到专利制度体系的系统性，一方面不求依赖单一的手段来处理既有的问题，另一方面也需注重专利制度体系中各个模块上的资源配置的合理性。那么，较为开放可取的姿态就是寻求多个手段来解决专利质量问题，从资源配置的角度来看，专利审查层面上的力度加强也是有限度的，专利局不可能用尽全部资源来保证每一个专利授予的质量都是不可动摇的，不管是从主观上还是客观上这都是不可能的，所以在某种程度上我们不能过于奢求专利授予的质量控制功能，可以说任何国家或地区的专利制度体系并不需要完美的专利，这应该成为专利制度的一个普遍认知。所以，专利审查上的资源配置是有限度的，马克·A. 莱姆利教授就是这样认为的，他质疑通过投入大量资金来改变专利审查部门的主要结构以优化审查质量，其主要理由是绝大多数的专利从未在诉讼中被使用。他估计大约只有 1.5% 的专利曾经涉及诉讼，也仅有约 5% 的专利曾经为获得许可费之目的而被专利权人许可实施。大多数专利属于专利竞赛的副产品，即属于防卫性专利，

---

❶ F Scott Kieff. The Case for Registering Patents and the Law and Economics of Present Patent-Obtaining Rules [J]. B. C. L. Rev., 2003 (45): 55.

是企业为了在交叉许可的谈判中获得优势而发展出的专利组合。马克·A. 莱姆利教授所主张的专利制度改革手段与一般观点不同，他认为应该发挥法院提升专利质量的作用，而不是强化专利审查部门的审查力度。在他和丹·L. 伯克教授的合著中指出，从制度比较优势来看，法院是最适合解决专利质量危机的主体，因为法院是专利政策杠杆拿捏较为灵活又较具效率的机关，其一，专利制度应该是鼓励创新的政策杠杆。专利危机在某一技术领域与另一技术领域相比更为严重。例如，相比医药领域，生物技术领域更关注专利制度所导致的"反公地悲剧"。之所以如此，是因为不同产业领域的技术创新环境是不同的。其二，法院能够胜任特定产业的创新环境下的专利政策杠杆的适用。其三，强化专利审查部门的审查力度浪费社会资源。依此他们提出，专利法应该"将创造性门槛提升到相当高度"，同时应将专利法"专利公开充分性条件降低到相当低的水准"。❶

　　马克·A. 莱姆利教授的观点较具启发性，但是仅维持现有的专利审查力度似乎也有所不济。本书主张适当加强专利审查的力度，因为加强专利审查的力度在某种程度上是可及的，但并不是仅仰赖此一机制，在有效的专利审查机制的基础上发挥公众的审查功能，即专利权无效判定制度，如此一来其与专利审查机制可以相辅相成互为支撑，也更符合资源有效配置的理念。强调专利无效程序，允许竞争者在专利授权之后向专利审查部门或法院提出专利权无效判定请求，可以更好地解决专利质量问题。从实务上来看效果也较为明显，据休斯敦大学法学院自 2000 年 1 月开始所持续搜集的资料显示，从 2000~2004 年共计 934 件牵涉专利有效性的诉讼案件中，有 400 件（42.8%）的专利被法院认定为无效；2005 年在 181 件专利无效诉讼案件中，有 64 件（35.5%）被法院认定为无效；2006 年在 209 件牵涉专利无效性的诉讼案件中，有 111 件（53.1%）被认定为无效；2007 年的 355 件专利有效性诉讼中，有 170 件（47.9%）被认定为无效。由此可见，专利权无效判定有着不可比拟的质控功能。

---

　　❶　Dan L. Burk, Mark A. Lemley. The patent Crisis and How the Courts can Solve It［M］. The University of Chicago Press, 2009: 131.

三、专利公共利益的维护功能

"公共利益"是与私人利益相对的概念，其上位概念"利益"本身就是一个充满争议的名词。美国法学家庞德将利益分为三种：个人利益、社会利益和公共利益。其中个人利益是直接涉及个人生活并以个人生活名义所提出；公共利益涉及政治组织社会的生活并以政治组织社会名义提出；社会利益涉及文明社会的社会生活并以这种生活的名义提出。社会利益包括安全利益、个人生活方面的利益、保护道德的利益、保护社会资源的利益，以及经济、政治、文化进步方面的利益。❶ 现在我们讨论的公共利益脱离了政治生活成为私法领域的抽象概念，而更接近庞德所讲的"社会利益"，并成为国家对个人财产权利进行干涉的正当依据。基于这一认识，学界对公共利益探讨形成的成果可谓汗牛充栋。但"公共利益"是法学领域最富有开放性的名词之一，何谓"公共利益"始终不能通过简单明了的方式加以界定。法学对公共利益的探讨不仅集中在部门法，如民法领域，而且在作为母法的宪法中也有所体现。公共利益的概念具有高度的不确定性，公共利益可以被界定为，一个特定社会群体存在和发展所必需的、该社会群体中不确定的个人都可以享有的权利。公共利益面向的是社会上所有的人而不是个别和少数成员。因此，公共利益与个人利益不同，它是不特定的个人都可以同时享有的一种权利。公共利益总与一个社会群体存在和发展所必需的社会价值有关。❷ 显然公共利益的抽象性决定了其只能是一个在法律上极为模糊的概括条款或者弹性条款，❸ 故有论者认为公共利益难以"精密"地衡量、计算和界定，没有任何操作意义，只能是一个神话；还有论者认为利益只能是指向具体的个人利益，根本不存在抽象的公共利

---

❶ [美]博登海默.法理学——法律哲学和法律方法[M].邓正来，译.北京：中国政法大学出版社，1999：147.

❷ 冯晓青.知识产权法与公共利益探微[J].行政法研究，2005（1）：49.

❸ 胡鸿高.论公共利益的法律界定——从要素解释的路径[J].中国法学，2008（4）：56.

益；甚至有论者认为如果再一味抽象地谈论公共利益不免会造成对个人利益的克制、削减甚至践踏，所以应放弃存在公共利益的想法。❶ 但是，公共利益是存在的，因为仅仅依靠个人的自利选择是不能自然而然地产生公共利益的，公共利益恰恰需要个人以及国家公权力机构常常主动或被动地怀有"超越自利倾向的动机"，利益不仅包括具体的、现实的个人利益，还包括通过对个人利益进行抽象和超越而形成的公共利益。因此，不能仅仅因为公共利益抽象难以界定就产生对其放弃的主张。❷

专利法是一个对公共利益讨论众多的领域，专利权客体的无形性使得权利的滥用和过度扩张同权利侵害一样容易发生，因此运用公共利益这一抽象的概念对权利进行合理限制在专利权领域显得尤为迫切和必要。以公共利益与私人利益平衡为内容的"利益平衡论"甚至被视为知识产权法的理论基础被众多学者加以考察、分析，❸ 由此可见公共利益在知识产权法中的重要地位。"公共利益"在专利法中经常用于强制许可制度的讨论，是其必要条件之一。从相关讨论中，❹ 可以得出推论，专利法中的公共利益富有弹性，其判定应考虑公共利益和专利权人私益的平衡。私益的保障也是公益概念的一部分，私益不适当地扩张，或遭受过度的限制，都同样使公益的圆满状态受损。严格来讲，公、私益的权衡不是两个不同立场的较量，而是公益概念的自我调节，从不圆满的公益状态调整到圆满的公益状态。

专利制度本身就具有公益面向，主要体现在促进科技进步、促进市场竞争、增进公共利益。专利法中的公共领域是公共利益的载体。专利法运行的基本原理就是以对公众的公开换取技术的临时垄断，权利人的公开行为使技术进入公共领域。通过公共领域的作用，专利制度界定合理的专利

❶ 范振国. 公共利益的法律界定与限制研究［D］. 长春：吉林大学，2010：3.

❷ 张千帆. "公共利益"是什么？——社会功利主义的定义及其宪法上的局限性［J］. 法学论坛，2005（1）：29.

❸ 冯晓青. 知识产权法利益平衡论［M］. 北京：中国政法大学出版社，2006：43.

❹ 林秀芹. TRIPs 体制下专利强制许可制度研究［M］. 北京：法律出版社，2006：225.

保护范围，并确保公众获取技术，确保可持续的技术创新。首先，公共领域界定合理的专利保护范围。通过确定专利客体的除外领域、可专利性条件和有限的保护期限，公共领域为适度专利垄断提供了参照，为防止专利权不正当扩张提供了依据。其次，公共领域确保公众获取技术和技术的可持续创新。专利法的本质不是为专利权人垄断技术提供法律机制；相反，专利法需要促进革新的适当流动。通过技术公开，专利法中的公共领域推动了技术在公众中的扩散，并因此减少寻租行为，确保技术创新的持续性。❶ 通过公共领域这两方面的作用，专利制度在为专利权人提供充分保障的同时，维护公众获取新技术、使用新技术进行再创新的自由，体现了公共领域在实现专利制度利益平衡上的作用。❷

专利权无效判定也有其公益面向，但是其公益面向的体现方式有其特殊性，总的来说就是具有维护公共利益的功能，❸ 其核心是将本不应获得专利权授予的专利予以清除。专利制度不仅设定了专利客体的排除领域，而且对可专利对象设定了严格的可专利性条件，保护了公共领域的完整性。美国宪法中的知识产权条款授权国会授予作者和发明人以一定期限的垄断权来促进科学和有益技术进步。这一权限虽广但并非不受任何限制，美国联邦最高法院早在 1966 年的 Graham v. John Deere Co. of Kan. City 案❹中即指出，国会不能滥用权力将专有权授予作品和发明以外的事物。例如，国会不能对不构成原创作品的对象授予专有权。同样，知识产权条款限制了国会授予专利权的权限：只有相对于现有技术具有非显而易见的新发明才可以获得授权；而对于仅提取了公共领域已有技术的发明不能进行授权。现有技术是公共领域的组成部分，是专利权人不能支配的领域，在维护技

---

❶ 冯晓青. 专利法利益平衡机制之探讨 [J]. 郑州大学学报（哲学社会科学版）2005（3）：59.

❷ Arti K. Rai. Growing Pains in the Administrative State: The Patent Office's Troubled Quest for Managerial Control [J]. U. Pa. L. Rev., 2009（157）：2051.

❸ 何伦建. 论专利无效宣告程序的公益性及其完善 [M] //专利法研究（2006）. 北京：知识产权出版社，2007：216.

❹ Graham v. John Deere Co. of Kan. City, 383 U. S. 1（U. S. 1966）.

术创新、合理确定专利保护范围上发挥着重要的参照作用。而现有技术范围的界定必须具体到每一项专利权，专利法中凡提及现有技术之处必定是相对特定专利申请或专利权而言，可能包括他人的专利技术。因为对于每一项专利权而言，他人的专利技术也属于其不可支配的领域，属于公共领域的范畴。现有技术通过"公开"这一行为获得进入"公共领域"的资格，"公开"是确定专利法中公共领域范围的必备条件。公共领域具有不可撤销的属性。一旦成为公共领域的元素，任何主体都不得从中获益：个人不得宣称对现有技术的独占权，国家也不能通过向个人"出让"现有技术获得任何对价。从某种程度上讲，对不该授予专利权的发明授予专利权就是破坏了专利制度中的公共领域。

专利权无效判定本身的质量控制功能具有公益性，另外，专利权无效判定也可以阻止专利权人从现有技术中获得不当利益，保证现有技术与公有领域的纯粹性，这也是其维护公共利益的主要体现。

第四章　我国专利权无效判定单轨制

我国在 1992 年修改《专利法》时，为简化专利权授予前的审批程序，将原有授予专利权之前的"异议程序"改为专利授予后的"行政撤销程序"，使之与"无效宣告程序"相衔接，然而，历经几年实务运作，发现行政撤销程序的设立凸显两个问题：一是行政撤销程序和无效宣告程序的性质基本相同，所以行政撤销程序的目的实际上可以无效宣告程序来实现，因此设置两个相类似程序，仅会使得程序重复并复杂化；二是在未修正《专利法实施细则》中规定撤销程序请求尚未作出决定之前请求无效宣告，专利复审委员会不予受理，故撤销程序常对于无效宣告程序造成阻滞现象，因此，基于行政撤销程序可通过无效宣告程序来实现，为简化流程，在 2001 年第二次《专利法》修订中删除了有关行政撤销程序规定，故在目前实务运作上，专利权无效判定仅有专利无效宣告制度。

第一节　我国专利无效宣告制度内容

一、无效宣告程序的受理机构

我国的专利侵权诉讼是向具有管辖权的人民法院提起，或者请求管理专利工作的部门处理，但无效程序的受理机构只有一个，那就是专利复审委员会。侵权诉讼中的法院或处理专利侵权纠纷的地方专利管理机关不对专利的专利性作重新评价。只要专利权人出具合法、有效的专利证书、当年的交费凭证的，法院即应当承认它真实合法有效，在进行专利侵权判定时，即以专利的权利要求确定其保护范围，对于被告认为专利权不具备专利性的要求，法院或专利管理机关可以给当事人调解，但决不能轻易得出不侵权的判断。❶ 因此，被控侵权方若认为涉案专利不应该被授权，应当向专利复审委员会提起无效宣告请求。专利复审委员会的行政决定一般是依据当事人的申请和依据法定程序作出的。专利复审委员会隶属国务院专利行政部门，设有主任委员、副主任委员、复审委员、兼职复审委员、复审员和兼职复审员，其中主任委员由国家知识产权局局长兼任，副主任委员、复审委员、兼职复审委员则授权局长从局内有经验的技术和法律专家中任命，至于复审员和兼职复审员则由局长从局内有经验的审查员和法律人员中聘任。专利复审委员会采合议审查方式审查案件，一般由 3 人或 5 人组成合议组，其中包括组长 1 人、主审员 1 人、参审员 1 人或 3 人。目前实务运作上是专门受理不予专利授予复审及无效宣告请求的案件。❷

二、专利无效宣告的法定事由

任何人对于国家知识产权局所授予的专利权，认为该专利权的授予不符合专利法有关规定，自专利局公告授予专利权之日起，皆可请求专利复审委员会宣告该专利权无效，提起专利无效宣告的事由大致有以下七种：（1）发明和实用新型专利不具备新颖性、创造性和实用性；（2）说明书未对发明作出清楚、完整、公开的说明；（3）对申请文件的修改超出了申请时的范围；（4）不符合发明创造的定义；（5）重复授权；（6）独立权利要求未从整体上反映发明的技术方案，未记载解决技术问题的必要技术特征；（7）属于不应该被授予专利权的情况，如违反国家法律、科学发现、智力活动的规则和方法、疾病的诊断和治疗方法、动物和植物品种、用原子核变换方法获得的物质等。

---

❶ 程永顺. 专利诉讼 [M]. 北京：专利文献出版社，1993：132.
❷ 程永顺. 专利行政诉讼实务 [M]. 北京：法律出版社，2003：37.

尽管无效理由有上述多种，但大部分的无效申请是针对专利不具备“三性”，即新颖性、创造性和实用性提出的。专利复审委员会审查无效申请中新颖性时，应当适用单独对比的原则，即要求涉案专利的一项权利要求的技术方案与对比档的一个技术方案分别进行对比。[1] 将权利要求与现有技术的技术领域、所要解决的技术问题和技术方案、其预期的效果四个方面进行比较，如果整体内容完全相同，或仅为简单的文字变换，则为同样的发明和实用新型，涉案专利不具备新颖性；若涉案专利的技术内容是一般概念或上位概念，而对比文件是具体概念或下位概念，则不具备新颖性；若涉案专利的技术方案与对比文件相比存在区别技术特征，但该区别技术特征是所属技术领域的普通技术人员在解决某个技术问题时熟知和常用、可以互相置换，且产生的技术效果预期相同的技术手段，则该涉案专利不具备新颖性；若涉案专利的数值范围包含对比档的数值范围、包含对比档的具体数值、有与之部分重合的范围或与之有重叠的端点，则不具备新颖性，反之，如果该数值范围选自对比档的数值范围，且具体数值未被公开，则具备新颖性。[2]

创造性的判断原则与新颖性判断原则不同，采用的是组合对比原则进行，即将两份或两份以上的对比件，或者这些文件的某些部分，或者同一份文件的不同部分的内容组合在一起与涉案专利的权利要求进行比较。[3] 首先要确定最接近的现有技术，然后确定专利的区别特征和专利实际解决的技术问题，最后判断专利要求保护的技术对本领域的技术人员来说是否显而易见。在判断过程中，要确定的是现有技术整体上是否存在某种技术启示，即现有技术中是否给出将上述区别特征应用到最接近的现有技术以解决其存在的技术问题（发明实际解决的技术问题）的启示，这种启示会

---

[1] 国家知识产权局专利复审委员会．现有技术与新颖性［M］．北京：知识产权出版社，2004：361.

[2] 国家知识产权局专利复审委员会．现有技术与新颖性［M］．北京：知识产权出版社，2004：344.

[3] 黄敏．专利申请文件的撰写和审查要点（修订版）［M］．北京：知识产权出版社，2002：150.

使本领域的技术人员在面对所述技术问题时，有动机改进最接近的现有技术并获得要求保护的发明。如果现有技术存在这种技术启示，则发明是显而易见的，不具有突出的实质性特点。对于发明专利，不仅要考虑所属的技术领域，还要考虑其相近或者相关的技术领域，以及该发明所要解决的技术问题能够促使本领域的技术人员到其中去寻找技术手段的其他技术领域。另外，对于发明专利而言，可以引用一项、两项或者多项现有技术评价其创造性。

对于发明专利，在确定申请专利的发明是否具备获得专利权必须具备的新颖性和创造性之前，首先判断的是其是否有实用性。❶ 技术方案的实用性要求，实质上是要求申请专利技术方案要具有技术性，从而能在产业中应用。对于无再现性、缺乏技术手段、违背自然规律、利用独一无二的自然条件的产品、疾病诊断、治疗和外科手术方法、无积极效果的情况属于不具备实用性。❷

三、专利无效宣告请求的审查

在无效宣告程序中，专利复审委员会通常仅针对当事人提出的无效宣告请求的范围、理由和提交的证据进行审查，不承担全面审查专利有效性的义务。无效宣告请求审查遵循的基本原则有三：一是一事不再理原则，是指已作出审查决定的无效宣告案件涉及的专利权，以同样的理由和证据再次提出无效宣告请求的，不予受理和审理。二是当事人处置原则，是指请求人可以放弃全部或者部分无效宣告理由及证据。对于请求人放弃的无效宣告理由和证据，专利复审委员会通常不再查证。三是保密原则，是指在作出审查决定之前，合议组的成员不得私自将自己、合议组其他成员、负责审批的主任委员或者副主任委员对该案件的观点明示或者暗示给任何一方当事人。

---

❶ 张晓都．专利实质条件［M］．北京：法律出版社，2002：3.

❷ 黄敏．专利申请文件的撰写和审查要点（修订版）［M］．北京：知识产权出版社，2002：134.

　　复审委员会收到无效宣告请求后，首先进行形式审查，主要是确认该无效宣告请求涉及的专利是否已公告核准、专利权是否还有效、提交的证据是否为公开出版物、专利权人提出的无效宣告请求是否包括所有专利权人、是否提出证据说明无效宣告请求的理由及指明每项理由所依据的证据、该请求是否是依法提出、是否提出与先前无效宣告请求相同的理由及证据、申请人资格是否合格、是否于指定期限内提出、是否有缴付复审规费、是否使用标准表格申请、是否检附委托书等事宜，❶ 不符合相关规定者，复审委员会将发出"补正通知书"通知无效宣告请求人令其限期补正。❷

　　在专利复审委员会受理无效宣告请求后，请求人可在提出无效宣告请求之日起一个月内增列理由或补充证据，而逾期提出的，专利复审委员会可以不予考虑，❸ 如通过复审形式审查，专利复审委员会将向请求人和专利权人发出"无效宣告请求受理通知书"，同时将无效宣告请求书及其相关文件副本一并送交专利权人，要求其于收到通知书之日起一个月内答辩。❹

　　专利无效宣告审查一般是采合议方式进行审查，然而专利复审委员亦可依当事人请求或案情需要决定以言词审理方式进行。❺

　　对于专利复审委员会宣告专利权无效或者维持专利权的决定不服者，可依《专利法》第 46 条第 2 项规定，自收到通知之日起 3 个月内向中级人民法院起诉，如于期限内未起诉，则审查决定生效，无效宣告程序即告终止。经复审委员会宣告专利权无效的决定，将由国家知识产权局登记和公告，❻ 而该专利无效的决定具有溯及既往的效力，经宣告无效的专利权视为自始即不存在。❼

---

❶ 《审查指南》第四部分复审与无效宣告程序第三章无效宣告请求的审查。
❷ 《专利法实施细则》第 65 条第 4 款。
❸ 《专利法实施细则》第 66 条。
❹ 《专利法实施细则》第 67 条第 1 款。
❺ 《专利法实施细则》第 69 条。
❻ 《专利法》第 46 条第 1 款。
❼ 《专利法》第 47 条。

四、专利无效宣告的诉讼救济

当无效请求人或专利权人对无效宣告请求决定不服时，可以向北京市第一中级人民法院起诉，被告方为专利复审委员会，对方当事人作为第三方参加诉讼。根据北京市高级人民法院 2002 年发布的《关于执行〈最高人民法院关于专利法、商标法修改后专利、商标相关案件分工问题的批复〉及国际贸易行政案件分工的意见（试行）》，对于专利权无效行政决定引起的专利行政案件，专利权人与他人之间因侵权、合同引发的专利无效行政纠纷应当由民事审判庭审理；而在没有任何民事争议的情况下，无效宣告请求人直接向专利复审委员会请求宣告某项专利权无效的，而引发的专利无效行政案件，由行政审判庭审理。

专利行政案件审理的范围应以行政决定范围为限，当事人如果对无效宣告请求审查决定不服向人民法院起诉，法院在审查专利复审委员会作出的决定正确与否时，应审查该决定的作出有无事实作为根据、适用法律法规是否正确、有无违反法定程序、有无超越职权。例如，若无效宣告请求人仅以某项专利无新颖性为由要求宣告专利权无效，专利复审委员会经审理认为专利具有新颖性，宣告维持专利权，请求人不服，提起行政诉讼，以专利权无新颖性、创造性和实用性为由要求无效该专利权，撤销专利复审委员会的行政决定，法院只能审查该发明专利是否具备新颖性，而不能审查创造性和实用性。❶ 法院在审理专利无效行政纠纷时，应对以专利复审委员会决定所涉及的程序及实体问题全面进行审理。❷ 值得注意的是，我国专利无效宣告的行政诉讼程序通常也被称为专利无效诉讼，这与其他国家或地区的称谓可能形同神异，诉讼性质的不同造成在诉讼构造上也颇有分别。

---

❶ 程永顺. 专利行政诉讼实务［M］. 北京：法律出版社，2003：73.
❷ 程永顺. 专利行政诉讼实务［M］. 北京：法律出版社，2003：95.

第二节　侵权诉讼与专利权无效问题

一、专利权无效抗辩

在专利侵权诉讼中，专利无效抗辩是通过否定专利权的存在来抗辩专利侵权指控的一种方式。而专利有效性的判定则成为专利侵权诉讼的先决问题，针对此先决问题的处理则视情况而定，这又涉及两个问题。一是对于专利权有效性问题，法院是否有权限进行判断，如果是有权自为判定则不会有中止审理与否的问题；如果是无权自为判定，则会产生第二个问题，即法院在侵权诉讼的审理过程中面对该先决问题，是否选择中止审理。这两个问题之间虽有密切联系，但是仍属于不同范畴。

首先，现行专利法并没有授予人民法院在审理侵犯专利权纠纷案件中可以就所涉的专利是否具备授予专利权的条件进行裁决的司法职能，即法院不可对专利权有效性问题自行判定。这与我国有关公私法二元诉讼制度有关，我国法院诉讼制度中民事法庭与行政法庭两个系统分别负责人民就私法上权利及公法上权利的保障，即为公私法二元诉讼制度。对于民事法院处理私法上权利的争讼设有民事诉讼程序，对于行政法院处理公法上权利的争讼则设行政诉讼程序。我国关于行政诉讼及民事诉讼的审判，依现行法律的规定是采用二元诉讼制度，行政诉讼与民事诉讼分由不同性质的行政法庭及民事法院审理。关于因公法关系所生的争议，由行政法庭审判，因私法关系所生的争执则由民事法庭审判。民事诉讼及行政诉讼之间，固有部分相似，但因所处理的争讼内容分属公私法，具有不同的性质，其支配的诉讼法理及程序构造尚有相当的差异。基本上，行政诉讼处理的是行政行为侵害人民权利的救济问题，特别需要处理司法权与行政权之间的关系。此呈现在行政诉讼制度中，即有关行政权裁量、判断余地等司法审查的界限问题。再者，行政法院系居于救济法院的地位，审查行政行为是否违法，当事人中至少有一方为行使国家公权力机关；与民事法院是处理一般人民间私法上的纷争，以私法自治为核心原则，遂有本质上的差别。尽管专利权为私权，但是权利授予彰显了国家公权力的行使，使其与国家公权力行使有着密切联系，如果以民事诉讼程序提起确认专利权不存在的诉讼，法院通常以专利权的存在与否，属公法上的法律关系，如有争议，应循行政争讼程序解决，民事法院并不发生使行政机关撤销专利权或注销专利权登记的效力的判决。

其次，既然侵权诉讼中法院没有对专利有效性予以判定的权限，则法院对专利侵权抗辩中的无效抗辩就存在中止审理的确定问题。一般来说，在我国专利侵权诉讼中，被告提出专利无效请求，应将无效请求书副本及有关证据材料提交审理侵权诉讼的法院；专利复审委员会收到被告的无效宣告请求书后，经审查形式合格的将发出"无效宣告请求受理通知书"，被告即可将该受理通知书提交法院，要求中止审理。当然法院在决定是否中止审理时仍有一定判断余地，《专利法实施细则》第 82 条规定，"在处理专利侵权纠纷过程中，被请求人提出无效宣告请求并被专利复审委员会受理的，可以请求管理专利工作的部门中止处理。管理专利工作的部门认为被请求人提出的中止理由明显不能成立的，可以不中止处理"。而最高人民法院《关于审理专利纠纷案件适用法律问题的若干规定》司法解释，❶对于侵权诉讼中提起无效宣告程序法院是否应该中止审理作了更为具体的规定：（1）发明专利或者经专利复审委员会审查维持专利权的侵犯实用新型、外观设计专利权纠纷案件，被告在答辩期间请求宣告该项专利权无效的，人民法院可以不中止诉讼。（2）侵犯实用新型、外观设计专利权纠纷案件的被告在答辩期间届满后请求宣告该项专利权无效的，人民法院不应当中止诉讼，但经审查认为有必要中止诉讼的除外。（3）人民法院受理的侵犯实用新型、外观设计专利权纠纷案件，被告在答辩期间内请求宣告该项专利权无效的，请求中止的，法院应当中止诉讼。但具备下列情形之一的，可以不中止诉讼：①原告出具的检索报告未发现导致实用新型专利丧

---

❶　最高人民法院，法释（2001）21 号，第 8~11 条。

失新颖性、创造性的技术文献的；②被告提供的证据足以证明其使用的技术已经公知的；③被告请求宣告该项专利权无效所提供的证据或者依据的理由明显不充分的；④人民法院认为不应当中止诉讼的其他情形。对最后一条给予法官一个自由裁量的权力。但是，法官在行使这项裁量权时，一定要从平衡专利权人和社会公众双方利益的角度考虑，在难以决断时，仍要按照中止诉讼是原则，不中止诉讼是例外的这一基本精神，来掌握是否需要中止诉讼。一般来说，因无效宣告请求而中止审理的专利侵权诉讼在无效请求审查决定被提起行政诉讼后应继续中止审理；而对于在侵权诉讼中提起无效宣告请求但没有中止审理的专利侵权诉讼，因无效请求审查决定被提起行政诉讼后也建议中止审理。

专利侵权纠纷中被告提起无效请求审查，法院中止审理有着深刻的专利制度上的原因和迫切的现实需要。我国专利分为发明专利、实用新型专利和外观设计专利，其中发明专利要经过实质审查后才能被授予专利权，具有足够的法律稳定性。而实用新型、外观设计专利权则不进行实质审查，其法律稳定性就要差得多。据统计，在提起实用新型专利权无效请求的案件中，约44%的实用新型专利权因为不具有专利法规定的新颖性、创造性或者实用性而被无效，还有相当一部分实用新型专利也因为不符合授予专利权的条件而被部分无效。外观设计专利被无效的情况与实用新型专利也大致相同，被无效的比例都比较高。另外，对于不同类型的专利权，相关案件所需技术性强弱程度有所不同。在专利权部分，其有无应撤销的原因，通常涉及高度技术性，其判断并非普通法院法官所易胜任，故绝大部分均不加审查，直接认定专利权未撤销前均属有效，如果有专利无效宣告、行政诉讼仍在进行的情形，无论无效宣告是否在专利侵权诉讼之前已提出，法院多依法裁定于其确定前停止诉讼程序，甚少认为并无停止诉讼必要。

在法院裁定中止审理后，专利权无效判定进入行政程序，即无效宣告程序，专利无效宣告请求程序的结果对侵权判决的影响非常大，无效宣告请求的最终结果有三种：❶（1）无效宣告请求的理由成立，宣告专利权无效；（2）无效宣告请求的理由成立，宣告专利权部分无效；（3）无效宣告请求的理由不成立，驳回无效宣告请求，维持专利权继续有效。法院在最终结果出来后应当恢复审理。对于维持专利权有效的，法院继续进行是否侵权的审理；对于维持专利部分有效的，则对有效部分确定是否侵权；对于专利权无效的，则应驳回原告的诉讼请求，或者允许原告撤回起诉。❷对于该法院在无效宣告决定之前作出的侵权判决，无效宣告决定生效后，侵权判决尚未执行的不再执行，正在执行的停止执行。❸对于已经执行的专利侵权的判决、裁定，专利管理机关作出并已执行的专利侵权处理决定，不具有追溯力。但因专利权人恶意给他人造成损失的，应给予赔偿。

二、现有技术抗辩

现有技术抗辩是专利侵权抗辩制度之一，又可以称为"公知技术抗辩""自由公知技术抗辩"。2008 年，我国《专利法》第三次修订增加了现有技术抗辩措施，即"在专利侵权纠纷中，被控侵权人有证据证明其实施的技术或者设计属于现有技术或者现有设计的，不构成侵犯专利权"，该项措施的增设将对我国专利制度产生重大影响。现有技术抗辩本身并不直接涉及专利权有效性的判定，但是其与专利权有效性议题具有间接的关联。

现有技术抗辩制度由德国首创，❹19 世纪末德国专利法规定专利无效请求的时间为 5 年，自授予专利权公告之日起算。此 5 年期间届满后，即使专利局授予的专利权确实存在瑕疵，任何人也不得提出无效宣告请求。在这种情况下，如果瑕疵专利权人以他人侵犯其专利权为由向法院起诉，那么被告不得以专利权无效进行抗辩。换言之，即使被告所实施的技术是

---

❶ 高卢麟. 中国专利教程——专利基础［M］. 北京：专利文献出版社，1994：155.

❷ 程永顺. 专利行政诉讼实务［M］. 北京：法律出版社，2003：101.

❸ 程永顺. 专利诉讼［M］. 北京：专利文献出版社，1993：110.

❹ 杨志敏. 关于"公知技术抗辩"若干问题的研究——从中、德、日三国判例与学说的对比角度［J］. 比较法研究，2003（2）：56-67.

原告专利申请日以前的公知技术，但只要落入专利权保护的范围，在被告没有其他抗辩理由的情况下也得承担相应的法律责任。这样的结果显然于法于理不公，因此人们提出"自由技术抗辩"制度作为对抗这种瑕疵专利的对策。正是在这样的背景下，德国采用了"自由技术抗辩"制度，以弥补其专利制度的不足。1941年德国修改专利法废除了专利无效宣告请求的除斥期间，规定自发布授予专利公告之日起，任何人可随时提出无效复审请求。除斥期间规定被废除后，原来针对除斥期间设立的自由公知技术抗辩的基础不复存在，但德国法院在审查由公知技术构成的瑕疵专利侵权诉讼时仍对权利保护范围作限定解释。❶

我国侵权判定和专利权有效性判定由不同机构进行审理，为了维护公众利益，节省司法资源，降低社会成本，我国在不断的司法实践中从宪法和专利法中以及借鉴其他国家和地区的经验最终推导出现有技术抗辩原则。❷ 在具体操作中，现有技术抗辩有各种不同的表述方法，如自由公知技术抗辩、已有公知技术抗辩、已有技术或公知技术抗辩，不同的表述方式具有不同的含义，表达出司法界和学术界对公知技术抗辩适用条件的不同看法，严格意义上讲各自所涉的技术范围仍有细微差异。❸《专利法》第三次修订后，其术语统一为现有技术抗辩，"现有技术"由此获得独立的法律地位，并成为将专利制度中的重要概念依次串联起来的关键线索，专利法的体系也更加完整、清晰。现行《专利法》中的现有技术代表着相关技术的公共领域，是新颖性、创造性的判断基准，与专利申请的宽限期密切相关，也是现有技术抗辩制度中可供被告援引的技术。新颖性、创造性、宽限期、现有技术抗辩这些专利法中的重要因素在现有技术的统摄下，成为逻辑严密的有机整体。现有技术抗辩的核心即为如何区分现有技术和专利技术，根据专利法的界定，现有技术指申请日（有优先权的，指优先权日）前在国内外出版物上公开发表、在国内公开使用或者以其他方式为公

---

❶ 曹新明. 现有技术抗辩研究 [J]. 法商研究, 2010 (6): 84.
❷ 程永顺. 专利侵权判定实务 [M]. 北京: 法律出版社, 2002: 692.
❸ 雷艳珍. 现有技术抗辩制度研究 [D]. 武汉: 中南财经政法大学, 2010: 134.

众所知的技术，《审查指南》对现有技术作了进一步的定义，尤其强调必须是在申请日之前能够为公众所获知实质性内容的技术，处于保密状态的技术不能被称为现有技术。

现有技术抗辩在立法确认之前，实际上是已在实践中逐步得到接受和明确的，但是如前所述，其称谓不尽相同，本书将不作区分。尽管无法查阅到最早使用自由公知技术抗辩原则的案例，但早在 1991 年，当时的北京市专利管理局就承认了"充氧动态发酵机"实用新型专利侵权纠纷案❶中现有技术抗辩原则的使用。在该案中被请求人提供了一份 1983 年 6 月 20日的《日本工业技术新闻》，其中公开了一种用于发酵的"好气性微生物发酵处理机"，北京市专利管理局认为，被请求人的发酵机与日本发酵处理机在支架、横卧式发酵釜、传动系统、常温供风风机、电阻加热装置、螺旋式搅拌器等部件及其连接、配合等主要技术特征相同或等同。因此，请求人关于被请求人制造、销售发酵机"其结构技术特征与请求人专利产品的技术要素完全相同或等同，因而全部落入该专利权利要求范围内"的主张，实质是意图将该专利申请日前的公知技术解释为其专利的保护范围，是不能成立的，以此为理由提出的侵权指控也不能成立。也就是专利权的保护范围不得及于自由公知技术。1993 年北京市中级人民法院承办的"旗杆案"及北京市高级人民法院承办的"旗杆案"的上诉案，被公认为确认了"自由公知技术"可以在诉讼中作为专利侵权的抗辩事由。特别是通过对"自由公知技术"的论述，缩小了上诉人的专利保护范围，最后导致被上诉人的行为不构成侵犯上诉人的专利权。其后，各地方专利管理局或地方中级和高级人民法院相继运用现有技术抗辩原则进行专利侵权案件的审理，例如浙江省高级人民法院 1997 年 12 月 16 日就"刺绣品的彩化工艺方法"发明专利案作出终审判决，二审法院认可了"上诉人台州市椒江绅风领带厂以其在刺绣品上使用的彩化工艺是传统的'瓯绣'工艺，早在专利申请日前就在民间广泛流传，显属公知技术，不侵犯事后取得的专利权"

---

❶ 北京市高级人民法院知识产权审判庭. 知识产权审判案例要览 [M]. 北京：法律出版社，1999：112.

的抗辩理由，判定上诉人不侵权。2001 年 6 月 19 日，我国最高人民法院《关于审理专利纠纷案件适用法律问题的若干规定》在是否中止诉讼的条件中明确提及公知技术的问题，该规定的第 9 条第 1 款第 2 项规定，"被告提供的证据足以证明其使用的技术已经公知的；法院可以不中止审理"。在关于该规定的解释中，明确指出在专利侵权诉讼中，人民法院可以不管专利权人的实用新型、外观设计专利是否具备授予专利权的条件，被告只要能够举证证明其使用的技术是自由公知技术，人民法院就可以根据公知技术抗辩这一公认的审判原则，直接判决被告不侵权。通过司法解释明确将现有技术抗辩原则确认下来，用于解决涉及侵犯实用新型、外观设计专利权纠纷案件的中止诉讼问题，这是对专利侵权中止诉讼制度的重要突破和完善。运用公知技术抗辩原则解决侵犯实用新型、外观设计专利权纠纷案件的中止诉讼问题，其意义是十分重大的。通过这样一个办法，可以使那些确实是使用公知技术的被告尽快摆脱诉讼的纠缠，没有必要再通过中止诉讼使得案件久拖不决。这是第一次以最高人民法院司法解释的名义明确提出"公知技术"的概念，并且明确在专利诉讼中被控侵权人可以作为不构成侵权的抗辩原则。在该规定的基础上，北京市高级人民法院于 2001 年 9 月发布《专利侵权判定若干问题的意见（试行）》，该意见确定了已有技术抗辩的定义，虽然该规定仅适用于北京市，但对全国的辐射影响作用是巨大的，也间接促成了《专利法》修订时对现有技术作出明文规定。

依据专利法中现有技术抗辩的规定，自由公知并不是现有技术抗辩的必要条件，自由公知的含义在于该技术不但是要在涉案专利申请日前已为公众所知，还需要是可以自由、无限制使用的技术，例如已经公开使用的技术、已经公开发表在非专利出版物上的技术、已经失效的中国专利以及国外的在先专利等。对于使用自由公知技术进行抗辩，学者们没有异议，而对于非自由使用的公知技术如尚在有效期内的第三人的在先专利是否可以作为抗辩的理由，不同的学者有不同的看法，如尹新天❶认为如果专利

---

❶ 尹新天. 专利权的保护［M］. 北京：知识产权出版社，2005：487.

技术与非自由使用公知技术相比相同或相似，则该专利实际上已不具备新颖性或创造性，就不该被授予专利，从对专利的有效性产生的影响来看，非自由公知技术与自由公知技术产生的作用是一样的，所以应该允许被控侵权人进行公知技术抗辩。当然，这并不意味着被控侵权人的行为就是合法的，相反，被控侵权人援引第三人的专利技术进行公知技术抗辩，也就承认其侵犯了第三人的专利，至少可以成为第三人以后提出侵权控告的证据之一。但是，这是需要第三人提出主张其权利的请求后另案处理的问题。谭筱清❶也认为由于相关的法律法规没有对公知技术的范畴进行限制，则对于已有技术抗辩中所引用的已有技术不必附加过于苛刻的限制是符合专利法的立法原理的，从公平的角度出发，应该允许使用非自由公知技术进行抗辩。但也有学者认为在专利侵权诉讼实践中，有严格区别自由公知技术和非自由公知技术的必要。如果被告可以仍然有效的在先专利权进行抗辩，仅从个案的角度有道理。程永顺❷认为依然有效的他人的在先专利技术，此时只能视为已有公知技术，但不是能自由使用的公知技术，因此一般不能作为抗辩的依据。

对于等同侵权适用于现有技术抗辩在业内已达成共识，基本认为专利权保护范围的确定是属于法院的职责范围，一般认为先进行被控侵权技术与专利技术的对比，在确定是等同侵权时，再将现有技术与专利技术进行对比，如果现有技术与专利技术相同或近似，而现有技术又覆盖了被控侵权技术时，则侵权不成立。在这个判断过程中，法院是通过缩小专利的权利要求保护范围来确定侵权不成立，起码从形式上避免了法院对专利有效性的判定，避免了违反职权分离原则。所以，对于这样的事实，学界和司法界容易达成共识。而对于相同侵权，按照这样的判定程序，不可避免地出现法官要对专利有效性进行判断的问题，因此许多学者都认为公知技术抗辩只适用于等同侵权的情形，甚至北京市高级人民法院以规范性法律文

❶ 谭筱清. 已有公知技术抗辩原则在专利侵权诉讼中的运用 [J]. 人民司法，2002（8）：19.
❷ 程永顺. 专利侵权判定实务 [M]. 北京：法律出版社，2002：79.

件的形式公布了《专利侵权判定若干问题的意见（试行）》，其中第 102 条专门指出现有技术抗辩仅适用于等同侵权的情形，建议在相同侵权时，被控侵权方还是通过向专利复审委员会提起无效请求更好。然而新专利法中现有技术抗辩制度并未设置任何限制，不少学者也认为不应对现有技术抗辩设置如此限制，尹新天在《专利权的保护》中专门对这个问题进行了阐述，刘国伟❶也认定这样的限制需要进行进一步的研究和讨论，两人都认为对于相同侵权，现有技术抗辩也是应该允许的，他们的出发点就是认为在专利侵权诉讼中，如果被控侵权方提出了现有技术抗辩，则现有技术抗辩应该优先，也就是说需要首先将现有技术与被控侵权技术进行对比，一旦两者相同或相似，则可以直接判定侵权不成立，只有不相同后，才能进行侵权判定的对比。最高人民法院民事审判第三庭《关于王川与合肥继初贸易有限责任公司等专利侵权纠纷案的函》中所说"不论神电公司技术与王川专利是否相同，在神电公司提出公知公用技术抗辩事由的情况下，只有在将神电公司技术与公知公用技术对比得出否定性结论以后，才能将神电公司技术与王川专利进行异同比较"。❷ 通过这样的程序即可有效地避开法院对专利有效性的审理，从而有效地避开了可能对职权分离原则的违反，更加有效地维护了公众的利益。

综上所述，侵权诉讼中的现有技术抗辩制度虽然并未直接赋予法院对专利有效性予以判定的权力，但是从现有技术抗辩的法律规定来看，并未限制其仅适用于等同侵权，故从其抗辩比对流程来看，在相同侵权的情况下，直接将现有技术与被控侵权技术的比对判定一方面回避了专利有效性的判定，在某种程度上间接地对系争专利权范围予以了否定性评价，妥善处理了专利有效性问题；另一方面这种比对判定程序节省了大量的法律资源和社会成本，毕竟无效程序作为一个行政程序加上后续的行政诉讼程序费时费力，很可能耽误当事人的市场机会，这就不符合专利制度促进科技

---

❶ 刘国伟 . 谈公知技术抗辩原则的适用 ［J］. 中国专利与商标，2005（1）：35.

❷ 《最高人民法院民事审判第三庭关于王川与合肥继初贸易有限责任公司等专利侵权纠纷案的函》〔2000〕知监字第 32 号函。

创新，推动社会进步的初衷。

第三节　专利权无效判定单轨制之弊

一、专利无效宣告程序性质定位

在专利确权机制中，一直以来行政机关所起的作用远远大于法院所起的作用，[1] 2008 年《专利法》第三次修改，专利权无效判定方面的规定几乎没有变化。对于专利权无效宣告请求程序的法律性质，存在两种不同的意见。一种意见认为，该程序是一种行政程序，专利复审委员会在此程序中是依法行使行政权的行政行为，专利复审委员会作为行政机关，对专利权的有效性是否应当给予维持或者部分维持作出决定的行政程序，也就是说无效宣告程序是专利审批过程中审查程序的延伸。[2] 另一种意见则认为，无效宣告程序是一种带有民事争议性质的程序，即请求人与专利权人之间就专利权这种民事财产权利的独占范围而产生的一种争议，专利复审委员会实际是居中裁决的角色，属于行政机关的行政裁决制度的一种。[3] 专利无效宣告程序的法律限制界定，关系到专利无效宣告审理程序的法制构造以及程序当事人的程序权利保障，以及司法体制的制度内协调。

专利复审委员会隶属国务院专利行政部门，并非国家知识产权局的下属单位，在某种程度上讲，其应该是和国家知识产权局平行的单位，无效宣告程序的审理裁判对象是已经授权的专利权的效力问题，专利复审委员会的无效审查决定不是终局决定，此决定要接受后续的司法程序审查。专利复审委员会的无效宣告决定是针对国家知识产权局已授予的专利权而作

---

[1]　李明德. 专利权与商标权确权机制的改革思路 [J]. 华中科技大学学报（社会科学版），2007（5）：12.

[2]　国家知识产权局条法司.《专利法》及《专利法实施细则》第三次修改专题研究报告（中卷）[M]. 北京：知识产权出版社，2006：804.

[3]　马怀德. 行政诉讼原理 [M]. 北京：法律出版社，2003：23.

出的，国家知识产权局授予专利权的行政行为对专利复审委员会来说具有何种效力，并不能按其他的行政机关之间行政行为的相互尊重来处理，这与专利复审委员会的设置功能有关。但是这就存在一种悖论，既然专利复审委员会是一个行政机关，目前来看，大部分人都认为专利复审委员会作出的审查决定应该属于具体行政行为，这是因为此行为是行政部门依法作出的执行公务的行为，而专利复审委员会与国家知识产权局是并列地位，专利复审委员会并没有监督国家知识产权局专利授予的职责，专利无效宣告也难说是对国家知识产权局行政行为的申诉。

无效宣告程序参与主体是专利复审委员会、专利权人和无效宣告请求人，专利权人自己提出无效宣告请求时请求人和权利人发生重合。无效宣告程序是依据请求人请求而启动的程序，专利复审委员会不能依职权主动开启此程序，此程序的启动显现被动性特征。无效宣告程序的争议主体因是否存在民事争议而不同，如果存在民事争议的前提，则无效宣告程序的争议主体是权利人和请求人，此时专利复审委员会仅仅是居间裁判者角色，如果此程序不牵扯任何民事纠纷，则是请求人或者权利人对国家知识产权局之间关于专利有效性的争议。在请求人与专利权人之间存在与专利权有关的民事争议的情况下，无效宣告程序是一种民事争议裁决程序，此程序具有准司法属性，专利复审委员会在此程序中的角色不应该定性为行使行政权的行政机关，而应该被看作一个准司法机构，对专利权无效争议作出的无效宣告决定是一种准司法裁定。

不存在民事争议前提的无效宣告似乎是在于解决行政纠纷，对其不服提起行政诉讼则较为符合逻辑，相关的诉讼构造则不存在多少争议。而对于存在民事争议前提的无效宣告程序具有解决民事纠纷的效果，具有准司法性质，若有不服提起的诉讼非要定性为专利行政诉讼似有不妥，其诉讼构造上的诉讼当事人以及其诉权保障也存在争议，导致很多扭曲和错位，❶并且与我国诉讼审级配置也有所龃龉。❷ 尽管是具有民事争议性质的诉讼

---

❶　秦旭东．专利无效诉讼改革争议未息［J］．中国发明与专利，2008（10）：28.

❷　何伦建．中外专利无效制度的比较研究［J］．电子知识产权，2005（4）：33.

却不能对民事权利义务作出调整，这似乎也不合逻辑。由此可见，对于专利无效宣告程序的法律性质定位，似乎从其功能设置的角度来看较为可取。

二、无效程序中低效的循环诉讼

自专利法实施以来，在专利无效诉讼领域就存在"循环诉讼"现象，专利权人和专利无效请求人为了维护自身权益而不得不反复游走于专利无效宣告程序和专利无效行政诉讼程序之间。按照现行《专利法》规定的专利无效程序，一个专利无效案件从受理到结案通常涉及专利复审委员会和两级法院审理即三道程序，相当于三个审级。从审理时间看，专利复审委员会阶段一般需要 6~8 个月，不服专利复审委员会决定的起诉期是 3 个月，一审一般需要 6 个月，二审需要 3 个月；根据《行政诉讼法》的规定，如果专利复审委员会的决定存在错误应当撤销，法院只能判决专利复审委员会重新作出决定，当事人不服决定还可以起诉和上诉，这样又会开始一个循环。如针对"一种由菱锶矿生产碳酸锶的方法"第 87101234 号专利的案件，专利复审委员会对同一发明专利进行了三次无效审查，北京市第一中级人民法院和北京高级人民法院作出了三次一审判决和三次二审判决，才使得这场历时 9 年的纠纷最终以第 87101234 号发明专利被宣告无效而落幕，相关的侵权案件更是拖延了 11 年之久。这种"循环诉讼"会使专利权长期处于不确定状态，给专利纠纷双方当事人的经济生活造成巨大影响，严重浪费国家的司法和行政资源。

专利无效诉讼产生循环诉讼问题的原因是系统的，其中之一是专利复审委员会在专利无效宣告行政诉讼中作为被告。长久以来，关于专利权无效宣告请求审查决定是否应成为行政诉讼的诉讼目标，以及专利复审委员会是否应成为行政诉讼被告等问题一直争议不断，学者认为无效宣告请求的审查不同于专利申请的复审，原因是专利申请的复审是对专利权授予与否问题的审查，专利申请人与审批机关是不对等的行政法律关系主体，故专利权授予的复审决定具有很强的行政决定色彩，此完全符合行政诉讼目标特征，反观无效宣告请求则不然。也有学者认为一般请求专利权无效的争议是发生在平等民事主体的请求人和专利权人之间的，争议的目标是以"专利权"为财产的民事权利，争议的内容是该财产权的有无和保护范围的大小，所以专利复审委员会在审理该项争议时，应是民事争议的裁判者而不是行政审批的审批者。❶ 在实务上在无效宣告案件的行政诉讼中却是将居间裁判专利复审委员会列为被告，因而常造成诉讼上的不经济，因为审理无效宣告案件与专利复审委员会并无利益关系。❷ 虽然在 2000 年《专利法》修正中已增加第三人参加诉讼的相关规定，但实际运作上反而使案件更加复杂，既不利于保护权利人亦不利于保护公益。如 1999 年 6 月 14 日，青岛某印染公司向专利复审委员会对淦航公司的"将不渗透的介质浸渍到织物上的方法和装置"发明提出无效宣告请求，专利复审委员会于 2001 年 9 月 6 日作出维持本专利有效的审查决定，印染公司不服该决定，以专利复审委员会为被告及淦航公司为第三人，向法院起诉，一审法院判决撤销该无效审查决定。淦航公司则提出上诉，然而在一审为被告的专利复审委员会虽未上诉，但在二审中明确表示一审判决认定事实有误，请求法院撤销该判决，因而在二审法院一开始就在"谁是本案的被上诉人"上产生不同意见：第一种观点认为本案没有被上诉人，专利复审委员会和印染公司均应按原地位列明；第二种观点认为应将专利复审委员会列为被上诉人，印染公司按原审地位列明；第三种观点认为应将专利复审委员会及印染公司均列为被上诉人；第四种观点则认为将印染公司列为被上诉人，专利复审委员会可按原审地位列明。最终决定采用第四种观点，因为原审第三人淦航公司的上诉目的是希望二审法院驳回原审原告的诉讼请求，因此，在二审中实质对抗是原审原告和第三人，故应将原审原告列为被上诉人，而专利复审委员会与上诉人并无实质的对抗关系，故按原审地位列

---

❶ 董巍 . 议有关专利无效宣告请求审查决定的行政诉讼［M］//专利法研究（2001）. 北京：知识产权出版社，2002：88.

❷ 张献勇，闫文锋 . 专利复审委员会的诉讼地位［J］. 知识产权，2005（5）：50.

明。❶ 从该案例可知，由于专利权无效宣告请求审查决定提起的行政诉讼中，当事人之间的法律关系和法律地位并未厘清，法院在审理这类案件时除了增加复杂度外亦常无所适从。

另外，还有行政诉讼判决是否可撤销决定案件一并作出的具体行政决定的问题。在实务上目前行政判决仅对具体行政行为是否合法作出评判，不直接决定当事人在行政法上的权利义务。依据《行政诉讼法》第 54 条所规定的行政诉讼判决种类和内容分为四种：维持判决、撤销判决、履行判决与变更判决。而目前专利案件在实务上，如法院作出撤销判决决定大多是撤销国家知识产权局专利复审委员会决定，并由专利复审委员会重新作出审查决定，而变更判决的部分亦仅限于显失公正的行政处罚行为；是故对于人民法院能否直接判决变更行政机关的行为，向来亦是学界争论的焦点，有学者认为如果赋予法院变更权，将会造成审判权对行政权的侵害，导致司法机关取代行政机关行使职权，亦有学者认为人民法院处理行政纠纷过程中变更行政机关的错误决定，是运用审判权对行政权的一种有效制约。目前行政诉讼除了无法直接作出实质判决外，延伸出的另一问题是行政诉讼时可不可以超出行政决定涉及的内容，针对实体问题作出独立的裁决。目前实务上在复审阶段是可以修改专利范围的，但是仅限于消除驳回决定或复审通知书指出的缺陷，而法院阶段则不行，因法院仅仅是审查复审决定和无效决定的内容。

三、侵权诉讼中止审理的高成本

我国民事诉讼制度秉承大陆法系传统，并不采取陪审制、搜证程序及马克曼听证等制度。相较之下，我国的证据搜集及证据保全的范围相对较窄，当事人搜集证据的管道受限制，法院亦无界定专利范围及公开心证的程序。程序保障上有所不足，当事人对裁判结果难以预期，容易感觉遭到

---

❶ 岑宏宇. 此案谁是被上诉人 [EB/OL]. [2019-09-25]. http://www.chinacourt.org/html/article/200212/20/26929.shtml.

法院的突袭，因而难以信赖法院。另外，法官欠缺专利素养及法院过度依赖鉴定意见，均为法院专业性不足的问题。因专利权诉讼通常具有科技专业知识及高度产业竞争的特质，尤以专利侵权案件为最，而我国法官养成制度，纯粹以法律学科为专业，较少修习科技知识，对于专利权产业现状亦不熟悉，且因案件分散由各法院管辖，法官不易累积审判经验。从而在具体个案的审理上，要掌握专利诉讼的争点，已经十分吃力，对于督促当事人及律师善尽其举证责任或协力义务亦有力不从心。由于对高度技术专业知识掌握不足，因而法院在处理专利侵权案件时，多依赖鉴定报告。即有观点认为我国法院实务长期由法官职权主导诉讼程序，对于证据的证据能力要求很低，以致过度仰赖及误用鉴定报告，而现实世界并无所谓客观中立的鉴定机构，且在机构的隔离掩护下，程序上无法对真正的鉴定人作交互诘问，容易产生违反伦理与专业的问题，且专利争议极为专业，不可能有机构能进行一切鉴定，有实务中许多机构往往根据当事人的需要来出具鉴定报告。❶

我国采行公私法二元诉讼体制，法院诉讼制度设有民事诉讼及行政诉讼两个系统。专利侵权诉讼中法院针对专利有效性问题一般是以中止审理为原则，法院并无对专利有效性问题予以判定的权限。❷ 基于专利无效宣告程序通常拖延甚久，被告在专利侵权诉讼中多利用提起专利无效宣告的手段，以延滞诉讼的进行，成为亟须解决的严重问题，因这种程序比较复杂、周期较长，直接影响相关专利侵权案件的审理，提起无效抗辩的情况占专利侵权案件的 50% 左右。❸ 实践中因专利权被请求宣告无效而中止诉讼，因等待无效审理结果常常导致侵权案件久拖不决。由于专利无效案件采用行政诉讼模式，复审委是居间裁决但也必须作无效案件的被告，而且

---

❶ 赵吉军，范杰．目前专利诉讼中鉴定制度的缺陷及其完善［M］//专利法研究（2004）．北京：知识产权出版社，2005：34.

❷ 姚兵兵．再谈专利侵权诉讼中止问题——以南京中院为实例［M］//专利法研究（2006）．北京：知识产权出版社，2007：91.

❸ 余翔，赵振．专利侵权诉讼中反诉专利权无效与中止诉讼——日本知识产权诉讼制度改革及其对我国的启示［J］．电子知识产权，2007（6）：55.

每年要三四百次出庭应诉，对方当事人还必须作为第三人参加诉讼，造成诉讼关系复杂，浪费行政和司法资源。❶ 这无疑是对专利权人保护不力，也会损及我国的产业竞争力。

TRIPS 协议第三篇第 1 节"一般义务"仅有第 41 条一个条文，其第 1 项首先即要求各会员应确保该篇所确定的执行程序于其国内法律有所规定，以便对于侵害知识产权的行为，采取有效的行动，这包括迅速救济措施以防止侵害行为及遏阻进一步侵害行为的救济措施，但该程序仍应避免对合法贸易造成障碍，并应提供防护措施以防止其滥用。❷ 同条第 2 项则规定有关知识产权的执行程序应公平且合理，不应无谓地烦琐或过于耗费，或予以不合理的时限或任意的迟延。❸ TRIPS 协议除要求程序迅速简要外，亦强调相对应给予当事人充足的程序保障，同条第 3 项规定，就案件实体内容所作的决定应尽可能以书面为之，并载明理由，且应使涉案当事人均能迅速取得该书面判决前述决定所依据的证据，则应给予当事人答辩的机会。作为 WTO 成员方，我国应该符合 TRIPS 协议中有关知识产权司法程序应遵守的重要原则。当前专利诉讼中法院的专业性不足，以及因为中止审理而造成的诉讼久拖不决显然是与 TRIPS 协议的要求相去甚远。

---

❶ 罗东川.《专利法》第三次修改未能解决的专利无效程序简化问题 [J]. 电子知识产权，2009（5）：17.

❷ Trips Article 41 (1).

❸ Trips Article 41 (2).

第五章　专利权无效判定模式的比较

第一节　美国专利权无效判定模式

一、专利权无效的行政路径

美国专利法在 1980 年以前除了诉讼途径以外，并无其他替代方式可用来质疑已有的专利的效力。执行专利权的高额成本使美国认识到应该创设由 USPTO 审查专利权效力的行政机制，才有 1980 年修正专利法时，创设单方再审查制度。[❶] 再审查制度的立法目的在于创设行政上的制度以审查效力有疑问的专利，以加强投资人对于专利有效性的信心。[❷] 再审查制度的创设，预期至少有三项优点：第一，与诉讼途径相比，再审查制度能更迅速且更低成本地解决专利有效性争议；第二，再审查制度允许法院将专利有效性问题提交给 USPTO 的专家处理，法院也可获取更多 USPTO 专家对于先前技术的意见；第三，再审查制度借助提供 USPTO 再次审视有效性有疑问的专利，以纠正在审查专利申请案可能犯下的错误，能有效增加投

---

❶　Marvin Motsenbocker. Proposal to Change the Patent Reexamination Statute to Eliminate Unnecessary Litigation [J]. J. Marshall L. Rev. , 1994 (27): 887.

❷　Greg H. Gardella, Emily A. Berger. United States Reexamination Procedures: Recent Trends, Strategies and Impact on Patent Practice [J]. J. Marshall Rev. Intell. Prop. L. , 2009 (8): 381.

资人对专利效力的信心。❶ 基于上述重大公共利益的考虑，法院认为于再审查法制生效前所核发而仍然有效的专利亦得回溯适用再审查制度的立法，并未违反宪法第五增修条文正当法律程序、第七增修条文受陪审团陪审之权及受宪法第三条法院审判的权利。法院认为专利权属于公共权利的一种，而与公共权利有关的案件，由法院或行政部门审理均不违反宪法，且与陪审团陪审的权利无涉。❷ 1980 年所引入的再审查制度在实务运作上并未达到预期的效果，因此 1999 年修法时新增"选择性双方再审查"的程序，增加了申请人参与程序的机会；并提供其对 USPTO 决定不服的救济管道，同时将第三十章的再审查制度更名为"单方再审查"，自此确立再审查的两种模式，而双方再审查制度于 1999 年 11 月 29 日生效，其不具溯及效力，仅适用于已核发的专利，其申请日在该生效日当日及其后者。❸ 2011 年 9 月 16 日《美国发明法案》（AIA）签署后，专利主管机关对专利权效力的认定采取以下几种方式：单方再审查制度、当事人双方复审制度（取代了选择性双方再审查）以及授予后复审制度。鉴于单方再审查制度历史最悠久，且授予后复审制度、当事人双方复审制度等与单方再审查制度多有共通之处，本书侧重阐述单方再审查制度。

（一）单方再审查制度

单方再审查制度，是指在专利权有效期间，任何人包括专利权人均可以向 USPTO 提起启动单方再审查的请求。单方再审查制度强调公益性目的，任何人都可以为了公共利益对专利权的有效性提出质疑，申请 USPTO 对专利权的再审查。再审查程序启动以后，无法放弃或撤回该程序，该申请人也无法继续参与到后续的审查中，完全由 USPTO 依职权对专利权效力

❶ Betsy Johnson. Plugging the Holes in the Ex Parte Reexamination Statute: Preventing a Second Biteat the Apple for a Patent Infringer [J]. CATH. U. L., 2005（305）: 314.

❷ Joy Technologies, Inc. v. Manbeck. 959 F. 2d 226,（Fed. Cir. 1989）.

❸ J. Steven Baughman. Reexamining Reexaminations: A Fresh Look at the Ex Parte and Inter Partes Mechanism for Reviewing Issued Patents [J]. J. Pat. & Trademark Off. Soc'Y, 2007（89）: 349.

进行审查。单方再审查制度不会对当事人产生禁反言的效力，申请人依然可以依据相同的证据和理由向法院提起诉讼，由法院对专利权效力进行判断。专利权人对通过单方再审查程序作出的专利权有效或者无效的决定不服的，可以向新设立的专利审判及上诉部申请复审。对于专利审判及上诉部所作出的复审决定仍不服的，专利权人可以到联邦巡回上诉法院提起诉讼。

1. 先前技术的引用

由于单方再审查程序的请求是以他人引用的先前技术为基础，故先需说明先前技术引用的程序。依照美国专利法的规定，任何人只要认为某项先前技术与某项专利的任何一项权利请求的可专利性有关，就可在任何时间以书面形式引用由专利或印刷刊物所组成的先前技术，如果该人以书面形式解释了该项先前技术与专利中至少一项权利请求的相关性及方式时，该项引用及其说明将成为该项专利官方档案的一部分。在引用先前技术的书面材料中，该第三人的身份将被排除并加以保密。❶ 如果专利权人为引用人时，其解释必须包括其权利请求与先前技术不同之处。❷ 该项解释及先前技术原则上应列入专利的官方档案，但是有例外，当专利权人或单方再审查请求人根据相关规定引用先前技术时，即必须进入再审查程序的再审查档案。此时在 USPTO 核发开启再审查程序的命令后，由专利权人以外的第三人或单方再审查请求人，根据相关规定所引用的先前技术必须待再审查程序完成并核发或公布凭证后才列入专利官方档案。❸ 此例外规定的目的在于防止再审查程序的迟延。

美国专利法对于引用先前技术的主体并无任何限制，法条上所规定的是"任何人"，因此专利权人及公众中的任何成员，均可向 USPTO 引用组成专利或印刷刊物的先前技术。❹ 所谓任何人，包括政府机关及公司，无

---

❶ 35 U. S. C. § 301（2006）.

❷ 37 C. F. R. § 1. 501（a）（2009）.

❸ 37 C. F. R. § 1. 502（2009）.

❹ M. P. E. P. § 2203（2012）.

论是专利权人、被授权人、再审查请求人均包括在内，亦不问其与专利权人或再审查请求人是否有利害关系，当然亦无须证明其有任何利害关系。依照法条的规定，在引用先前技术的书面材料中，该第三人的身份将被排除并加以保密。❶ 因此，只要引用先前技术之人希望身份保密，专利档案及引用先前技术的书面均不得记载引用者的身份，该人亦无须提出任何身份识别证明。其目的是避免专利权人的竞争者不敢引用先前技术，因为一旦身份曝光则会引起专利权人的注意，可能因此提起专利侵权行为之诉，供应者、消费者、被授权人及受雇人均可能希望身份保密。请求人期待在公开档案中，排除其身份的，由于将来仍会有书面记录数据，因此希望身份保密的请求人最好在任何书面文件上都不要记载其身份识别。但是应注意的是，专利审查人员不得主动将任何先前技术列入专利官方档案，专利审查员担负决定发明是否具备可专利性的责任，在其专利审查过程以外不宜做出任何可能导致外界认为某项发明不具可专利性的行为。

美国专利法对于引用先前技术，此前并未进行相关时间限制，但在2012年之后，这一时期已被规则［37 CFR 1.510（a）］定义为"在专利的可执行期间的任何时间"。可执行性的期限通常是专利期限加上6年的长度，根据诉讼时效提起侵权诉讼。此外，如果在诉讼时效期间提起诉讼，则可以在诉讼时效期满后提交，只要该专利仍然可以对某人强制执行。虽然可以在专利的可执行期限内的任何时间提交，但在任何重新审查命令发布之后提交的文件将不会被记入专利文件，直到待审复审程序结束［37 CFR）1.510（c）中］，以此来防止由于复审程序期间频繁提交现有技术引用而对专利权人产生的骚扰。

美国专利法对于可引用的先前技术内容有所限制，其必须是专利或印刷刊物所组成的书面先前技术，❷ 因此不是文件性来源的数据，如先前已经为人所知、在美国发明或使用的事实或构成法定限制的事由等，都是不

---

❶ 根据37 CFR 1.510提交复审请求时，希望保持匿名的真实利益方可以通过利用注册从业者的服务来做到这一点。

❷ M.P.E.P. § 2205（2008）.

可引用的先前技术。依照《美国专利法》第 301 条的规定，引用的先前技术的内容必须包含此项先前技术与该专利的相关性、适用性及其认为该项先前技术与该专利的可专利性有关的原因。❶ 专利权人就某项先前技术与其专利有何种差异的解释亦包括在内，然而不包括其他不属于"专利或印刷刊物书面先前技术方面的争议"，例如申请专利范围违反《美国专利法》第 112 条的陈述、系争发明经公开使用的陈述或与专利权人行为有关的陈述等。❷

2. 单方再审查的要件

依《美国专利法》第 302 条的规定，❸ 任何人得于任何时间以依第 301 条所引用的先前技术为基础，向 USPTO 请求单方再审查。此项请求必须以书面为之，并缴纳由 USPTO 依专利法所规定的费用。请求人必须提出所引用的先前技术应用于再审查所请求对象每个申请专利范围的相关性及方法。除非请求人为专利权人，否则局长应立即将请求副本送交记录中的专利权人。另依照《美国专利法》第 304 条的规定，局长于再审查的请求后 3 个月内必须审查该项请求案是否有提出足以影响任何一项权利要求的"实质新的可专利性问题"（Substantial New Question of Patentability），如果符合要求局长会下达受理的命令开启单方再审查程序。❹

（1）程序要件。

符合单方再审查所规定的所有程序要件之日即为再审查的请求日。❺ 程序要件包括请求人、请求时间、请求费用及请求内容等问题。关于请求人，依照《美国专利法》第 302 条及联邦规则的相关规定，均未对请求单方再审查的主体作任何限制。其与引用先前技术的主体相同，公司或政府机关亦包括在内。此外，请求单方再审查的主体并不须为引用先前技术的

---

❶　M. P. E. P. § 2205（2008）.

❷　M. P. E. P. § 2210（2012）.

❸　35 U. S. C. § 302（2006）.

❹　M. P. E. P. § 2216（2008）.

❺　37 C. F. R. § 1. 510（d）（2009）.

主体，亦不需要阐释其与系争专利的有效性有何种特别的利益关系。专利权人亦可为请求人，但此时可专利性问题的争议必须限制在与组成专利或印刷刊物有关的先前技术上。如果专利权人希望 USPTO 审查范围更大的可专利性问题，包括是否经公开使用、公开销售等问题，则其必须提起再核发程序。AIA 后单方再审查程序的请求人可以是任何人，既可以是公司、政府组织，也可以是个人，可以包括专利权人、被许可人、再审请求人等，请求人可以申请保密身份。❶ 此外，即便该请求人为诉讼中当事人、和解当事人或专利有效判决的对方当事人，USPTO 与法院仍准许其提起单方再审查。在 Joy Manufacturing Co. v. National Mine Service Co. 案❷中，法院认定和解协议中约定不得以诉讼质疑专利有效性者，当事人提起单方再审查并不违反和解协议，故再审查程序与民事诉讼程序迥然不同，因此法院认为无法以颁发禁令的方式禁止当事人提起再审查，USPTO 开始再审查的决定不受司法审查，而针对对方当事人的禁令对于再审查程序亦不受影响，对方当事人在再审查程序中并无任何参与的权利。单方再审查程序除基于请求外，USPTO 局长亦可基于职权开启再审查程序，无须基于任何人的请求，依照《美国专利法》第 303 条（a）项的规定，局长得于任何时间基于职权决定其所发现的专利或印刷刊物或依照第 301 条所引用的先前技术，是否导致某项专利产生重要且新颖的可专利性问题。❸

关于请求时间，依照法律条文的规定，提起单方再审查可在任何时间。然而在此与引用先前技术的时间点相同，指的是在专利的可实施期间的任何一个时间点。此规定是由 USPTO 所为，因为 USPTO 认为国会并无意对已经无法执行的专利付出资源以决定专利是否有效。❹ 而当专利期间终止后，除非在法律限定期间已经提起专利侵权诉讼，此时由于专利仍处于对某人是可执行的状态，故例外得对其提起单方再审查，否则应以专利的有

---

❶ M. P. E. P. § 2203（2012）.

❷ Joy Manufacturing Co. v. National Mine Service Co., 810 F. 2d 1127（Fed. Cir. 1987）.

❸ 37 C. F. R. § 1. 520（2009）.

❹ M. P. E. P. § 2211（2008）.

效期间为准。当在诉讼中，专利有效性亦同时发生争议的情况下，法律并未明文规定法院是否应该基于新发现的先前技术，鼓励或要求专利权人或涉嫌侵权人提起再审查。至于法院是否有权暂时停止诉讼以等待审理中的再审查程序，法律亦未明文规定。实务上，法院亦知其有停止诉讼的固有权利，在 Soft view Computer Products Corp. v. Haworth Inc. 案❶中，法院指出虽然再审查程序中并未规定就同一权利请求同时有诉讼及再审查程序时，诉讼程序自动停止，但地方法院有固有权可停止诉讼程序等待再审查程序的结果；在 Xerox Corp. v. 3Com Corp. 案❷中，法院认为地方法院本有管理及控制其案件的固有权力，其中即包含裁定诉讼停止以等待 USPTO 受理中再审查程序的结果，但其亦强调法院有裁量权。❸ 法院在判断是否停止诉讼程序时，通常会考虑诉讼进行的程度以及再审查结果可否解决案件争议来决定之。若在诉讼初始阶段，尚未进行实质的发现程序及准备程序前，法院较可能同意停止；若诉讼已经进行一段时间，为避免诉讼的迟延，法院较倾向于不停止。另外，法院若认为再审查程序可以解决或实质地简化诉讼争议，亦较有可能停止诉讼程序，反之在诉讼本身有许多再审查程序无法解决的争议时，则倾向不停止诉讼程序。

　　提起单方再审查，其必须包含以下内容：第一，陈述基于先前技术对系争专利构成重要且新颖的可专利性问题，❹ 此项陈述必须明白指出请求人认为基于某项先前技术，对于系争专利构成重要且新颖的可专利性问题，而有必要通过单方再审查程序予以判断，其中先前技术必须列在法定表格上。❺ 第二，必须明确各个请求再审查的权利请求项，并解释先前技术与引用至各个权利请求项的关联性及方法为何，在适当的情形下，请求人亦需说明专利权范围与先前技术的差异何在。❻ 第三，在前两项所提到的专

---

❶　56 U. S. P. Q. 2d 1633 （S. D. N. Y. 2000）.

❷　69 F. Supp. 2d 404 （W. D. N. Y. 1999）.

❸　Whatley v. Nike Inc. , 54 U. S. P. Q. 2d 1224, 1225 （D. Ore. 2000）.

❹　37 C. F. R. § 1. 510 （b）（1）（2009）.

❺　M. P. E. P. § 2214 （2008）.

❻　37 C. F. R. § 1. 510 （b）（2）（2009）.

利及印刷刊物的复印件中，对于非英文的专利及印刷刊物需附上英文译本。❶ 第四，请求单方再审查的目标专利的复印件，包含专利正面、图式及特定权利请求项等。❷ 第五，不是由专利权人提起的请求，需提出已将请求的复印件送达专利记录所载专利权人住址的证明，若无法送达应将副本提供给 USPTO。❸ 此外，请求单方再审查必须缴纳费用，❹ 若请求人未符合上述要求或未缴纳费用者，USPTO 需发通知给请求人并限期补正，若请求人未依此项通知补正者，USPTO 不会同意给予申请日，此时若第三人请求单方再审查时所提出的先前技术，符合引用先前技术要件的情形者，US-PTO 会将先前技术列入专利的官方档案。

（2）实体要件。

依照《美国专利法》第 303 条（a）项的规定，USPTO 必须于单方再审查请求后 3 个月内审查请求人是否有提出影响专利范围可专利性的"重要且新颖的问题"。❺ 请求人在请求时即必须提出基于组成专利或印刷刊物的先前技术对专利造成可专利性重要且新颖的问题。若此项要件符合，亦即 USPTO 决定重要且新颖的问题存在者，其会依照《美国专利法》第 304 条核发命令开启单方再审查程序以解决该项问题。USPTO 决定是否存在重要且新颖的可专利性问题的标准为何？法律并无明确定义，必须借助在个案中所归纳出来的标准进行判断。❻ 一般而言，只要 USPTO 认定有"重要"的可专利性问题，即可推定此项问题为"新颖"，除非该项问题已经通过下列程序作出决定：①专利已经终审判决无效，在此指所有上诉程序已用尽的情形；②USPTO 在之前的审查程序已作出决定，或有再审查程序正在进行中。而所谓"之前的审查程序"包含三种情形：第一是专利申请

---

❶ 37 C. F. R. § 1. 510（b）（3）（2009）.

❷ 37 C. F. R. § 1. 510（b）（4）（2009）.

❸ 37 C. F. R. § 1. 510（b）（5）（2009）.

❹ 37 C. F. R. § 2216（2008）；§ 1. 510（c）（2009）.

❺ 37 C. F. R. § 1. 510（b）（1）（2009）.

❻ M. P. E. P. § 2242（2008）.

案中的审查且最终 USPTO 核发专利；第二是专利再核发程序中的审查且最终导致再核发专利；第三是再审查程序的审查并已作出决定。因此，只要以一个合理的审查人员认为基于某项先前技术可能对认定某项权利请求是否具备可专利性具有重要性，而该项问题又未经法院的终审程序作出决定，亦未经 USPTO 相关程序审查者，即可认定重要且新颖的可专利性问题存在，并不要求必须存在不具备专利性的表面证据。

在决定是否有影响专利范围可专利性的重要且新颖的问题时，USPTO 可能会基于请求人所引用先前技术以外构成专利或印刷刊物的先前技术，❶ 但其不可基于其他诸如公开使用、公开销售、真正发明人或专利权人的行为等事项。❷ 之所以要求必须提出重要且新颖的可专利性问题，乃是在保护专利权人，以避免其必须响应或参与不正当的再审查程序，并且避免重复提起任何已经过 USPTO 审酌的争议。因此，过去认为所谓重要且新颖的可专利性问题通常会发生在下列两种情形：一是未经 USPTO 审酌的先前技术，在此包括 USPTO 未于专利申请程序、再核发程序及过去再审查程序审查者；二是该项先前技术与之前审酌的先前技术相比较，实质上并不相同，在 In re Portola Packaging 案，❸ CAFC 亦指出只要是基于专利权人在申请专利的审查程序中曾经递交的先前技术提起再审查者，重要且新颖的可专利性问题不存在，再审查程序不应被准许。因此，在 USPTO 基于实质上相同的先前技术已经判断权利请求为有效者，此时就不能说是"新"的问题。然而在 1984 年 Ex Parte Chicago Rawhide Mfg. Co. 案，❹ 则认为即使是经过 USPTO 审酌的先前技术，只要对该先前技术基于新的解释，则仍得为再审查之目标。此见解后来 2002 年专利法修正时被采纳，并明确推翻前述 In re Portola Packaging 案。依照《美国专利法》第 303 条（a）项的规定，即使是曾经引用或经 USPTO 审酌的专利或印刷刊物，仍不可被排除其有重要且

---

❶　37 C. F. R. § 1. 515 （a）（2009）.

❷　M. P. E. P. § 2217 （2012）.

❸　In re Portola Packaging, Inc. , 110 F. 3d 786 （Fed. Cir. 1997）.

❹　Ex Parte Chicago Rawhide Mfg. Co. , 223 U. S. P. Q. 351 （Bd. Pat. App. 1984）.

新颖的可专利问题的可能性。❶ 因此，过去对于重要且新颖的可专利性问题的认定亦随之被推翻。❷ 2002 年新法生效施行后，❸ 即使已经由 USPTO 审酌的先前技术，仍有可能使专利产生重要且新颖的可专利性问题，但其必须限制在该项先前技术与先前的审查程序相较下，以新的观点或不同的方式提出，或在请求中提出新的争议点与解释。此项规定于 2002 年 11 月 2 日生效，并不具溯及效力。

过去 USPTO 也曾认为只要有任何一个联邦法院基于相同的先前技术维持某一专利权利请求的有效性时，即不应同意开始再审查程序。但是 USPTO 如今的政策已有所改变，其认为即便在法院基于与构成再审查的基础相同的先前技术，维持某项申请专利范围的有效性时，仍可能产生重要且新颖的可专利性问题。USPTO 对于法院所认定的事实必须加以尊重，但就可专利性问题，USPTO 可本于其应适用的标准进行独立决定。另依照《美国专利法》第 303 条（c）项的规定，USPTO 局长对于是否具备重要且新颖的可专利性问题的决定为最终的决定。❹ 在由专利权人以外的人请求再审查时，在 USPTO 认定重要且新颖的可专利性问题存在之前，专利权人均无须作出任何陈述或回复，联邦巡回法院曾经指出，禁止专利权人在决定是否开启再审查程序的参与，属国会授予 USPTO 实行再审查程序时的权限，且其并不违反宪法正当法律程序的要求；然而 USPTO 为解决有效性有疑虑的专利，因此倾向同意再审查程序者，即有违反宪法保障专利权人免受侵扰的旨意。❺ 从 USPTO 的实务运作观察，几乎每个单方再审查在实质要件的判断上，审查人员均会认定重要且新颖的可专利性问题存在。❻ 从而，有学者即指出 USPTO 在实务上对于重要且新颖的可专利性问题认定过

---

❶ 35 U. S. C. § 303 (a) (2006).

❷ M. P. E. P. § 2216 (2012).

❸ Patent and trademark office authorization act of 2002.

❹ 37 C. F. R. § 1. 515 (c) (2009).

❺ Patlex Corp. v. Mossinghoff, 771 F. 2d 480, 485–486 (Fed. Cir. 1985).

❻ Frederick C. Williams. Giving Inter Partes Patent Reexamination a Chance to Work ［J］. AIPLA Q. J. , 2004 (32)：265.

于模糊与宽松，且审查人员多认为宁可错误地开启再审查程序，亦不愿使应开启再审查程序的请求被排除在外，其结果导致审查人员几乎成为请求人的橡皮图章，而再审查以具备重要且新颖的可专利性问题为实体要件，来避免专利权人遭到不必要侵扰的立法目的显得毫无意义。❶

3. 单方再审查受理及程序

（1）单方再审查的受理。

在符合程序要件并经 USPTO 决定具备重要且新颖的可专利性问题存在时，USPTO 局长即会核发受理再审查的命令以开启再审查的程序解决此项问题。USPTO 局长依据《美国专利法》第 303 条（a）项的规定，作出影响可专利性的重要且新颖的问题存在的决定时，该决定会包含解决该项问题的再审查命令。❷ 此项决定会记载于专利的官方档案上，并将副本送达记录上的专利权人及请求人，并将在专利公报上公布，其具有推定通知的效力，再审查程序因而开始进行。决定是否受理单方再审查，审查人员并不需要判断专利权权利请求是否应该撤销，亦不需对此陈述意见，其只需判断是否具备重要且新颖的可专利性问题即可。❸ 此项决定会以法定表格记载，同时要求专利权人限期陈述或回复，并送达专利权人。审查人员认定重要且新颖的可专利性问题存在，USPTO 局长依此作出开始再审查程序的命令，该项命令不受司法审查，无论是专利权人或请求人均不可再申请或要求重新考虑重要且新颖的可专利性问题存在的决定。但是当 USPTO 局长超越其权限作出受理再审查程序的命令时，专利权人或请求人则可向局长申请撤销该项命令，❹ 此时 USPTO 并无作出再审查决定的裁量权，因此符合联邦规则在"合适的情况"下，可申请局长撤销该项命令的规定。❺

---

❶　Kristen Jakobsen Osenga. Rethinking Reexamination Reform: Is It Time for Corrective Surgery, or Is It Time to Amputate [J]. Fordham Intell. Prop. Media & Ent L. J., 2003（14）: 217.

❷　37 C. F. R. § 1. 525（a）（2009）.

❸　M. P. E. P. § 2246（2012）.

❹　37 C. F. R. § 1. 181（a）（2009）.

❺　M. P. E. P. § 2246（2012）.

而联邦规则所谓"合适的情况"包括：一是再审查程序的命令不是基于先前专利技术或印刷刊物；二是所有专利权利请求项已用尽上诉管道，经联邦法院判决无效确定；三是再审查程序的命令针对的是错误的专利；四是再审查命令是基于重复的请求而核发的；五是再审查程序的可专利性问题在此前的审查程序里已经作出结论。

当审查人员认定重要且新颖的可专利性问题不存在时，再审查的请求将被拒绝。拒绝再审查请求的，必须说明所引用的先前技术为何构成下列事项：❶ 与之前已作出结论的再审查程序具有相同学说基础的技术；无法适用于该项专利权权利请求；合理的审查人员认为该项先前技术并不构成重要且新颖的可专利性问题；所引用的先前技术之前已经列入专利档案，而 USPTO 在之前的再审查程序就相同的可专利性问题亦已加以审酌。❷ 在此项决定中，专利审查人员必须就请求人所提出的争议一一回复，若请求人所提出的问题非基于组成专利或印刷刊物的先前技术者，审查人员必须说明其不属于适合再审查的基础，因此不会作任何考量和评论。对于审查人员拒绝再审查请求的决定，请求人可在决定书面寄发之日起一个月内向局长申请复查，若未在规定期限内申请复查或拒绝申请的理由是因为重要且新颖的可专利性问题是不存在的，该项决定即确定。

（2）单方再审查的程序。

局长作出受理的决定并核发命令后，再审查程序即开始进行。在单方再审查程序中，专利权人需进行陈述，请求人对专利权人的陈述应予以回复。作出认定重要且新颖的可专利性问题存在的决定后，USPTO 会将其副本送达专利权人供其限期陈述意见。❸ 该项期间依照法律的规定，自决定书寄发之日起两个月以上的合理期间。除专利权人请求单方再审查并同时提出修改专利范围的情形外，在再审查决定书及命令之前，其均无任何权利提出陈述或任何回复。由于 USPTO 会在决定书的副本内同时记载合理期

---

❶　M. P. E. P. § 2247（2012）.

❷　M. P. E. P. § 2242（2012）.

❸　35 U. S. C. § 304（2006）.

间供专利权人提出其陈述，因此所定不少于两个月之合理期间，依联邦规则及 USPTO 所颁布的专利审查程序手册，是从命令之日起算。而专利权人依此所为的陈述，包括对可专利性的争议提出意见、专利权范围的修改、增加新的专利范围或提出在单方再审查中并案审查专利范围。在必要的情形下，专利权人可申请延长此项期间。专利权人所为的陈述必须清楚说明为何该专利范围与所引用的先前技术相比较，并不是可以预期的或是具备非显而易见性而符合专利要件，且专利权人为此陈述时，可单独或合并相关专利权范围加以说明。如果单方再审查是由专利权人以外的人请求的，此时专利权人的陈述副本需送达请求人。专利权人依规定陈述后，必须将副本提供给请求人，从提供之日起两个月内，请求人可对专利权人的任何陈述提出回复，此项回复将会在单方再审查程序中予以审酌，而此项回复的副本亦会立即提供给专利权人，而若专利权人未为任何陈述的，请求人即不可提出回复，即使其提出，USPTO 对于其所为的任何回复也不会在再审查程序中加以审酌。❶ 另外，由于专利法明确规定请求人的回复期间是从提供副本之日起两个月的时间，因此不可延长。请求人所为的回复并不限于专利权人陈述所提及的争议，其可另提出其他先前技术及任何适合单方再审查审理的争议。在请求人回复后，其不可再提出任何书面资料，即使其提出，USPTO 也不会在单方再审查程序中考虑。

在专利权人陈述请求人回复后，单方再审查程序会依照《美国专利法》第 132 条及第 133 条的最初专利申请的审查程序进行。❷ 依照《美国专利法》第 132 条的规定，在审查程序中任何时间有专利权利请求项被驳回或有任何要求的，局长会通知专利权人，并告知其驳回、不许可及要求的理由并且附上在调查程序中有用的相关信息，若专利权人在收到此项通知后仍坚持其原申请的专利范围而未作任何修正的，必须就该申请加以审查。对于专利申请的修正不可增加已揭露发明以外的目标。第 133 条则规

---

❶　37 C. F. R. § 1. 535（2009）.

❷　Eric B. Chen. Applying the Lessons of Re-Examination to Strengthen Patent Post-Grant Opposition［J］. Comp. L. Rev. & Tech. J. , 2006（10）：193.

定，如果申请人在通知寄发后 6 个月内，或未依照局长在通知内所定不少于 30 日的时间对 USPTO 所为的通知继续进行程序的，则此项申请案将被视为放弃，除非其向局长证明有不可避免的原因。不过，在单方再审查程序与最初的申请程序及再核发程序不同，并不适用"放弃"的规定，所有的单方再审查程序都会以核发凭证来终结程序。关于单方再审查的审查程序，与专利申请案的审查程序相同，审查人员在单方再审查的调查程序中必须对所有与系争发明有关的先前技术为全然的研究与调查。程序中审查人员所为的任何决定都必须通知专利权人及请求人，审查人员所为的不利决定及反对决定的理由均必须记载在正式决定中并寄予专利权人，供其判断是否继续进行单方再审查的调查程序。若审查人员发现有任何不应授予专利的情形会作出拒绝的决定。在此项最初的审查程序后，若该项决定中有任何对专利权人不利的，专利权人欲继续进行再审查程序，则其必须有所回应并同时要求再次审酌或进一步的审查。❶ 在此项最初审查中，审查人员应确定其争议之所在，在单方再审查开始的命令核发时，即会分别给予专利权人及请求人陈述与回复的机会，因此第一次审查决定的目的在于厘清与专利有关的争议为何。在此项第一次的决定中，除应通知专利权人许其有响应的机会外，还必须在通知中包含一项警告声明，警告专利权人必须作完整的陈述，因为下次的决定极可能为最终决定，只有在符合例外规定的情形下才可再次提出答复。❷

如果专利权人要求 USPTO 再次审酌或为更进一步的审查，其必须对正式决定有所回应，而此项回应必须以书面方式进行，并分别清楚并具体地指出审查人员的错误何在，并分别就审查人员拒绝或驳回的每一项基础予以解释说明。对于审查人员的"非最终的决定"回应后，USPTO 审查人员将再次审视系争专利，而同于第一次的审查程序，无论审查人员的决定是驳回专利权利请求，或有任何其他的要求、有利于可专利性的决定的，其仍将通知专利权人，专利权人亦可对此予以回应。在第二次或其后的审查

---

❶　37 C. F. R. § 1. 111 (a) (1) (2009).

❷　M. P. E. P. § 2266 (2012).

或审酌中，审查人员所为的驳回或其他决定，可能为最终的决定，此时专利权人原则上可以回应，仅可对驳回的决定声明不服或在符合例外规定下，修正专利申请权利范围。然而在最终决定后，即便符合例外修正专利范围的规定，单方再审查程序中，若撤销某项专利范围将影响其他在再审查程序审理中的申请专利范围的，仍不被准许。此外，在最终驳回决定或其他最终决定作出后，只要提出完整及足够的理由证明有必要并说明前程序中未提出的原因，仍可提出经宣誓的声明及证据。

单方再审查程序中，专利权人就 USPTO 所为的任何决定，均有 30 日以上的时间加以回应，对 USPTO 的拒绝决定，此项回应包含进一步的陈述、修正或增加新的权利请求，使得其所有专利范围都具备可专利性，其也可通过面谈的方式与审查人员讨论其拒绝决定的法律依据问题。专利权人在单方再审查程序中，专利权人的任何行为可基于足够的原因及合理的理由而延长时间。如果专利权人未提出适时及合适的回应，或在面谈时未依规定提出书面陈述，单方再审查的调查程序将终止，局长将依 USPTO 最后的行为的结论，核发并公布凭证。❶ 若专利权人未适时提出回应，则区分以下情形分别处理：一是如果专利权人可向局长证明其延迟乃是基于无法避免的原因的，则其迟延不会对程序造成任何影响；二是若专利权人回应的迟延不是故意的，则其迟延回应仍可被接受。若专利权人未在规定的时间内，对 USPTO 的决定作适当的回应，则此时单方再审查的调查程序将终止，并由局长核发单方再审查的凭证。

USPTO 在单方再审查程序中会采取与其审查专利申请时相同的标准来判断系争专利是否具备可专利性。此外，虽然单方再审查的目标为已核发的且尚未过期的专利，但是有关专利有效性推定的规定在再审查程序中并不适用。在 1984 年 In re Anderson 案❷中，CAFC 即指出有关专利有效性推定的规定在再审查程序中并不适用，在解决专利有效性疑问的程序中，若仍然作有利于专利有效性的认定，会使得专利法上关于专利有效性推定的

---

❶　37 C. F. R. § 1. 550（d）（2009）.

❷　In re Anderson, 743 F. 2d 1578（Fed. Cir. 1984）.

规定丧失其合法性。此外，在 1985 年 In re Etter 案❶中，CAFC 明白指出专利效力推定在再审查程序中不适用，审查人员在认定系争专利不具备可专利性而无效时，并无须如同诉讼中的推翻专利有效性时所须的明确且具说服力的举证标准。美国专利法对于请求人是否可参与程序并未明确肯定或否定，但是依照《美国专利法》第 305 条，单方再审查的程序是依照《美国专利法》第 132～133 条的规定进行，而依照 USPTO 长期以来的惯例，在专利申请的审查程序中原则上并不提供他人任何参与程序的机会。实务上法院也确认 USPTO 限制单方再审查中第三人参与程序的政策。在 In re Opprecht 案❷中，联邦巡回法院认为单方再审查立法的目的就在于限制第三人参与程序的机会，以达到促进并使程序迅速完成的效果。

在单方再审查程序中，会以所引用的专利或印刷刊物为基础进行审查。但是在单方再审查程序中不得扩大专利权范围。除此之外，单方再审查程序不会审查其他争议，若专利权人或请求人提起此等争议，此项争议将由审查人员在正式决定上予以记录，专利权人可提起再核发的申请以解决此项问题。❸ 单方再审查的命令核发后，审查人员亦可以请求人所未引用的先前技术为基础进行审查，只要其具有适合通过单方再审查程序解决的争议即可，即使是 USPTO 过去已经发现的亦同样处理。❹ 进行中的专利申请只要其文件齐备并取得申请日的，即使尚未在美国或外国取得专利也可作为单方再审查程序中的先前技术，成为其审查基础。

单方再审查程序中，专利权人及其律师、代理人或其他实质上代表专利权人进行程序的人对于 USPTO 必须尽到诚实义务，揭露其所知悉且对于可专利性问题有重要性的一切信息。❺ 只要是关于程序进行的专利权利范围的信息，专利权人及其代表人即负有揭露义务，除非该项权利请求项在

---

❶ In re Etter, 756 F. 2d 852 (Fed. Cir. 1985).
❷ In re Opprecht, 868 F. 2d 1264 (Fed. Cir. 1989).
❸ 37 C. F. R. § 1. 552 (c) (2009).
❹ M. P. E. P. § 2258 (2012).
❺ 37 C. F. R. § 1. 555 (a) (2009).

程序进行中遭到撤销。所谓对于可专利性有重要性的信息，指的是未附加或列入专利官方档案的资料而符合下列情形者：①基于专利或印刷刊物，对于申请专利范围不具备可专利性，构成表面证据的；②对于专利权人反对 USPTO 认为不具备可专利性的争论予以驳斥的；③驳斥专利权人声称具备可专利性的争论。在单方再审查程序中构成所谓不具备可专利性的表面证据，是指 USPTO 在考虑不具备可专利性的证据前，依据 37 C. F. R. § 42. 100（b）规定的"最宽合理解释标准"，将专利权范围扩大到合理程度的最大范围，而认定系争专利不具备可专利性已达到优势证据的程度。

（二）当事人双方复审与专利权授予后复审

当事人双方复审，是取代选择性双方再审查的一个制度，是指在专利授权 9 个月后或者在授予后复审审查结束之后，除专利权人外的其他人均可以向 USPTO 提起专利无效请求。且当事人双方复审程序只能依据《美国专利法》第 102 条规定的新颖性和第 103 条规定的非显而易见性进行专利是否有效的审查。该程序同样需要当事人到专利审判及上诉部提起启动审查的申请，不服当事人双方复审程序作出的专利有效或者无效决定的，同样能上诉至联邦巡回上诉法院。当事人双方复审制度同样适用禁反言原则。尽管美国专利法中专利权无效判定制度已有再审查程序和专利无效诉讼，但是从其制度运用的实际效果来看不尽如人意。再审查程序虽然启动程序的费用较低；举证负担较小，再审查程序仅需达到优势证据即可，不需如诉讼程序需达到明确且具说服力程度，但是再审查程序第三人参与并不够,❶ 证据审酌的范围也较小，仅限于专利或公开刊物，并且再审查程序的无效事由有限，仅包括新颖性及进步性。而诉讼程序虽然在证据范围上包括专利、公开刊物、证人证词或专家证人证词等，并且诉讼程序包含如专利要件、说明书揭露原则及专利申请人适格等广泛内容，通过法院途径撤销专利仍为大多数人的选择，但是诉讼旷日费时，花费巨大，对于许多

---

❶ Mark D. Janis. Rethinking Reexamination：Toward a Viable Administrative Revocation System for U. S. Patent Law［J］. Harv. J. Law & Tech, 1997（11）：1.

人来说难以承受并因此望而却步。

美国国家科学研究院及联邦贸易委员会等一直提出再审查制度的改革建议，❶ 其一是扩大请求人所能提出的专利无效理由，例如揭露要件、据以实施要件，也应扩大现有技术的范围，即除公开刊物外应包含公开使用、公开销售等事由；其二是再审查程序应交由行政法官或其组合的合议庭来进行；其三是为迅速解决纠纷应将审理时限限制在一定期限内，美国国家科学研究院因此建议缩短至 1 年内审理完毕，另建议为减少专利权的不确定性，再审查的请求应该在核准公告后 12 个月内提出。

前述改革建议在自 2005 年以来的一系列专利法改革法案中均有所体现，并在 2011 年通过的《美国发明法》中创设了专利授予后复审制度，即在专利授权 9 个月内，除专利权人之外的任何人均可以向 USPTO 提起专利无效请求。其中可以提起的无效宣告理由规定在修改后的第 282 条（b）（2）、（3），具体为：第 101 条关于保护对象的规定，第 102 条所要求的新颖性，第 103 条的非显而易见性，第 112 条的记载要件但不包括最佳实施例（即不披露最佳实施例已不能成为专利无效的理由）以及第 251 条的再发行。若申请人不能提交证明专利可能被无效的证据，则 USPTO 局长不会启动授予后复审程序，不会对该专利进行效力审查。在启动授予后复审程序，专利权人享有一次机会，对权利要求书进行删除或修改。和单方再审制度一样，授予后复审程序同样需要当事人到 USPTO 专利审判及上诉部申请启动。对授予后复审所确定的专利有效或者无效的决定不服的，当事人还可以起诉至联邦巡回上诉法院。同时，该程序还规定了禁反言原则，即在授予后复审程序中提出的请求专利无效的理由和证据，在民事诉讼中不得以相同的理由和证据请求法院审查专利权的有效性。❷ 此程序所需的时

---

❶ National Academy of Sciences. A Patent System for the 21th Century［R］. 2004；Federal Trade Commission, to Promote Innovation：The Proper Balance of Competition and Patent Law and Policy（2003）［R］.

❷ 杨为国，陈良友. 美国专利改革法案中的授权后异议程序及对我国的启迪［J］. 电子知识产权，2005（11）：45.

间、费用以及其他特征应使其成为一种取代以诉讼解决专利有效性问题的有吸引力的方式。如果能把有效性问题交由授予后复审程序处理，联邦地方法院将可更专注于处理专利侵权问题。授予后复审程序提供以市场导向为基础的方法，把有限的审查资源集中到最重要、最有价值的那些专利的审查评价上，让市场决定哪些专利值得详尽细致地审查。授予后复审程序能及时解决专利效力的不确定性问题，保护专利权人免受侵扰和过分的拖延，比诉讼更经济、更有效，可以有效提高专利质量。从某种程度上讲，美国专利法中的专利授予后复审程序和已有的再审查制度在本质上是相通的。

二、专利权无效的诉讼路径

美国专利无效诉讼可溯及至 1790 年，当时的专利法即已明文规定在专利侵害的诉讼中，被告可以系争专利不符合新颖性要件及充分揭露要件抗辩专利无效，法院可就此加以审理并判决。此项规定被认为是继受自 1623 年英国专卖条例而来。❶ 美国专利无效诉讼制度在 1988 年 Constant v. Advanced Micro-Devices, Inc. 案❷中曾产生过违宪争议，但美国 CAFC 仍肯定其合宪性，其见解并受到联邦最高法院支持。❸ 专利无效诉讼的管辖机关及审理方式与一般专利诉讼（主要为侵权诉讼）大致相同，主要在

---

❶　Sean T. Carnathan. Patent Priority Disputes—A Proposed Re-Definition of "First-to-Invent"［J］. Ala. L. Rev. , 1998（49）：755.

❷　Constant v. Advanced Micro-Devices, Inc. , 848 F. 2d 1560（Fed. Cir. 1988）.

❸　在该案中，原告为专利权人，其对被告提起专利侵权诉讼，被告则以反诉主张原告的专利无效，下级法院作出简易判决并宣告原告的专利无效。原告因此提起上诉，并主张下级法院无权审理专利是否有效，其认为《美国专利法》第 282 条违反《美国联邦宪法》第 1 条第 8 项第 8 款的规定，其主张该条款中"保证"即代表经 USPTO 所核发的专利既然经过"保证"，则其确定有效且不得挑战。但是此见解不为 CAFC 采纳，法院认为上诉人的解释并不正确，自 1790 年第一部专利法以来，即允许法院为专利有效性的司法审查，并经法院在个案中一再承认；且基于公共政策的考虑，仅有完全符合法定要件的发明才可授予专利，欲推动此项公共政策则应准许对于通过 USPTO 单方程序所取得的专利在法院加以挑战。

是否有陪审团审理的权利方面有些许差异。

（一） 管辖法院与审理方式

1. 一审管辖与审理

专利案件依照《美国联邦宪法》第 1 条第 8 项的规定由国会立法，故有关专利的诉讼乃由联邦法院专属审理，❶ 专利侵权诉讼与专利无效诉讼也不例外。专利诉讼一审管辖法院为各联邦地方法院，美国联邦地区法院的分布是依照各州面积大小及人口数量确定的，全美共有 94 个联邦地方法院，每州至少有一个联邦地方法院，而依《美国联邦民事诉讼法》第 1338 条 （a） 项的规定，专利案件由联邦地方法院专属管辖，至于各联邦法院是否为最合适的受理法院，则视被告的住所、公司的主要营业处所、事故发生或侵权行为地是否在该联邦地方法院辖区内来确定。❷

由于联邦民事诉讼法仅就较基础性的程序加以规定，细节的部分则由各联邦地方法院自行确定，故其诉讼程序并非完全一致。但无论如何，法院在专利侵权诉讼中，首先都会对专利权范围加以解释，将专利权范围明确化，在解释专利权范围时，可从对说明专利权范围的语言、专利权范围限定及专利申请的调查过程获得信息，且对申请专利权范围的解释，在判断专利有效性及专利权范围上必须有一致的解释标准与意义。❸ 故通常解释范围越狭隘，与先前技术的区隔较明显，专利有效性较容易维持，但专利范围权从宽解释，则被告行为较容易成立专利侵权，原告不可一方面在维持专利有效性的专利解释上从严，另一方面又在专利侵害的专利解释上从宽。

专利无效诉讼的第一审审理程序与一般专利诉讼程序并无太大不同，较有争议者在于陪审团陪审权利的有无。依照美国联邦宪法规定，在普通

---

❶ 28 U. S. C. § 1338 （a） （2007）.

❷ Kevin A. Meehan. Shopping for Expedient, Inexpensive & Predictable Patent Litigation [J]. B. C. Intell. Prop. & Tech. F. , 2008: 1-30.

❸ Smithkline Diagnostics, Inc. v. Helena Laboratories Corp. , 859 F. 2d 878, 882 （Fed. Cir. 1988）.

法下数额超过 20 美元的诉讼均有陪审团陪审的权利；❶ 在纯粹的衡平法领域的诉讼中则无此项权利。然而，有时要区分诉讼究属普通法或衡平法并非易事，美国法院在判断时通常采取美国联邦最高法院在 Tull v. United States 一案❷所建立的审查方式。❸ 但是在专利无效诉讼中，由于其提起方式可能基于专利侵权诉讼中所提起的抗辩、反诉或确认专利无效诉讼，其中又牵涉专利权人请求救济方式的考虑。在美国实务上，法院或重视专利无效诉讼本身，或重视专利权人请求救济的类型，因此其是否有陪审团陪审的权力有较大的争议。美国实务上的见解可从三个较为重要的案件观之，第一个是 In re Lockwood 案，❹ CAFC 是采取 Tull 案的审查方式来判断专利权人是否有陪审团陪审的权利，法院认为确认诉讼性质上最接近于当事人于专利侵权诉讼中提起专利无效的积极抗辩，故必须以此来判断 Lockwood 是否有陪审团陪审的权利。而法院认为传统的专利侵权诉讼在 18 世纪时可寻求法律或衡平的救济，因此专利效力本身并非纯粹的衡平法性质的问题，故判决 Lockwood 请求陪审团陪审的权利必须予以维持。法院并认为即使该案中，有关专利侵权主张已经被地方法院以简易判决驳回，仅存专利无效的请求，仍不影响其理由，而专利权人被驳回的侵权主张虽然仍在上诉中，但是其对于判断该案是否有陪审团审理的权利并无影响。该案中尼斯（Nies）法官提出不同意见，其认为该案中事实上仅剩基于反诉所提起的确认专利无效的争执，缺乏金钱损害赔偿的主张，多数意见基于专利无效确认反诉而认定有陪审团陪审的权利并不恰当。该案后经美国联邦最高法院撤销，但是其并未说明理由。第二个案件是 Tegal Corp. v. Tokyo Electron A-

---

❶　US. CONST. amends. VII.

❷　Tull v. United States 481 U. S. 412（1987）.

❸　该标准也被称为"历史标准"：第一，比较本案诉讼与英国在 18 世纪时，衡平法院与普通法院未合并前的诉讼案件，若在当时案件应由衡平法院管辖的则无此项权力，反之，由普通法院管辖的则有陪审团陪审的权力；第二，判断当事人所主张的救济方式，本质上属法律或衡平性质，属法律性质者方可主张陪审团陪审的权力。例如，在专利侵权诉讼中，若专利权人请求损害赔偿的，属于法律救济；若仅请求禁令的，则为衡平救济。

❹　In re Lockwood, 50 F. 3d 966（Fed. Cir. 1995），Vacated by 515 U. S. 1182（1995）.

merica，Inc. 案，❶ 该案中法院表示 In re Lockwood 所持的理由并未被取代或质疑。❷ CAFC 在该案中仍然采取 Tull 案的判断标准。法院指出就第一个标准而言，在 18 世纪时，专利侵权诉讼可以在普通法院或衡平法院提起，其端视专利权人所选择的救济方式为何，若其请求禁令，则其所提起的专利侵权诉讼将在衡平法院审理；反之，若其所请求者为损害赔偿的救济，将于普通法院审理，而该案中由于专利权人 Tegal 仅请求禁令救济，故其本应由衡平法院审理，此时虽已没有普通法案及衡平法院的区分，但 18 世纪时应由衡平法院审理者，即无陪审团审理的权利。就第二个标准而言，禁令救济方式本质上即为衡平救济方式，故综合两项标准来看，该案中双方均无陪审团陪审的权利。依该案见解，诉讼的双方当事人是否有陪审团陪审的权利取决于专利权人对救济方式的选择。第三个案件为 In re Technology Licensing Corp. 案，❸ 该案缘由较为复杂，最初专利权人是控告 Videotek 公司侵害其四项专利权，而被告 Videotek 提起另一个诉讼控告其供应者 Gennum 公司，主张若其对 Technology Licensing Corp.（以下简称 TLC）成立侵权，则 Gennum 应对其负担赔偿之责，Gennum 随后提起确认诉讼，请求确认 TLC 的专利无效、不得执行或确认侵权不成立，TLC 亦以反诉控告 Gunnum 直接或间接侵害其专利权，之后最初涉讼的当事人 TLC 与 Videotek 达成和解协议，仅保留 TLC 与 Gennum 之间的诉讼，包括 Gennum 的确认诉讼与 TLC 的专利侵权诉讼，而此项和解协议对该诉讼并无任何影响。❹ TLC 在其专利侵权诉讼中，最初主张包括损害赔偿及禁令救济方式，但是此后地方法院大幅度删减 TLC 所主张的损害赔偿数额，TLC 因此决定撤销损害赔偿的主张，仅保留对于未来可能的侵权行为以禁令方式主张救济。该案诉讼中最初 Gennum 请求陪审团审理之后又撤销该

---

❶ Tegal Corp. v. Tokyo Electron America, Inc., 257 F. 3d 1331（Fed. Cir. 2001），cert. denied，535 U. S. 927.

❷ Tegal Corp.，257 F. 3d at 1340.

❸ In re Technology Licensing Corp.，423 F. 3d 1286（Fed. Cir. 2005）.

❹ In re Technology Licensing Corp.，423 F. 3d at 1286-1287.

项请求，然而 TLC 主张其仍有受陪审团陪审的权利。TLC 认为无论专利权人主张何种救济方式，在确认专利无效诉讼中即有陪审团陪审的权利。在预审法官认定 TLC 无陪审团陪审的权利后，TLC 向 CAFC 请求训令要求地方法院同意其陪审团审理的请求。美国联邦法院多数意见仍然拒绝专利权人的声请，并支持地方法院预审法官的见解。地方法院预审法官于审理该案时仍采取 Tull 案的见解，且其相当注重 In re Lockwood 与 Tegal 案的分析。其首先再次肯定了 Tegal Corp. v. Tokyo Electron America, Inc. 案的见解，认为在专利权人作为专利侵权诉讼中原告仅请求禁令救济，而被告在诉讼中提起专利无效的积极抗辩时，并无陪审团陪审的权利，审理外并要求地方法院重新考虑其程序上的命令，遭到地方法院的拒绝，地方法院并判决该案的专利权有效，且被告故意侵害原告的专利权，被告不服向 CAFC 提起上诉。上诉至 CAFC 后，法院仍认为被告并无陪审团陪审之权利。然而法院亦注意到 Tegal 案与本案略有不同，因为 Tegal 案中专利无效仅以抗辩的方式提出，而该案是以独立的诉讼主张（专利无效确认之诉），对此是否造成不同结论，地方法院预审法官进一步援引 In re Lockwood 与 Tull 案的见解分析。本案由于 TLC 已经将其损害赔偿的主张撤销，因此过去应由衡平法院审理故并无陪审团陪审的权利。

美国实务上多数意见仍认为确认专利无效诉讼乃是专利侵权诉讼中被告提起专利无效积极抗辩的变形，故以专利权人主张的救济方式决定是否有陪审团陪审的权利，对此美国联邦巡回法院仍有少数意见表示反对，而学界亦有不同见解。有论者反对 CAFC 的见解，并认为专利无效诉讼应该有陪审团陪审的权利，其赞同 In re Technology Licensing Corp. 中纽曼（Newman）法官所提出的不同意见，认为专利无效确认诉讼并非专利侵权诉讼的变形，而较类似于 18 世纪时的告知令状，故不应仅以专利权人所主张的救济方式决定是否有陪审团陪审的权利，且基于陪审团功能及公共政策面的考虑，亦应认为专利是否有效有陪审团陪审的权利。而且专利无效事由相当多样，其中有许多争议都涉及事实的认定，而传统上是将其归于陪审团审理的范围。此外，由于 CAFC 在判断是否有陪审团审理时，大都以专利权人是否有请求损害赔偿来判断，在某些情形下，损害赔偿数额可能相当少，但专利权人若为了保留陪审团的权利可能不愿意撤回，这将有碍司法审查的效率，对公共政策不利。

也有学者认为专利无效诉讼不应由陪审团审理，其针对 In re Lockwood 案提出批评，也反对多数见解认为确认专利无效之诉为专利侵权诉讼中被告抗辩专利无效的变形，其赞同尼斯法官所提出的不同意见，认为确认专利无效诉讼与确认不侵权诉讼，尼斯法官认为确认不侵权诉讼方为专利侵权诉讼的变形）不同，因前者是针对专利的所有请求范围，后者则仅针对专利权人主张遭到侵害的特定专利请求范围。❶ 论者更进一步指出美国联邦最高法院在 Cardinal Chemical Co. v. Morton International, Inc. 案❷ 中认为在法院认定不构成侵权的情况下，确认专利无效之诉并非假设性案件，专利无效诉讼是独立于专利侵权以外的诉讼，更可进一步印证确认专利无效之诉与专利侵权诉讼并不相同。因此，In re Lockwood 以确认专利无效之诉为侵权诉讼中被告提起专利无效的积极抗辩的变形，而肯定该案有陪审团陪审的权利的基础即不复存在。对于确认专利无效之诉究竟较类似于衡平法院或普通法院审理的案件，其亦赞同尼斯法官的见解，认为确认专利无效之诉类似于过去的告知令状，而告知令状过去属衡平法院审理的范围。而就第二项判断标准而言，其认为确认专利无效的救济方式目的是使专利于将来无法实行，因此其与主张专利因不当行为取得而不得执行之衡平救济方式无异，实际效果亦等同于禁令，故确认专利无效本质上应为衡平救济方式。基于上述两项判断标准的结论，其认为确认专利无效诉讼并无陪审团审理的权利。另有反对论者并非仅针对专利无效诉讼，而是认为陪审团基本上并不具备足够的能力审理专利案件，因此反对专利诉讼由陪审团审理。由于专利案件与一般案件并不相同，其涉及相当高度的专业性，通常陪审团并不具备相关的技术背景知识，也无法了解专利侵权或专利要件及

---

❶ Barry S. Wilson. Patent Invalidity and the Seventh Amendment: Is the Jury Out [J]. San Diego L. Rev., 1997 (34): 1787.

❷ Cardinal Chemical Co. v. Morton International, Inc., 508 U. S. 83 (1993).

其效力间的细微差异，而且常产生许多偏见，例如常做出有利于专利权人的判断、对于 USPTO 的决定给予高度尊重、偏好美国国内企业等。❶ 亦有论者提出应设置特别审理专利案件的法院并挑选专家陪审员❷或具有高程度教育及特殊资格的陪审员❸来解决专利争议。总之，反对论者均认为以现今陪审团的能力无法胜任复杂性极高的专利案件。

2. 二审管辖及审理

有关专利诉讼的上诉审法院过去是由 12 个美国各巡回区的联邦上诉法院按其管辖区域受理，但是专利案件与一般侵权案件不同，其涉及许多专门知识，若不是由特殊法院通过有相关技术背景的专家参与进行裁判，一般法院于客观上恐怕能力不足胜任。除此之外，由于 1982 年以前，专利诉讼第二审是由 12 个巡回上诉法院受理，各区域巡回上诉法院对于专利法的解释及见解有所不同，在这种观点不一致的情况下，专利律师的诉讼策略便会寻找有利于自己委托人见解的巡回上诉法院管辖区域提起并进行专利诉讼，例如专利权人可能会选择拥有较了解其技术专家的联邦地区法院或诉讼程序较迅速的法院起诉，以获得对自己最有利的判决，这就造成任择法庭的弊端。❹ 为避免上述当事人任择法庭的情形继续恶化，并促进专利案件法律见解一致性，减少各相关法院功能上重叠的现象，以有效利用司法资源，以哈佛大学保罗·弗洛伊德（Paul Freud）为主持人负责司法行政改革的研究，国会亦成立联邦上诉制度修正委员会，并分别于 1972 年及 1975 年提出研究报告，1978 年美国司法部再度建议改进联邦上诉制度，终

---

❶　Kimberly A. Moore. Judges, Juries, and Patent Cases – an Empirical Peek inside the Black Box [J]. Mich. L. Rev., 2000 (99): 365.

❷　Gregory D. Leibold. In Juries We Do Not Trust: Appellate Review of Patent-Infringement Litigation [J]. U. Colo. L. Rev., 1996 (67): 623.

❸　Franklin Strier. The Educated Jury: A Proposal for Complex Litigation [J]. Depaul L. Rev., 1997 (49): 51.

❹　Kevin A. Meehan. Shopping for Expedient, Inexpensive and Predictable Patent Litigation [J]. B. C. Intell. Prop. & Tech. F., 2008: 1-30.

于在 1982 年 4 月 2 日总统签署《美国联邦法院改进法》❶。依据该项法规，国会于 1982 年在华盛顿特区成立美国 CAFC，并于联邦民事诉讼法明文规定，对于各联邦地方法院所审理的专利侵权诉讼与专利效力案件 CAFC 都有专属上诉管辖权。❷ CAFC 依据授权其可在全美任何地方设立正式法庭，其所作的决定对于联邦地方法院有拘束力。对于 CAFC 有关专利有效性的判决不服的，虽可向美国联邦最高法院提起第三审上诉，但是无相关技术专业背景的大法官很少接受专利案件的上诉案件，因此 CAFC 的判决几乎是专利案件中最具影响力及权威性的。

CAFC 归纳而言具有下列两项优点。第一，减少当事人任择法庭的情形，1982 年以前，由于有关联邦地方法院专利效力之判决的第二审程序，分属 12 个巡回上诉法院管辖，而各巡回上诉法院对于专利有效性的观点并不一致，且宽严有别，甚至部分区域巡回上诉法院对于专利独占性权利并不认同，因此在法律适用解释上，经常对于专利权人不利，也因此使得专利律师或当事人都致力寻找对自己有利的巡回上诉法院进行诉讼，造成任择法院的情形。而 CAFC 成立后，由于其对于美国各联邦地方法院有关专利效力判决有第二审的专属管辖权，专利效力案件第二审均必须向 CAFC 上诉，各区域巡回上诉法院间对于专利有效性法律见解的冲突不复存在，当事人无法亦无必要以选择法院的方式来达成对自己有利的诉讼结果，因此任择法庭的情形亦随之消失，亦同时减少专利案件中法律适用安定性不足及判决不一致的情形。第二，促成专利有效性判决的专业性及一致性。专利案件与一般案件相比较，具有高度专业性，一般不具有相关技术背景知识的法院于客观上恐难胜任判断涉及化工、计算机、机械以及近来蓬勃发展的生物科技等技术有效性的工作，因此法院的专业能力一直是专利案件管辖法院改革的重要考虑因素。最初，美国 CAFC 的法官是由所合并法院的法官组成，之后则是由美国总统通过参议院的建议与同意进行任命，

---

❶ Richard H. Seamon. The Provenance of the Federal Courts Improvement Act of 1982 [J]. Geo. Wash. L. Rev., 2002 (71): 543.

❷ 28 U. S. C. § 1295 (a) (2007).

共有 12 名法官，因此并非所有法官均具备相关专业技术的背景知识，为弥补法官在此部分的不足，CAFC 除配置法官助理给个别法官外，另外设有资深律师及资深技术助理予以协助，以增加法院处理专利案件时的专业能力。此外，为促成专利案件相关法律见解的一致性，解决过去各区域巡回上诉法院见解冲突的情形，原则上 CAFC 就专利实体法部分，则仅遵循美国联邦最高法院的案例及其所合并的法院的判决先例，不再遵循各区域巡回法院的先例，而是依照专利法的规定自行创造自己的判决先例。❶ 在促进专利案件有关法律见解一致性的努力上，CAFC 对于其法律见解会提供给所有法官讨论后才对外宣示，也因此除非基于极为例外的情形，否则 CAFC 并不会轻易推翻其所创造的先例，更进一步确保法律见解的一致性与法适用的安定性。

CAFC 对于专利无效诉讼的审理程序，与一般专利诉讼相比较并无特殊之处。原则上，必须对于联邦地方法院的终局判决才可向 CAFC 提起上诉——案件所涉及的所有争点已经由法院或陪审团作出决定，法院仅需执行该项判决而无其他未完成事项，不得是法院的中间裁定；但是当中间裁定与终局判决已经合并时，则就中间裁定可附随在终局判决中一并提起。有关 CAFC 对于专利无效的审查基准要看争议是法律问题还是事实问题，若是法律问题，则 CAFC 可以完全重新判断并基于自由评价证据予以审查。就事实问题，则尚区分是否经陪审团陪审有所区别，若当事人并未请求陪审团审理，则 CAFC 在判断时采取明显错误标准；若是经过陪审团审理的，则采取较高的实质证据标准。

美国联邦最高法院是美国最高司法机关，也是联邦法院系统的第三审法院，为唯一由美国联邦宪法明文设立的法院。要想上诉到美国联邦最高法院，必须经由最高法院同意并核发"诉讼移送命令"受理，故当事人向联邦最高法院提出上诉须待法院同意并核发诉讼文件移送命令后才会加以审理。原则上就专利诉讼而言，只有在少数涉及重大法律问题的争议时最

---

❶　South Corp. v. United States, 690 F. 2d 1368, 1369（Fed. Cir. 1982）.

高法院才会受理，大部分的案件均在 CAFC 终结。❶

（二）专利权无效诉讼的主体

提起专利权无效诉讼的主体法律上并无限制，实务上基于禁止反悔的法理发展出一些限制，诸如被授权人禁止反悔原则、让与人禁止反悔原则等。但这些原则也同样受到挑战，最著名的就是授权人禁止反悔原则的推翻，美国联邦最高法院在 1969 年 Lear v. Adkins 一案❷中确认专利授权人仍可质疑专利权有效性，此案对实务产生很大影响。Lear 案起因于 Lear 公司雇用 Adkins 发明更精准的旋转器以应用于航空器，双方约定该项发明所有权归 Adkins，但其必须授权 Lear 使用。1954 年 Adkins 就其发明申请专利并展开关于授权契约细节的谈判，1955 年双方签订授权契约并明确约定专利授权费用，授权契约还约定如果 USPTO 不授予专利或专利无效，Lear 有权终止契约。随后 Lear 将此项发明运用于商业制造，在授权契约成立时 USPTO 尚未核发专利。1957 年 Lear 通知 Adkins 将不再支付任何授权费用，因其认为 Adkins 的发明并不具可专利性，但是 1960 年 USPTO 就该项发明核发专利予 Adkins。Adkins 在取得专利后起诉 Lear 要求支付授权费用，被告 Lear 在该案中主张该专利虽经 USPTO 授权，然其并不具备新颖性而应为无效，但是加利福尼亚州最高法院在判决中指出，在专利法领域被授权人基于授权契约，无权在请求授权费用的诉讼中否认专利权有效性。

美国联邦最高法院在该案中首先否认被授权人禁止反悔原则为一般法则，指出虽然曾经有法院判决被授权人不得质疑专利权有效性，但仍有相当多的判决予以了否认，例如 Pope Manufacturing Co. v. Gormully 案❸即明确否认被授权人禁止反悔原则的适用，因其认为如同专利权人拥有真正有价值的专利应受保护一般，对于公众而言自由竞争不可被无用的专利所压抑，加利福尼亚州最高法院却忽视了这些判决。因此，美国联邦最高法院认为

---

❶　林洲富．专利侵害之民事救济制度［D］．台北：中正大学法律学研究所，2007：285.

❷　Lear, Inc. v. Adkins, 395 U. S. 653 (1969).

❸　Pope Manufacturing Co. v. Gormully, 144 U. S. 224 (1892).

被授权人禁止反悔原则不确定的地位乃是法院想在普通法中的契约鼓励竞争与联邦专利法间找到平衡，因契约法禁止买受人仅因事后不满意该项交易而撤销其承诺，而联邦法规则是希望任何事物都可以在自然循环的状态下供公众使用，除非其受到有效的专利保护。由于契约法与专利法政策上的冲突，故许多法院都尝试在两者之间找到中立点，其结果却是失败的，实务上不仅未找出折中的办法，反而各法院基于不同的基础造成个案上见解的冲突。因此，对于该案，法院认为，与其找出两者间的折中，不如考虑针对两者各自保护的法益，哪个应该优先。法院指出专利的授予仅是基于 USPTO 的判断所得的结论，而 USPTO 在考虑是否核发专利时，通常是基于单方程序，缺乏相关的利害关系人质疑专利有效性。因此，结果上要求专利权人在面对授权人对专利有效性质疑时防卫自己的专利，并无不公平可言，尤其专利权人的专利还受到有效性的推定。此外，法院进一步论述当某些发明已成为公众领域时，完全且自由竞争的公共利益远大于对专利权人（授权人）的公平性，其指出专利被授权人可能是唯一有足够经济上诱因去质疑专利有效性的人，若他们被禁止质疑则将使公众对于一项没有专利资格的发明无必要且无理由继续尊重。因此，法院认为专利授予后才着手进行专利授权契约的谈判，在公共利益的要求下，契约法则上技术性的要求必须放弃。基于此项结论，法院认为只要 Lear 可以证明专利无效，可以拒绝支付 Adkins 取得专利后的授权费用，且为避免专利权人拖延诉讼期间及防止被授权人因冗长的诉讼程序而妨碍其主张专利无效，诉讼期间的授权费用亦包括在内。Lear 案后，授权契约中约定不得质疑专利有效性的条款是否有效而可施行亦产生争议。❶ 1970 年即有法院认定在授权契约中约定不得质疑专利的有效性，仍不妨碍被授权人质疑该授权专利的有效性，即使个案中当事人是基于自愿约定该项条款，无任何欺诈、不实的陈述或强迫也是如此，因 Lear 案所表达鼓励质疑专利有效性的政策足以

---

❶ M. Natalie Alfaro. Barring Validity Challenges through No-Challenge Clauses and Consent-Judgments: Medimmune's Revival of the Lear Progeny [J]. Houston Law Review, 2008（45）: 1227.

使该约定无法生效。❶ CAFC 亦将 Lear 案的见解扩张适用至当事人约定不得质疑专利全有效性条款的情形，因而认定此项约定无效。第七巡回法院先后在 Bendix Corp. v. Balax，Inc. 案❷ 与 Panther Pumps & Equipment Co. v. Hydrocraft，Inc. 案❸认为在授权契约中约定不得质疑专利有效性并不属于专利独占权所保护的范畴，因此在 Lear 案的见解下此种约款明显无从实施。2007 年，美国联邦最高法院对于被授权人的专利无效诉讼又有一重要案例 Medimmune，Inc. v. Genentech，Inc.，❹ 其确认被授权人欲提起确认专利无效诉讼，并不需要拒绝授权协议以符合确认诉讼中所要求的实际争议存在。❺

Lear 案可否适用于受让人，美国实务上亦有不同意见，而多数仍采取否定见解。❻ 其主要理由是考虑到被授权人与受让人间的差异。Lear 案中允许被授权人抗辩专利无效是为避免其他人在缺乏挑战专利有效性的经济上诱因，将导致一项事实上无效的专利仍享有排他性权利，受到社会大众继续"尊重"。然而此项顾虑在专利让与契约中并不存在，专利权利既然已完全地转让，让与人已无任何权利，亦无所谓社会大众被强迫继续施以尊重的问题。所以，允许被授权人质疑专利有效性的理由在受让人这里并不成立，受让人不可以质疑专利有效性的方式来逃避基于转让契约所应支付的费用。❼ 让与人禁止反悔原则在 Lear 案前，与被授权人禁止反悔原则相同，在实务上均具有不确定性。在 Lear 案后，有些下级法院认为 Lear 案

---

❶ Plastic Contract Lens Co. v. W. R. S Content Lens Labs.，Inc.，330 F. Supp. 441，442-443（S. D. N. Y1970）.

❷ Bendix Corp. v. Balax，Inc.，421 F. 2d 809（7th Cir. 1970）.

❸ Panther Pumps & Equipment Co. v. Hydrocraft，Inc.，468 F. 2d 225（7th Cir. 1972）.

❹ Medimmune，Inc. v. Genentech，Inc.，549 U. S. 118（2007）.

❺ Erik Belt，Keith Toms. The Price of Admission：Licensee Challenges to Patents after Medimmunev. Genentech［J］. B. B. J.，2007（51）：10.

❻ Stephanie Chu. Operation Restoration：How Can Patent Holders Protect Themselves from Medimmune［J］. duke L. & Tech. Rev.，2007（8）：8.

❼ Sybron Transition Corp. v. Nixon，Hargrave，Devans & Doyle，70 F. Supp. 803，810-811（W. D. N. Y. 1991）.

的结论对让与人（包括发明人）亦有适用，例如 1972 年第九巡回法院在 Coastal Dynamics Corp. v. Symbolic Displays，Inc. 案❶认为让与人禁止反悔原则并无理由与被授权人禁止反悔原则作不同处理，因而认为让与人亦同样有权质疑专利权有效性。此时可能发生专利发明人（让与人）同时成为专利侵权诉讼的被告，却又允许其反过来质疑专利有效性的不公平情形，然此项见解下认为即使基于公平性的考虑亦非禁止其质疑专利效力，而是在可归责于让与人的情形下，由让与人补偿或将转让费返还给受让人。CAFC 在 1988 年 Diamond Scientific Co. v. Ambico，Inc. 案❷开始采取不同的见解，认为让与人禁止反悔原则仍可成立，其与推翻被授权人禁止反悔原则的 Lear 案有所不同。

　　Lear 案后，通过当事人间的和解协议来认可专利权的有效性并拘束当事人，使其不得于事后再行质疑专利权有效性，在美国实务上亦有争议。在 1971 年 Massillon-Cleveland-Akron Sigh Co. v. Golden State Advertising Co. 案❸中，第九巡回法院面临的争议是，当事人之前的和解契约中被告承诺不再直接或间接地质疑专利权有效性，在 Lear 案见解下是否不合法或无效？就此问题，法院认为基于 Lear 案所强调的竞争政策考虑，必须判决当事人间先前禁止被告再行质疑专利有效性的和解协议无效，被告仍可提出专利无效的抗辩，否则将与 Lear 案所要保护的重要联邦政策冲突。此外，Lear 案所涉及的是授权契约，而本案为和解协议，两者虽然有所不同但法院认为此项差异并不具重要性，且强加区分也无任何实益，因授权契约本身易于通过和解协议的形式来表达。法院还指出，倘若承认鼓励当事人自主解决纷争的公共政策，可以妨碍法院作出此项判决，似乎意味着不受专利保护的发明应自由竞争的政策将被放弃。1973 年第七巡回法院对于类似的问题却似乎有不同见解。在 Ransburg Electro-Coating Corp. v. Spiller &

---

❶ Coastal Dynamics Corp. v. Symbolic Displays，Inc.，469 F. 2d 79（9th Cir. 1972）.

❷ Diamond Scientific Co. v. Ambico，Inc.，848 F. 2d 1220（Fed. Cir. 1988）.

❸ Massillon-Cleveland-Akron Sigh Co. v. Golden State Advertising Co.，444 F. 2d 425（9th Cir. 1971），cert. denied，404 U. S. 873（1971）.

Spiller, Inc. 一案❶中，法院判决基于和解协议条款请求就过去的侵权行为所应分期付款的赔偿金诉讼中，被告不得提起专利无效的抗辩。法院认为即使联邦的专利政策高于契约法上的技术性要求，然而与鼓励有效地解决纷争节省司法资源的基本政策相比较，专利政策仍然处于附属地位。如果允许采取 Lear 案所持保护联邦专利政策，则会颠覆一贯的诉讼外解决纷争的政策，将使基于善意所达成的和解协议完全丧失其意义。在 1982 年 CAFC 成立后，在 Hemstreet v. Spiegel, Inc. 案❷中，虽然当事人仅仅在诉讼经过一周即达成和解协议，但法院仍赋予其拘束力，认为 Lear 案与本案不同，Lear 案并未包含和解协议在内，而鼓励当事人就诉讼达成和解以及执行该项协议以促成当事人愿意达成和解乃是基于公共政策的考虑，而在 Lear 案并未考虑此项政策。随后 2001 年 Flex-Foot, Inc. v. CRP, Inc. 案❸也维持 Hemstreet 案的见解。不过有地方法院更明确指出，无须考虑诉讼进行到哪个阶段来决定达成的和解协议是否有拘束力，既然当事人选择以此种方式解决其诉讼即应受拘束。❹

（三）专利无效诉讼的举证

专利制度的目的乃在于给予发明人一定时间的独占权，以换取新技术的揭露。此所谓的"举证程度"即指欲挑战专利权有效性的人为了证明专利无效所应尽的举证负担。举证程度越高，意味着欲推翻专利有效性将越困难，此时专利权有效性较容易维持，但可能同时造成继续给予不当的专利独占权的缺点。❺ 专利有效性的推定虽有明文规定，但是其适用范围及意义仍较为模糊。专利一经 USPTO 核发即被推定有效，故对于此项推定效

---

❶ Ransburg Electro - Coating Corp. v. Spiller & Spiller, Inc., 489 F. 2d 974（7th Cir. 1973）.

❷ Hemstreet v. Spiegel, Inc., 851 F. 2d 348（Fed Cir. 1988）.

❸ Flex-Foot, Inc. v. CRP, Inc., 238 F. 3d 1362（Fed. Cir. 2001）.

❹ J. Tomas McCarthy. "Unmuzzling" the Patent Licensee: Chaos in the Wake of Lear v. Adkins [J]. Geo. Wash. L. Rev., 1977（45）：429.

❺ David W. Okey. Issued Patents and the Standard of Proof [J]. J. Marshall J. Computer & Info. L., 1999（17）：557.

力的解释也将同时影响举证程度的决定。整体而言，对于此项举证程度有放宽的趋势。过去，在专利案件中欲推翻被推定有效的专利，被要求必须达到"超越合理怀疑"或"对于被告所有的怀疑均必须被解决"的严格程度。汉德法官曾指出专利案件重要性的程度足以使其举证程度与刑事案件同等严格，甚至更为严格。❶ 但是在 1970 年 In re Winship 案中，哈伦（Harlan）法官在协同意见书中则指出刑事案件的证明程度应高于民事案件。

1981 年美国联邦最高法院在 California ex rel Cooper v. Mitchell Bros. Santa Ana Theater 一案❷中指出，民事案件并不需要达到"超越合理怀疑"的证明程度，这种证明程度仅适用于刑事案件。有学者即认为合理的推论下，专利有效性案件当然无须像刑事案件那样严格。1983 年 Connell v. Sears，Roebuck & Co. 一案❸中，马基（Markey）法官明确指出质疑专利有效性的人要想推翻专利有效性的推定，必须举出相关事实，而此事实所需的证据必须达到"明确且具说服力"的程度，此项见解为许多法院所采纳。❹

随着举证程度逐步放宽，更有学者指出明确且具说服力的举证程度仍过于严格，应采纳"优势证据"的证明程度即足够。还有学者认为美国联邦最高法院在许多案例中均指出，民事案件在一般情形下均适用"优势证据"的证明程度，除非个案中个人特别重要的权利或利益处于危机之中。其理由在于民事案件均以金钱的损害赔偿为目的，故即使产生错误判决，对于双方当事人所致的损害亦不至于过度失衡，因此区分民事案件及刑事案件而设置不同的举证程度。是故专利无效诉讼既然是民事案件，其举证责任不应采用较严格的"明确且具说服力"的标准，仅以优势证据的证明程度即足以推翻专利有效性，因而认为在 Connell v. Sears，Roebuck & Co.

---

❶ United Shoe Mach. Corp. v. Brooklyn Wood Heel Corp. , 77 F. 2d 263（2d Cir. 1935）.

❷ California ex rel Cooper v. Mitchell Bros. Santa Ana Theater，454 U. S. 90（1981）.

❸ Connell v. Sears，Roebuck & Co. , 722 F. 2d 1542（Fed. Cir. 1983）.

❹ Schumer v. Laboratory Computer Systems, Inc., 308 F.3d 1304, 1315(Fed.Cir.2002).

一案中，法官所采用的举证程度标准并不恰当且违背先例。❶

另有学者指出，由于专利法明文规定经 USPTO 核发的专利推定其有效，故欲推翻此项效力即应回归此项规定的基础来探究。专利有效性推定的基础乃是源自 USPTO 对专利的审查并认定符合专利要件而核发专利。然而，在专利申请过程中，事实上 USPTO 并未认识所有的相关证据并加以审查，且在多数专利无效诉讼中，原告所提出证明专利无效的证据大部分均未经过 USPTO 在申请过程中斟酌，故也因此减损了基于上述理由对于 US-PTO 决定的尊重。随着专利有效性推定背后理由的减损，似乎并无必要要求达到"明确且具说服力"的举证程度，而应采用优势证据的证明程度较为合理。❷ 美国联邦贸易委员会在 2003 年针对专利制度的行政程序及专利权在法院的主张提出若干建议的报告中，❸ 也对专利有效性的推定与诉讼中推翻专利有效性所需的举证程度有所质疑。报告中指出推翻专利有效性必须负担明确且具说服力的举证程度并无足够理由，因在专利申请案的审查过程中，USPTO 授予专利的标准仅需达到优势证据，况且专利申请案的审查过程仅为单方程序且时间有限，在此情况之下不应对挑战专利效力的人设置过重的举证责任，因此建议应采取优势证据即已足够。

以专利有效性推定条款的基础为出发点，探讨其证明程度固然有可取之处，但是在个案中仍可能发生专利侵权诉讼的被告或确认专利无效之诉的原告援引经 USPTO 在专利申请案已加以斟酌的证据而主张专利无效的情形。所以，似乎有必要将证明程度以该项证据是否经 USPTO 审查，进一步区分其举证程度，才可以更加落实个案正义并使得专利有效性推定的条款更加精致化。换句话说，基于申请过程中已经 USPTO 审酌的证据而主张专

---

❶ James W. Dabney. KSR: It Was not a Ghost [J]. Santa Clara Computer & High Tech. L. J., 2007 (24): 131.

❷ David W. Okey. Issued Patents and the Standard of Proof [J]. J. Marshall J. Computer & Info. L., 1999 (17): 557.

❸ Federal Trade Commission. To Promote Innovation: The Proper Balance of Competition and Patent Law and Policy [J/OL]. [2019-10-08]. http://www.ftc.gov/os/2003/10/innovationrpt.pdf.

利无效的，该项证据既经 USPTO 审核，而成为专利有效性推定的基础，欲以此推翻专利有效性应该负担较重的举证责任，此时采取明确且具说服力的举证标准应具备合理性；若是基于未经 USPTO 审酌的证据而主张或抗辩专利无效的，由于其不具备推定专利有效的合理基础，欲以此项证据推翻专利权有效性推定，其举证程度应放宽到优势证据即已足够。

（四）专利权无效的主张方式

专利诉讼中最主要的争议即是专利有效性及专利侵害。专利权人提起专利侵权诉讼请求损害赔偿，被告于诉讼中主要有四种抗辩可资主张，专利无效即是其中之一。是故专利侵权诉讼中的被告可在诉讼中提出专利无效的抗辩，此项抗辩属于积极抗辩，或在侵权诉讼程序中提起反诉，主张专利无效而提起的反诉，性质上为强制反诉，若被告未于答辩状中提起反诉的将永远丧失就该项主张再次提起任何诉讼的权利。❶ 提起反诉相较于积极抗辩的优点在于反诉是独立的诉讼，故对于判决不服的可通过上诉来救济，积极抗辩仅为抗辩，无法单独提起上诉，因此就防御力量而言，相较于积极抗辩，提起反诉更具实际效益，然其主张方式不仅于此，专利无效还可以完全独立的确认诉讼来请求。

美国在 1934 年通过《确认诉讼法》❷，该法授权联邦法院在争议尚未成熟之际即可解决双方当事人的权利及义务，其赋予当事人在遭受专利侵权损害赔偿责任威胁之际即可提起诉讼先确定自己的权利，❸ 这有助于平衡专利权人与潜在侵权人的利益。❹ 在专利领域确认诉讼有两种适用情况：其一为生产者制造某项产品有侵害他人专利权之虞时；其二为被授权人对授权争议提起专利无效确认诉讼。确认诉讼对潜在的侵权人尤有帮助，以

---

❶　Peter D. Rosenberg. Patent Law Fundamentals ［M］. Clark Boardman Company，1981：17.

❷　Declaratory Judgment Act of 1934，28 U. S. C. § 2201（2007）.

❸　Neil M. Goodman. Patent Licensee Standing and the Declaratory Judgment Act ［J］. Colum. L. Rev.，1983（83）：186.

❹　Lisa A. Dolak. Declaratory Judgment Jurisdiction in Patent Case：Restoring the Balance between the Patentee and the Accused Infringer ［J］. B. C. L. REV.，1997（38）：903.

前在没有确认诉讼法的时期，可能构成专利侵害的生产者并无法主动测试其在潜在专利侵权诉讼中的权利，因专利为高度复杂的文件，即便有最优秀专利律师的帮助，仍难以百分之百确定其是否必须构成侵权行为而需负担损害赔偿之责，因此其必须等到专利权人提起专利侵权诉讼后才能确定。这对生产者十分不利，因为专利权人可以等到产生重大损害时才提起专利无效诉讼以便获取巨额赔偿，其结果导致潜在专利侵权被告面对专利权人声称构成专利侵害时，其必须在继续经营但面对可能的高额赔偿及放弃经营的两难困境中抉择。1988 年 Arrowhead Indus. Water, Inc. v. Ecolochem, Inc. 一案❶中，法官即指出在确认诉讼法未通过以前，在竞争关系下，因延迟提起诉讼的策略而受害的人并无任何救济途径。提起专利无效确认诉讼，原告必须举出实际争议的存在，美国联邦最高法院对于联邦民事诉讼法所谓的实际争议用语的解释与联邦宪法第 3 条所谓的争议基本上相同，宪法仅允许司法权处理个案或争议。❷ 司法上的争议必须与假设性或抽象性质的争议相区分，在此所谓的争议必须是明确且具体的，对在法律上利益相反的双方间的法律关系产生影响，❸ 但所谓实际争议并不表示该生产者实际上构成专利侵害的行为。因此，确认诉讼法所赋予法院的审判权并非根源于实际的侵害行为，而是基于可裁决性或双方间实际争议的存在。实务上发展出判断确认诉讼是否得以维持的"两阶段法"：❹ 第一，确认诉讼的原告必须有合理的疑虑认为其可能必须负担专利侵害的潜在责任；第二，原告必须已经从事此等可能造成侵权的行为或有能力及明确的意愿即将从事此等行为。❺ 法院曾指出就第一阶段的要件，必须是专利权人从事某些行为，使某生产者（确认诉讼原告）有合理的疑虑认为若其着手或继续从

❶ Arrowhead Indus. Water, Inc. v. Ecolochem, Inc., 846 F.2d 731, 735(Fed. Cir. 1988).

❷ Jennifer R. Saionz. Declaratory Judgment Actions in Patent Cases: The Federal Circuit's Responseto Medimmune v. Genentech [J]. Berkeley Tech. L. J., 2008（23）：161.

❸ Aetna Life Ins. Co. v. Haworth, 300 U. S. 227, 240-241（1937）.

❹ Arrowhead Indus. Water, Inc. v. Ecolochem, Inc., 846 F.2d 731, 736-737(Fed. Cir. 1988).

❺ Lawrence M. Sung. Intellectual Property Protection or Protectionism? Declaratory Judgment Useby Patent Owners against Prospective Infringers [J]. Am. U. L. Rev., 1992（42）：253-254.

事系争行为，将会面对专利侵权的诉讼或有面对专利侵权诉讼之虞，❶ 其可源自专利权人直接或间接主张该生产者制造某项产品已经侵害其专利权，其必须有积极的作为，例如，专利权人直接通知该生产者可能侵权，或者一般性地通知大众其即将执行专利权，虽专利权人并未注意到个别制造商的行为，然该生产者若认为专利权人的专利范围更广，足以使自己从事的行为构成侵权，则合理的疑虑仍然存在。法院对于第二阶段的要求较第一阶段严格，其要求该生产者必须实际制造争议产品或已经从事制造产品的准备行为，且除发生侵权情事或无可预料的事由外，其将即刻实际从事生产的。至于要到何种程度的准备行为才符合这里强调的即刻制造的要件，则必须依照当时所有的事实及情况进行个案判断。❷ 法院对于专利有效性提起确认诉讼的要件进行弹性认定，为潜在侵害专利的制造商提供了一项很有力的武器，其可在从事重大投资之前先提起确认诉讼以确认专利范围。

　　传统上专利无效是专利侵权诉讼的抗辩，故通常是在法院认定已经构成侵权的情况下，才有判断专利是否无效的必要；但反过来说，要构成专利侵权，当然必须以专利有效为前提，当无所谓侵害专利的情况时，从这个角度来看，似乎又必须先审查专利是否有效。究竟应该如何确定专利有效性争点及侵权争点的审查顺序，实务上有不同见解。有的人认为法院应该只在认定被告构成专利侵害时才处理专利有效性的问题，其理由有二：一是是否构成专利侵害比专利的有效性问题较容易判断；二是在未构成专利侵害的情况下即对专利作有效认定会给将来的诉讼带来"司法支持"的偏见。例如，在 Wabash Corp. v. Ross Elec. Corp. 一案❸中，弗兰克（Frank）法官的协同意见书及不同意见书中就指出，当认定未构成专利侵权的情况下，判决专利有效有三项缺点：一是此项决定是针对假设性的案件所为的判决，不仅不恰当甚至可能违宪；二是在往后的诉讼中，可能对于侵权诉

---

❶　International Harvester v. Deere & Company, 623 F. 2d 1207, 1210 (1980).

❷　Jervis B. Webb Co., 742 F. 2d at 1399; C. R. Bard, Inc. v. Schwartz, 716 F. 2d 874, 880 (Fed. Cir. 1983).

❸　Wabash Corp. v. Elec. Corp., 187 F. 2d 577, 589-590 (2d Cir. 1951).

讼中的被告产生不利的偏见；三是赋予专利权人于往后的诉讼中一项无偿且具高度说服性的先例。另一种看法则反对上述优先解决侵权问题并避免判决专利有效的见解。因为一项无效的专利是对于公众有害的，其使一项专利不恰当地继续享有独占权力，美国联邦最高法院在 Cardinal Chemical Co. v. Morton International, Inc. 案❶中即指出，虽然判断专利是否有效相较于是否构成专利侵害更加困难，但其也更加重要。且在 Blonder Tongue Laboratories Inc. v. University of Illinois Foundation 案❷所确立的法则下，法院对于专利无效的判断对于后续诉讼也产生效力，并因此对往后被控侵权人产生利益关涉。

美国联邦最高法院对此棘手问题见解也不一致，❸ 这从 1939 年 Electrical Fittings Corp. v. Thomas & Betts Co. 案❹、Altvater v. Freeman 案❺、Sinclair & Carroll Co. v. International Corp. 案❻可以看出其不确定性。第二巡回法院的汉德法官与弗兰克法官的态度是如果个案中法院认为并未构成侵权，此时是否要进一步判断专利有效性属于法院的裁量权，例外只有在该专利明显无效属于"稻草人专利"的情形下才限制法院的裁量权，而要求法院必须判决专利无效；但是在不构成侵权的前提下不得以任何形式宣告专利有效。地方法院的见解也多有分歧，有观点认为当专利有效性问题适当地出现时，地方法院即应该加以处理，例如 Baxter Healthcare Corp. v. Spectramed, Inc. 案❼法院指出被控侵权者有权就其认为专利无效的主张在地

---

❶ Cardinal Chemical Co. v. Morton International, Inc. , 508 U. S. 83, 99 (1993).

❷ Blonder Tongue Laboratories Inc. v. University of Illinois Foundation, 42 U. S. 313 (1970).

❸ Joseph R. Re, William C. Rooklidge. Vacating Patent Invalidity Judgments Upon an Appellate Determination of Non – infringement [J]. J. Pat. & Trademarl Off. Soc'Y, 1990 (72): 780-786.

❹ Electrical Fittings Corp. v. Thomas & Betts Co. , 307 U. S. 241 (1939).

❺ Altvater v. Freeman, 319 U. S. 359 (1943).

❻ Sinclair & Carroll Co. v. International Corp. , 325 U. S. 327 (1945).

❼ Baxter Healthcare Corp. v. Spectramed, Inc. 516 F. 2d 1324, 1327 (6th Cir. 1975), cert. denied, 423 U. S. 1056 (1976).

方法院受到最终的确认；Hieger v. Ford Motor Co. 案❶指出，无效的专利很明显地会损害公共利益，因此每当遇到此项争议时，均必须加以解决；而大多数法院则采取汉德法官在 Harries 案的见解，认为 Sinclair & Carroll Co. v.International Corp.案中所谓"较佳的实践"并非一种指示而仅是一种忠告，赋予法院在判决不侵权的同时，有一定的裁量权。然而，在对于裁量权的空间以及裁量时所应考虑的因素确有不同见解，有人认为应采 Harries 案的见解，认为只有在专利明显无效时法院未判决专利无效时才构成违法，亦有法院指出只有在明显未构成侵权行为的情况下，法院未判决专利无效时才构成违法，此外，还有人认为应考虑该项专利所涉及的公共利益。还有学者认为，巡回法院在判决未侵权的情况下，习惯性地撤销专利无效的判决并不正确，对于专利无效主张的方式虽会影响法院对于专利无效判决的处置，但此项区别已经渐无意义，因为一方面当事人在专利侵权诉讼外通常会另提起专利无效确认诉讼，且上级法院在指示下级法院应就专利无效及专利侵权两项争议加以斟酌时通常并不作区别。在专利无效以抗辩的方式主张的情形下，涉及法院审理时的效率以及消除无效专利的公共利益两项政策的冲突，在专利侵权诉讼的表面证据未证明前，法院根本无须进一步审查被告的抗辩，因此在此种情况下，联邦巡回法院的实践应属正当。然而，在专利无效确认诉讼中此项实践即是错误的。由于确认诉讼应用于专利诉讼本身的目的即在赋予被告可以在专利权人未提起侵权诉讼前可先通过确认诉讼来确定自己的权利，故不可能要求在构成侵权的前提下才审查专利是否无效的争议；另外，确认诉讼要求当事人必须有实质的争议存在，在符合要件而得提起确认诉讼的情况下，即表示专利有效性争议并非假设性案件。

确认诉讼既然已是独立诉讼，即不应再视专利侵权诉讼的结果定其是否有必要加以审理及判决。而在专利无效单纯以抗辩方式提起的情形，如

---

❶ Hieger v. Ford Motor Co. 94 F. 3d 1575，1585（Fed. Cir. 1995），cert. denied，516 U. S. 906（1995）.

果专利无效争议经法院裁量而不加以审理或遭上级法院撤销，此时当事人仍可依照确认诉讼法另提起专利无效确认诉讼，就专利有效性争议取得由法院审理并裁判的权利。

第二节　日本专利权无效判定模式

一、专利权无效审判制度

日本法制在"二战"前以德国法为师，在司法裁判所之外另设行政裁判所审理行政诉讼，当时在法院系统外另设行政裁判所的主要原因之一是认为法院的法官不具备行政机关的各种专业素养，为确保行政事件处理的专业性，于是设置行政裁判所专门处理行政事件的诉讼。"战后"则受美国的影响导入美国的制度，现行《日本宪法》第 76 条第 1 项规定，司法权属于最高法院及各下级法院；第 2 项规定，禁止设置特别的法院以及行政机关不得为终局裁判。通说认为司法权除民事及刑事的审判权外，亦包含行政事件的审判权，禁止设置特别法院的原因之一是因"战后"由美国引入行政审判制度，因行政审判制度可确保行政事件在诉讼时的专业性，故已无必要设立行政法院。因此，针对专利法上行政机关（特许厅长官、特许厅审查官、审判官、审判长）所为的行政处分，不服的当事人可向法院提起诉讼，争执其违法性。但是在向法院提起诉讼前，先经由行政机关内部自我审查，以保证公民权益及行政机关的正常运作（《行政不服审查法》第 1 条第 1 项）。依《日本行政事件诉讼法》，对行政处分不服者可以先请求行政审查，再提起诉讼或是直接提起请求撤销行政处分的诉讼，但法律另有规定时，应先经行政审查（第 8 条第 1 项但书）。在专利事件，即是采取审查前置主义，要由拥有相关技术专家的特许厅先行自我审查，以求行政处分的正确适法。

日本现行特许厅机构首长为特许厅长官，内部有总务部、审查业务部、特许审查第一至四部、审判部。此外并设有工业所有权审议会、工业所有权研修所。其中审判部主要负责发明专利、新型专利、新式样专利及商标的审判等事务，如针对核驳审定审判、无效审判、发明专利异议、商标注册异议、再审及判定等相关事务。审判官的资格依《日本发明专利法》第136条第3项由政令（《日本发明专利法施行令》第13条）确定。专利的审查及审判依其形式主要可分为"查定事件"及"当事者事件"，其中查定事件是以特许厅为被请求人，原则上采书面审理，关于专利申请审查不予核准的不服审判（第121条）及更正审判（第126条）就属于这类；当事者事件则以专利权人为被请求人，采双方当事人对立的形式，以口头审理为原则，关于专利权有效性争执的专利无效审判（第123条）就属于这类。❶ 专利申请案经过特许厅的实体审查后，若最终审定为"特许查定"，即核准专利，此时任何人对此专利权效力有争执的，可提起"特许无效审判"，请求将获准的专利权溯及既往地撤销。特许无效审判类似于我国的专利无效宣告制度，但是其中最大的不同在于，无效审判采用准司法的审理程序，我国的专利无效宣告审查则为行政程序。

依《日本特许法》第123条规定，发明专利属于该项所列各款情形之一时，可对发明专利提出无效审判的请求。此情形中，对具有两个以上请求项的发明专利提起无效审判时，应就每一请求项分别提起请求，即就专利权范围的各个权利请求项有单独无效的原因时，应个别为之。即使专利权已消灭亦可提起无效审判。特许无效审判事由请求人依《日本特许法》第131条规定，在请求书记载当事人及代理人的姓名或名称及住所或居所、请求审判事件的目标，及请求审判的内容及其理由，向特许厅长官提出请求。特许厅长官则依《日本特许法》第137条规定指定合议庭的审判官，并依同法第138条在指定的审判官中再指定一个审判长。审判程序方面，审判长在有提出审判的请求时，应依《日本特许法》第134条的规定，将请求书副本送达被请求人，并指定一定的期间给予其提出答辩的机会。无效审判的被请求人，限于依指定期间或《日本特许法》第153条第2项规

---

❶　［日］村林隆一，小松陽一郎．特許・实用新案の法律相談［M］．青林書院，2004：200.

定的指定期间内，得对申请书所附具的说明书或图式请求更正。但该更正限于申请专利范围的缩减、错误的更正、不清楚处的说明。审判长在受理被请求人的答辩书或依更正的请求书所附具的已更正的说明书或图式时，应将其副本送达请求人。❶ 审判长在审判的相关事项上可审问当事人及参加人。审判以 3 人或 5 人审判官组成合议庭进行审理，并以过半数决议为审决。通常审判官皆由资深审查官胜任。审判审理的方式以口头审理为原则，但审判长可依当事人的申请或依职权，进行书面审理。口头审理须确定时间和地点以通知当事人及参加人。且口头审理以公开进行为原则。审判采用职权审理，除当事人或参加人的主张外，并得依职权为积极的证据调查及证据保全。依职权所为的证据调查及证据保全，审判长应将结果通知当事人及参加人，并指定一定的期间给予其陈述意见的机会。基于当事人权益的确保，审判官的职权行使并非毫无限制，其行使的范围仅能就申请人所欲主张专利权无效的请求项的专利申请范围进行，在证据调查及证据保全程序可嘱托处理该事务所在地的地方法院或简易法庭进行，并准用民事诉讼法的相关规定。

审判以最终判断的审决结束，审判结果如认定请求人的请求有理由，应为无效审决或无效（请求）成立审决，如认定请求人的请求无理由，应为无效排斥审决或无效（请求）不成立审决。特许无效审判的审决确定后且经登记的，任何人不得再基于同一事实及同一证据请求审判。日本特许法关于特许无效审判制度，是采用请求人及被请求人（即专利权人）为双方当事人，以诉讼的方式进行审理，特许厅审判庭是以裁判的角色进行审决，而对于特许无效审判的审决不服的，可在审决送达之日起 30 日内以原特许无效审判的请求人或被请求人为被告，向专属管辖的东京高等裁判所提起撤销审决的审决撤销诉讼，并由法院将诉讼内容通知特许厅长官。所以说，审决撤销诉讼的当事人，仍为原审判程序的当事人，作出审决的特许厅并不是相关诉讼的当事人，从而无效审判的双方当事人对立结构将一

---

❶ 《日本特许法》第 134 条之 2。

直延续到后续的诉讼程序中，直到审决确定维持或被撤销为止。当特许厅认为请求人的特许无效的请求有理由而作出无效审决，专利权人提起审决撤销诉讼，经法院维持无效审决的判决确定后，或专利权人未提起撤销审决诉讼，在起诉期间经过后无效审决就此确定。无效审决确定后原则上专利权是自始不存在。❶

对于专利无效审判的救济，则应向知识产权高等裁判所提出。知识产权高等裁判所的前身，可追溯至 1948 年特许法等工业财产权法修正，明文规定东京高等裁判所专属管辖有关专利的审决撤销诉讼，东京高等裁判所随后于 1950 年 11 月指定民事第 5 部（庭）专责审理知识产权案件，1958 年改由民事第 6 部审理，之后随着诉讼案件增加，陆续在 1959 年增加民事第 13 部、1985 年增加民事第 18 部、2002 年 4 月增加民事第 3 部，专门审理知识产权案件。2004 年 4 月 1 日上述四个部组成一个独立部门，称为知识产权部第 1 部至第 4 部，而不再隶属于民事部。知识产权部原则上由 3 人合议，另外自各部的成员中产生 5 人合议的特别庭，负责审理对企业活动产生重大影响而须统一法律见解的案件。❷ 由于多年来日本各界对于司法改革的呼声始终不断，经过专家学者及司法从业人员多年的努力，终于在 1999 年 6 月 9 日公布了《司法改革会议设置法》❸，并于 1999 年 7 月正式在内阁成立司法改革会议（JRC），而依据《日本司法改革会议设置法》第 2 条规定，司法改革会议的工作执掌，是定义 21 世纪的日本司法所应扮演的角色，并依此进行司法改革的一些必要基本措施，重新安排司法的基本结构。因此，它的目标在于建立一个使人民易于接近且更人性化的司法制度，使民众能够共同参与，并重新定位专业的法律系统，以加强其功能。日本的司法改革会议在 2001 年 6 月提出了一份名为《因应 21 世纪的司法制度》的报告，其中有关"强化知识产权相关案件的综合对应"即指出在

---

❶ 《日本特许法》第 125 条。

❷ Katsumi Shinohara. Outline of the Intellectual Property High Court of Japan [J]. AIPPI Journal, 2005 (5): 131.

❸ Establishment of Judicial Reform Council. Law No. 68, June 9, 1999.

泡沫经济破灭后，日本经济严重衰退，故全国须采取措施从事知识产权的创造、保护及利用，才能振兴国家经济，许多发达国家均以增进并加速知识产权诉讼程序作为提升国际竞争力的策略，日本政府亦须因应此潮流而采取相关措施，并提出加速知识产权案件的审判程序，将该类案件的审理期间缩短至原来的一半，使东京及大阪地方裁判所实质上具有专利法院的功能，以及提升东京及大阪高等裁判所审理知识产权案件的专业性等具体司法改革建议。2002 年 2 月，时任内阁总理小泉纯一郎在国会发表以知识产权战略及国家战略为主旨的施政方针演说，之后于该月 25 日设置"知识产权战略会议"，同年 7 月 3 日公布《知识产权战略大纲》，在知识产权立国的基本概念下，提出创设实质上具有专利裁判所功能的机构、改革上诉制度等构思，2003 年 3 月公布施行《知识产权基本法》，并依法在内阁设立"知识产权战略本部"，由内阁总理担任部长，同年 7 月 8 日发表《有关知识产权的创造、保护及运用的推进计划》，该计划首次提出设立知识产权高等裁判所的建议，以强化法院处理知识产权纷争的功能，及对国外宣示日本对知识产权重视的政策方针。由于前述的提案，司法制度改革推动本部的第 11 次检讨会于 2003 年 10 月 23 日设立"知识产权诉讼检讨会"；同时，"知识产权战略本部"另外设立关于强化权利保护基础的专门调查会，以强化对于反仿冒品、盗版对策、专门人才的培养、知识产权利化的促进、权利保护基础等，并同时进行有关司法制度的检讨；以上两个会议的结论均提议创设知识产权诉讼裁判法，2004 年 6 月 11 日通过《知识产权高等裁判所设置法》，18 日公布，并设计在东京高等裁判所内以特别支部的方式设置"知识产权高等裁判所"，于 2005 年 4 月 1 日正式运作。

日本知识产权高等裁判所，是作为东京高等裁判所内的特别支部，其裁判所人员，包括裁判官在内，与东京高等裁判所的其他部分可互为流通。所谓特别支部与之前专门部（专庭）或其他支部的不同，最主要在于此特别支部的司法行政具有相当的独立性，其内部设置有独立的裁判官会议，关于裁判事务的分配、裁判官的配置、代理顺序、开庭日期分配等，皆由其裁判官会议自行决定。另外，在裁判部门之外另设有一专门处理行政的知识产权高等裁判所事务局，负责处理专门委员的任免、诉讼的运作、裁判官与专门委员研修计划的执行、数据通信的处理等业务。至于裁判所的成员部分，在裁判部门除法官外，并配置有具备技术专门知识并熟悉专利制度的裁判所调查官，以及参与记录诉讼程序、协助法官查阅检索法令条文的裁判所书记官，而在事务局部分则有法院事务官负责司法行政事务等工作。此外，在个别情况下，可由各该技术领域具有相当知识但非常任职员的专门委员参与诉讼事件。知识产权高等裁判所中，是以三人合议庭进行裁判，但对于因先前的裁判歧异而有统一法律见解必要性的重要案件，则采五人合议庭进行裁判，目前在裁判部门中设有四个通常部与一个特别部（大合议部），各部负责的案件并无种类的区分，即并未就专利、商标、著作权的种类分别由不同部处理。在遇有大合议的事件时，以各部一个裁判官连同所长共五人组成，并以所长为审判长。知识产权高等裁判所管辖的案件，依《日本知识产权高等裁判所设置法》第 2 条规定，包含行政诉讼事件第一审的审决撤销诉讼，以及技术型案件民事诉讼事件的第二审。❶

二、侵权诉讼与无效抗辩

对于专利侵权诉讼中专利有效性争议的处理在日本法上有一个发展过程，这从理论界的主张的变迁即可看出，早期日本学者多数认为授予专利权的行为，是行政机关行使公权力的行政处分，具有公定力，即使行政处分违法，也需要利益相关人提起撤销诉讼，则法院在判决专利撤销前仍应被认定为有效，受理侵权诉讼的法院不得在诉讼中就专利的有效性自行判断。❷ 学者村林隆一从解释论上否认侵害诉讼法院可为专利权无效判定，其认为《日本宪法》第 76 条第 2 项规定行政机关不得为终局裁判，反面解

---

❶　韩晓春. 中日专利申诉及专利行政诉讼制度的比较和借鉴［M］//专利法研究（2003）. 北京：知识产权出版社，2003：44.

❷　飯村敏明. グローバル・ネットワーク時代における特許侵害訴訟—我が国における侵害訴訟における特許無効の抗弁を中心として［J/OL］. http：//www. softic. or. jp/symposium/open_ materials/10th/jp/iimura-jp. pdf.

释即为行政机关可依据法律作为裁判的前审，无效审判即是所谓的前审，第76条第2项赋予《日本特许厅判定特许法》第123条无效理由的权限，法院不得加以剥夺。❶ 然而近年来承认在侵害诉讼中被告可为无效抗辩的学说相继产生，逐渐成为日本的通说。❷ 肯定说的见解主要认为如果不容许在侵害诉讼中主张专利无效，则当侵害诉讼的被告认为该专利权有无效原因时，必须另为无效审判的请求，使得侵害诉讼的当事人，必须历经二次程序才可确定，这对当事人来说造成了很大的负担。实际上，以特许厅与法院间权限分配的原则为根据，将一次程序能够解决的纷争，要求进行二次程序是不正当的，在不违反特许厅的设置旨意的范围内，应承认侵害诉讼法院得为专利有效性的判断。再者，现行无效审判程序花费过多时间，从请求无效审判到审决撤销诉讼确定，通常必须历经许多年，再等到侵害诉讼的判决确定，专利权却早已消灭的案例并不少见。技术是日新月异的，如果需要花费过长时间才能解决纷争，就失去了以诉讼作为解决纷争手段的意义，许多重大的纷争也会某程度地回避诉讼。因此，在迅速解决纷争的要求下，容许侵害诉讼中的无效判定是有必要的。

与学说发展相对应的是判例见解的变迁，起初是不容许普通法院为无效判定，日本大审院（最高法院前身）向来认为专利权存否的判断属于特许厅的权限，普通法院本身不可为专利权无效判定。大审院判例即指出即使专利权具有无效事由，但是经特许厅登记以后，在审决确定专利无效前并非当然无效，普通法院也不得就专利的正当性及其有效性自行判定，侵害专利权而成为被告的人必须通过无效审判才可以主张专利权无效。而且专利权无效判定的权限分配属于特许厅，应给予诉讼被告向特许厅提起专利权无效的机会，在特许厅作出无效判定前专利权当然有效，法院应停止

---

❶ 村林隆一. 特許権侵害訴訟における「特許無効」とその対策 [J]. パテント，48（5）：23.

❷ 辰巳直彦. 特許侵害訴訟における特許発明の技術的範囲と裁判所の権限–特許発明の技術的範囲の拡大と減縮 [J]. 日本工業所有権法学会年報，1993，12（17）：17.

诉讼程序等待无效审判的结果。❶ 此种见解主要是根据行政处分的公定力及特许厅与法院的权限分配而来。后来则承认特许厅可参酌公知技术，就权利范围作限定解释，大审院 1934 年 10 月 29 日判决❷，对于特许厅斟酌请求范围中所记载的某构成要件，在申请前已属于公知范围，在请求范围中也未加以详细说明，而以在图示中明示的项目作为构成要件的审决，即在判决中肯定特许厅可就专利范围作限定解释。然而这并非针对普通法院而言，只是容许由特许厅作限定解释。

再后来就是法院认为在权利范围确认审判的审决撤销诉讼中，关于权利范围的判断应考虑申请当时的技术水准。最高裁判所成立后，关于专利权利范围确认审判的审决撤销诉讼中，因袭大审院的判例，认为判断权利范围应考虑申请当时的技术水准。最高裁判所 1962 年 12 月 7 日的民事判决❸即认为，判断对于哪一发明赋予专利权时，即需要考虑当时的技术水准。因为专利权既然是对创新事业的权利赋予，则在当时已属公知范畴的内容自然不能认为是新颖的发明。另外在 1964 年 8 月 4 日的判决❹中，最高裁判所也基于前述见解，将原判决发回。该判决指出，确定新型专利的权利范围时，并非拘泥于专利权利请求项的文字记载，还应斟酌申请案的性质、目的或说明书及所附图示的全部记载，实质地认定专利申请的要旨。而且，对于包含在申请时已属公知、公用范畴的新型，在确定其权利范围时应将前述公知、公用范畴除外而判明具新颖性部分的意旨。

接着是法院肯定专利侵权诉讼中，判断权利范围应考虑申请当时的公知技术。在最高裁判所肯定在专利范围确认审判的审决撤销诉讼中，可参酌公知技术解释权利范围后，更进一步在专利侵害事件中采纳此见解，认为即使在侵权诉讼中，就权利范围的判断，亦应考虑申请当时的公知技术。

---

❶　大审院大正 5 年（オ）第 1033 号，大正 6 年 4 月 23 日判决，民录 23 辑 654 页.

❷　汪惠玲. 智慧财产民事诉讼先决问题研究——以专利有效性为中心［D］. 台北：高雄大学，2009：89.

❸❹　［日］田村善之. 日本知识产权法［M］. 周超，等译. 北京：知识产权出版社，2011：258.

最高裁判所 1974 年 6 月 28 日民事判决❶即认为，专利权是对创新发明事业的权利赋予，则当时已属公知技术范畴的部分自不能认为是新颖的发明，因此，在确定专利发明的技术范围时，即应将当时已属公知技术范畴的部分除外，再来辨明具新颖性的技术思想的意旨才是恰当的。此见解容许普通法院经由解释权利范围的方法，技术性地将专利权利范围限缩，等于在结果上某种程度地容许普通法院来审酌专利权的有效性。但对于发明的全部都属于公知技术范畴，或无法经由确定权利范围的方法斟酌的无效事由，则受理民事侵权诉讼的法院，仍无从直接判断专利权授予程序是否有瑕疵。

在专利侵权诉讼与无效抗辩议题上较有里程碑意义的案件则属 2000 年 4 月 11 日的富士通与美国得州半导体一案❷（kilby 案，在日本惯称キルビー判决），该案变更大理院时代有关不容许受理侵权诉讼法院自为无效判定的判例，认为在专利无效审决确定前，受理侵权诉讼的法院，经审理结果认定该专利权存在明显无效理由时，基于该专利权的禁止、损害赔偿等请求，除有特殊情形外，即应认定为权利滥用而不予准许。

该案中，上诉人（被告）拥有名为半导体装置的专利权（以下简称本件专利权），其主张被上诉人（原告）所制造销售的半导体装置侵害了上诉人的专利权，被上诉人遂对上诉人起诉，请求判决确认基于专利权侵害所生的损害赔偿请求权不存在。而依照第二审确定的事实，本件专利权曾在昭和 35 年 2 月 6 日专利申请（最初申请），后又分别于 1964 年 1 月 30 日（原申请）、1971 年 12 月 21 日（分割申请），先后为二次分割申请，经核准而授予专利权。一审判决认为被上诉人所制造销售的半导体装置，并不属于本件专利权的技术范围，而作出被上诉人胜诉的判决。上诉人不服而向东京高等裁判所提起上诉，而第二审基于前述事实判断如下：一是关

---

❶ 汪惠玲. 智慧财产民事诉讼先决问题研究——以专利有效性为中心 [D]. 台北：高雄大学，2009：90.

❷ [日] 田村善之. 日本知识产权法 [M]. 周超，等译. 北京：知识产权出版社，2011：258.

于本件分割申请的发明，实质上与 1964 年原申请的发明实质同一，其分割申请应是属于不合法，因此，本件专利权被认为无效的概率极高。二是 1964 年原申请的发明，根据审决撤销诉讼的确定判决，特许厅认为基于公知的发明，其申请的发明可轻易地被推知，而拒绝授予专利权。因此，与 1964 年原申请的发明，实质上为同样的本件专利，也是是否有效的原因。基于以上两点理由，东京高等裁判所判决认为，"基于被认定为无效概率极高的专利权，对于第三人行使权利，属于权利滥用，自不应容许"，因而驳回上诉。而上诉人主张东京高等裁判所的判决违背法律，又上诉到最高裁判所。最高裁判所肯定了东京高等裁判所的判断，并认为"本件专利有无效理由存在，甚为明显，且亦无订正审判请求等足以认定有特别的情形存在，因此可确切地预见其会被认定为无效"。该法院并进而就原审判决作如下论述："专利法规定在专利有无效理由存在时，其专利无效的认定，应经由具有专门知识经验的特许厅审判官审判，而在无效审决确定时，其专利权始应视为自始不存在。"从而，专利权在无效审决确定前即应适法且有效的存续，不能认为有对世性的无效。然而，在如本件专利权的情形，其专利权明显存在无效理由，可以确切地预见其专利权如经请求无效审判，将因无效审决确定而认定为无效，则基于该专利权的禁止及损害赔偿等请求，如仍予准许，基于以下几点理由并不适当：首先，基于此等专利权的发明实施行为的禁止，及有关的损害赔偿如予承认，实质上是赋予专利权人不当利益，并对实施发明的人予以不当利益，将导致违反衡平理念的结果；其次，对于纷争应尽可能以一次程序予以解决为理念，则在前述专利权的侵害诉讼中，如认为只要未经特许厅的无效审判程序而为无效审决确定，即不许以该专利权有无效理由存在，作为对专利权行使的防御方法，不啻对于无意寻求宣告专利权对世的无效的当事人，强迫其进入无效审判程序，且此亦有违诉讼经济。最后，《日本特许法》第 168 条第 2 项不应解释为在专利权明显有无效理由存在，而可以确切预见其依前所述会被认为无效时，应停止诉讼程序的规定。从而，即使在专利无效审决确定前，应认为审理专利侵害诉讼的法院仍可判断专利权是否存在明显无效的理由，其审理的结果，在该专利权有无效理由存在为明显时，基于该专利权的禁止、损害赔偿等请求，除有特殊情形外，即应认定为权利滥用而不予准许。而此等解释，与专利制度的本旨亦无违背。● 日本最高裁判所因而判决驳回上诉。

就该案判决意旨而言，日本最高裁判所仍维持专利的无效判定必须经由特许厅无效审判的程序。因最高裁判所仍坚持专利无效审判是采"审查前置"主义，当专利欠缺新颖性、进步性等专利要件时，为使其对世性的失效，仍仅得向特许厅为审判请求，当特许厅为专利无效审决确定时，其专利权溯及地失效，只在明显存在无效理由时，才容许权利滥用的抗辩。而且即使明显有无效理由存在时，但如另有更正审判的申请存在，因依日本现行法，更正只可以在特许厅的更正审判程序中进行，在侵权诉讼中不能进行专利申请的更正，而因其更正审判的结果，专利权范围与侵权物的对比可能因而变更，结果是在更正审判程序进行中，民事侵权诉讼当然只能停止诉讼，此即前述最高裁判所判决中所称侵权法院不能直接以权利滥用而否认专利权行使的"特殊情事"。但是，何以该案判决限定只能在无效理由明显存在时，才容许侵权诉讼的被告为权利滥用抗辩，又何种情形才属"明显"，在日本引起不小的争论。学者认为倘基于该判决所欲表达的"衡平理念"及"诉讼经济理念"，实际上不必限于"明显"的无效理由，即使未达到"明显"程度，但侵权诉讼的法院确实已有专利具有无效理由的心证，如仍要求法院应作容许损害赔偿请求的判决，等到另外进行的无效审决确定后再行提起再审可能也不符合"诉讼经济"。此外，为何"无效理由明显"时，其权利的行使才构成权利滥用，最高裁判所的判决就此部分欠缺说理。尤其是就无效理由到何程度才为"明显"更是模糊不清，即使就前述本件判例中的事实仍有颇多评论，认为客观未必即属"明显"。当日本学界就无效理由明显存在的范围为何争论不休时，在诉讼实务上，法院直接认定专利具无效理由的案例已相当常见，甚至判断无效

● 最高裁判所平成 12 年 4 月 11 日第三小法庭判决，平成 10 年（才）第 364 号，民集 54 卷 4 号 1368 页．

理由的范围已扩张到一般认为专门技术型较高的理由，例如欠缺进步性，也有在侵权诉讼中加以判断的案例。❶

在最高裁判所 2000 年 4 月 11 日判决 kilby 案后，实务上虽已放宽民事侵权诉讼可为权利有效性的判断，但由于何种情形属于明显存在无效事由，并无客观的审查标准，实务界便进一步要求删除最高裁判所所设定的"明显"要件，经过讨论后，遂增订《日本特许法》第 104 条第 3 项，规定，"在有关侵害专利权或专用实施权的诉讼中，该特许依特许无效审判应被认定无效时，专利权人或专用实施权人对于对方当事人，不得行使权利"，并配合知识产权高等法院的设立，在 2005 年 4 月 1 日施行。此规定明确赋予民事法院于侵权诉讼中可就权利有效性自行判定的权限，但是其判断只对诉讼当事人发生效力，并不妨害专利权人对该诉讼对方当事人以外的第三人，基于其专利权而主张侵害除去或防止请求权、损害赔偿请求权。仅有在当事人向特许厅提出无效审判的请求，并经裁判确定后，才发生专利权自始无效的对世效力。

首先，由于《日本特许法》第 104 条第 3 项是规定"在侵害专利权或专用实施权的诉讼中，该专利依特许无效审判应被认定无效时"，此即明示审理专利侵害诉讼的民事法庭，在处理权利有效性的抗辩时，不得以独立的立场解释专利有效的构成要件，必须采取与专利无效审判的行政诉讼程序同一基准进行判断。由此可见，日本特许法的增订仍是以行政诉讼无效审判的立场为主，而未赋予民事诉讼平行的认定权限，此方式某种程度上应可防止因二种程序以各自立场独立解释认定专利有效的要件，所可能产生的歧异情形。其次，特许法所采取另一个防止不同程序发生矛盾的措施，即在于《日本特许法》第 168 条新增第 5 项、第 6 项，规定法院经特许厅通知就同一专利已有无效审判存在时，应将记载攻击防御方法的书面意思通知特许厅，特许厅应该向法院要求提供有关该专利权无效审判程序所需要的书面复印件。希望可以通过法院与特许厅的资料互通，使双方可

---

❶　東京地方裁判所平成 10 年（ワ）第 25701 号、平成 11 年（ワ）第 10959 号判决.

以就同一专利的无效与否，不至于因为审酌材料的不同，而形成判断歧异。此外，在侵权诉讼中，当侵权人提出专利权无效抗辩后，权利人申请更正审判以避免专利无效时，亦可能造成不同程序间认定歧异的问题，此时日本学者多数认为由侵害诉讼的法院进行更正尚有理论上的困难，而且在侵害诉讼中实际上亦难以进行有关更正的详细辩论，因此仍维持应在特许厅进行更正审判的以往立场。但配套要求是特许厅应对此类案件优先审理，以及在更正审判时，对于侵权诉讼原告向特许厅的更正请求，应允许侵权诉讼的被告有反驳的机会。另外，侵害诉讼与专利无效审判的判断有冲突之虞时，法院仍可依《日本特许法》第 168 条第 1 项规定，裁定停止其诉讼程序。又由于法律明文允许侵权诉讼法院可就专利权的有效性为实质认定，为避免当事人滥用权利有效性抗辩，而延滞侵权诉讼的终结，因此，《日本特许法》第 104 条之 3 第 2 项另规定"依前项所为无效理由的主张，如认为是以不当延滞诉讼为目的时，法院可依声请或依职权，裁定驳回"，以免因当事人动辄主张权利无效，反而造成权利保护的拖延。

　　日本法制虽然试图通过侵权诉讼与无效审判的判断基准的统一与判断材料的共通化，来避免认定歧异的问题，然而由于二者所适用的程序不同（无效审判采职权探知主义，侵权诉讼采辩论主义），仍然有产生判断结果歧异的可能。况且无论是无效审判或侵权诉讼都很重视程序的迅速进行，因此中止诉讼程序的情形非常少见，为此有必要针对侵权诉讼与无效审判就存在专利有效性认定歧异的情形加以检讨。当侵权诉讼的判决先于无效审判程序确定，且侵权诉讼认为专利有效而同意损害赔偿的请求，事后确定的无效审判认为专利无效时，此时由于民事判决基础的行政处分有变更，构成《日本民事诉讼法》第 338 条第 1 项第 8 款的再审事由，当事人当然可据此提起再审，即使专利权人已获得赔偿，也应依不当得利负返还之责。但如侵权诉讼中法院认定专利有无效原因而驳回专利权人的请求确定，事后无效审判结果却认为专利有效，此时原裁判基础的授予专利处分并未变更，因此对于民事判决即不能为有再审原因。至于在无效审判的审决先于侵权诉讼判决确定，而且特许厅在无效审判程序后作专利无效审决定确定

的情形，由于该专利权是溯及且对世的失其效力，事后在专利侵权诉讼中自然不可就其有效性再加以争执。❶

第三节　我国台湾地区专利权无效判定制度

一、专利权的举发撤销制度

我国台湾地区的专利法规中的专利权无效判定在 2008 年后转变为双轨制，即为专利举发撤销制度与普通法院自为判定专利无效。其中，专利举发撤销制度和大陆的无效宣告制度相似。发明经核准专利后，并不代表专利权到法定期间届满时都会维持其效力。因为在申请专利时，由审查人员审查申请案是否符合专利要件而决定是否核准专利，以新颖性要件为例，审查人员判断专利申请案是否具备新颖性要件时，必须检索有关的先前技术并加以比较，才能判断专利申请案是否具备新颖性要件，但是审查人员不可能检视所有有关的先前技术，因此即便经检索后未发现足以影响专利申请案的先前技术，不代表此类先前技术即不存在，有可能因审查人员判断错误，导致核准不具备专利要件的申请案。❷ 此种不应核准的专利权存在，不仅是赋予专利权人不当的权利，也禁止大众使用本应自由实施的技术，有碍自由竞争。台湾地区的"专利法"第 67 条对此规定了专利举发撤销制度，提供第三人对于其认定不应核准专利而核准者可以向专利行政机关检举，使其重新审查，但是为调和专利权人、利害关系人与公众间的利益，对某些特定事由规定需利害关系人才可提起。

（一）专利举发程序启动

台湾地区专利法规中，除以专利申请权为共有而非由全体共有人提出申请，及专利权人非专利申请权人为由提起举发撤销者，因涉及权利归属

---

❶　工藤敏隆. 特許侵害訴訟における特許の有効性判断に関する諸問題 [J]. 法学政治学論究，2006（69）：13.

❷　杨崇森. 专利法理论与应用 [M]. 台北：三民书局，2008：541.

的争执须限于利害关系人才可提起外，其余的举发事由并无主体的限制，任何人均可附具证据向专利行政机关提起举发撤销。至于专利权人本身可否提起举发撤销，专利法虽未明文限制，但是考虑举发撤销为公众审查制，应由专利权人以外的人提起才较合理，且专利法上有关举发撤销的条文设有双方当事人，并有专利权人答辩的程序，所以专利行政机关对于专利权人所提起的举发应不予受理。对于部分举发事由限制利害关系人才可提起举发，有论者指出由于实际上如何认定利害关系人并不容易，对于主体加以限制难免造成更多行政救济的案件，徒增程序上争议且有违专利权应受公众检验的本旨。另举发事由限利害关系人才可提起者，举发人须在举发理由书中声明自己为利害关系人，并提出相关证据证明，但是专利权人对于举发人所主张其为利害关系人的事实并无争议的，专利行政机关对于此项要件是否具备可不进行调查。若举发人并未提出任何形式的证据证明自己为利害关系人，此时专利行政机关于形式审查时，即可以举发人不适格为由不受理举发申请；若举发人有提出形式上的证据，但是通过实质审查后，该等证据无法证明其为利害关系人的，此时专利行政机关应以举发人不适格为由将举发申请驳回。举发人在提出举发申请时虽不具备利害关系人的身份，但在举发申请案审定前已经取得利害关系人的资格的，仍应肯定其具备利害关系人的要件。

举发的目标为专利权，故必须以专利权存在为前提。专利权人的专利权从公告之日起算，故举发撤销应以已公告的专利权为目标。因此专利经核准审定（处分）后至缴费领证前提起举发的，由于尚无举发目标因此专利行政机关将会处分举发申请不受理；至于在专利申请案缴费领证后至公告前提起举发者，此时虽尚未公告，但因专利公告取得专利权的时间可以确定，因此专利行政机关于实务上会先受理举发的申请，并待公告后再行处理。举发撤销以专利权为目标，故当以专利权仍有效为必要，否则专利权既然已经失效，当无再举发撤销的必要，因此当专利权期满或是当然消灭后，原则上不得再作为举发目标。而专利权消灭是在消灭之时起向后失其效力，在专利有效期间所生的法律上效力，并不因专利权消灭亦同时失效，故专利法特别规定利害关系人对于专利权的撤销，有可回复的法律上利益者，可在专利权期满或是当然消灭后提起举发。例如，举发人在专利权存续期间曾受专利侵权诉讼不利的判决，在仍可行使诉讼救济权推翻该不利判决的时限内，应认为其仍具有可回复的法律上利益，而允许其提起举发撤销。

提起举发者应具备举发申请书与举发理由书并应详述理由及附具证据作为审查判断时的依据。但在某些情况下，并非未附具证据即无从审查，此时虽举发人未检附证据，但专利行政机关并未因此即无从审查，故在这种情形下，专利行政机关不得以未附证据为理由拒绝受理举发申请。必须是举发人未说明理由，亦未检附证据，且经通知补正仍未补正的，才可为不予受理的处分。举发人补提理由及证据应从举发之日起一个月内完成，但在此所谓一个月的期间并非法定不变期间，仅为通常法定期间，因此即使在举发之日起一个月后才补提理由及证据，但专利行政机关尚未作不受理的处分的，其所补提的理由与证据仍有效，专利行政机关仍应予以受理。专利行政机关接到举发申请书后，应将举发申请书的副本送达专利权人，专利权人应在副本送达后一个月内答辩，除先行申明理由准予延期者外，期限届满不答辩的将直接进入审查。

（二）专利举发案的审理

举发案进入实体审查后，专利行政机关会指定未曾审查原案的专利审查人员审查。所谓审查原案的专利审查人员，指的是曾审查该专利申请案初审及再审查的审查人员。实务运作上，专利行政机关会指定两名审查人员审查举发案，若两个审查人员意见不一致时，会再指定第三个审查人员，然后以多数决来决定最终的审定结果。审查人员适用回避政策，审查人员有应回避而不回避之情事者，专利行政机关得依职权会依申请撤销其所为之处分后，另指定其他审查人员在相应范围内重新审查。

专利行政机关在举发审查时，必要时可依申请或依职权通知专利权人限期到专利行政机关面询、进行必要的实验、补送模型或样品；就实验、补充模型或样品，专利行政机关在必要时并得至现场或指定地点实施勘验。

面询是以非公开的方式进行，由审查人员与当事人直接以言词进行讨论沟通。在面询时，专利行政机关应先查验出席人员的身份证明文件，且必须充分给予双方当事人说明的机会。另外，审查人员亦可通过询问当事人以了解案情，但不宜当场表示审查结果或意见。当事人在办理面询时提出新理由及证据的，审查人员应先予以记录；当事人提出样品作为证据的，也应当场就该样品进行检视并列入面询记录，以便确立后续的审查范围。

通过必要的实验、补送模型及样品或实施勘验，可供审查人员再次检视专利说明书及图示所记载创作目的、技术构成或外观式样及作用功效等事项，也可提供当事人就说明书及图示的记载是否完备或专利要件有无缺失等事项，有再次说明及证明的机会。当事人申请实验、补送模型或样品，或实施勘验时，审查人员应考虑是否有办理的必要，但当事人主张作为新证据的，即便审查人员认为实验、模型或样品、实施勘验与证据之间不具关联性，也必须进行。

专利行政机关在举发审查时，可依申请或依职权通知专利权人限期修改专利说明书或图式。修改是专利权人维持专利权有效性的方法之一，当专利权人评估举发人所提出的证据，认为其专利权可能无法满足专利要件导致有被撤销的可能时，可先通过修改专利申请范围的方式，以缩小专利申请范围，以避免举发证据的影响。专利行政机关在核准修改后，应将其事由刊载专利公报，且说明书、图示经修改公告的，溯自申请日生效。由于修改专利申请范围并不限制在举发案中才可进行，因此若专利权人在举发案提出之前已经提出申请修改的，此时专利行政机关必须先停止审查举发案，待修改的结果而定，若修改经核准的，举发案的审查人员必须通知举发人限期就修改内容表示意见，并根据修改后的专利申请范围审查。在举发案中，无论是专利行政机关依申请或依职权通知专利权人所为的修改，专利行政机关均必须就修改先行审查。若审查的结果是不准修改的，其应在举发裁定书中叙明不准修改的事实，此时不另行通知举发人发表意见；反之如果准予修改，则应通知该审查中各举发案的举发人，并限期令举发人就修改内容发表意见，其期限届满未发表意见的，可依修改后的内容径行审查。

举发程序的进行，包括举发之提起、答辩，均应以书面为原则。因此举发人应以书面说明理由并附具证据，专利权人应以书面提出答辩，必要时当事人得利用面询、实验、补送模型或样品或实施勘验等，补充说明或补强证据，以辅助审查。举发案的审查，原则上应依当事人所附具的书面资料审查，并可参酌面询、实验、模型、样品或实施勘验的结果，制作裁定书并送达当事人。另外，对于是否提起举发以及举发的范围如何均取决于举发人的决定，此原则仿自诉讼法上的处分权主义。因此，专利行政机关是以举发当事人所述理由及附具的证据作为审查的依据，若所提理由及证据不能证明该专利有违反专利法的规定的，则应审定举发不成立。在处分权主义下，举发范围的决定、举发的开始与撤回均由举发人决定。

在举发案中采取争点主义，以搭配处分权主义的进行，即审查人员在举发案中必须先厘清当事人间的争点为何。在审查之前审查人员必须先整理当事人在举发请求书及答辩书中有关于事实、法律及证据的争点，在往后审查程序中须就先前所整理的争点加以审查。整理争点时，必须依举发人所述之举发理由为之，并且依其所主张的专利申请范围请求项、专利要件及举发证据来决定争点的范围；若举发人所争执的专利要件不同，将构成不同的争点；举发人以不同证据证明一个事实的亦构成不同的争点，即一组关联证据会构成一项争点，但不同的证据组合会构成不同的争点，且在该专利有数个请求项时，举发人所提出的举发理由可对于每一个请求项逐一主张。综合上述，可知判断争点的要素有三，包括专利要件、举发要件、申请专利范围请求项，只要有任何一项要素有所不同的即构成不同的争点。采取争点主义在审查上有几项作用：一是审查人员不得审查当事人所未主张的争点；二是任何一项争点未进行审查都将构成审查遗漏；三是专利审查人员在争点的范围内应该依职权调查证据；四是行政救济阶段，可供判断当事人所补充的证据为补强证据或新证据的依据，经过判断是补强证据者才可审理；五是同一争点的范围内才有一事不再理的适用；六是基于诉愿前置主义，必须于诉愿阶段表示不符的争点才可在行政诉讼阶段表示不服。

（三）举发的审定与救济

在举发案的相关审查程序进行结束后，专利行政机关应作出审定书，送达举发人与专利权人，举发审定性质上为一种行政处分。举发理由及证据无法证明系争专利有应撤销专利权的情事者，专利行政机关应作出"举发不成立"的审定；举发事由成立者，则应作出"举发成立，撤销其专利权"的审定。对于举发申请已经程序审查，文件齐备交由实体审查后，其案件无须进行实体审查的，例如举发案有一事不再理的情事的、专利权经撤销确定等无须进行实体审查的，作出"举发驳回"的审定。必须注意，若系争发明有多个请求项，经审查后，仅部分权利请求项不符合专利法的规定而导致举发成立的，此时基于专利审查的完整性，审查人员应先依职权通知专利权人删除成立的权利请求项，专利权人根据通知修改后，专利行政机关即可就不成立的请求项作举发不成立的审定，若有任何一个举发成立的请求项未删除的，全案将审定为举发成立，但审定理由应就各请求项分别说明。由于举发审定性质上为行政处分，故认为该项处分违法或不当，以致损害其权利或利益者，可依诉愿法提起诉愿，对诉愿结果不服者，可依法提起行政诉讼。自 2008 年 7 月 1 日，举发人或专利权人对于诉愿结果不服者，应向智慧财产法院提起第一审行政诉讼。举发案的审定结果，无论是成立或不成立，只要当事人未对审定结果依法提起行政救济，或提起行政救济但经驳回确定的，审定的结果即告确定。举发案不成立已确定，专利权应予维持，任何人不得再以同一事实及同一证据再为举发，其目的在于避免他人反复利用举发程序以妨碍专利权的行使。举发案成立，专利权经撤销确定的，专利权的效力视为自始不存在并应追缴其证书，以防止专利权人利用证书行骗，而无法追缴的则应公告注销。

二、专利权无效的法院判定

（一）"智慧财产案件审理法"出台前

为促进知识产权的专业化及效率，台湾地区司法部门从 2004 年起就开始着手研议智慧财产法院的设置，并分别于 2007 年 1 月 9 日及 3 月 5 日通过"智慧财产案件审理法"与"智慧财产法院组织法"，4 月 21 日与 24 日台湾地区司法部门分别公布"智慧财产案件审理法施行细则"与"智慧财产案件审理细则"。根据"智慧财产案件审理法"第 16 条规定，当事人主张或抗辩专利权有应撤销、废止的原因者，法院应就其主张或抗辩有无理由自行判定。而在此之前，普通法院在专利侵权诉讼中面对专利权有效性问题时一般是中止审理，并无自行判定的权限，这与台湾地区的司法二元制有关。

　　台湾地区的司法制度采用的是司法二元制，关于行政诉讼与民事诉讼的审判分别由不同性质的法院审理，即除法律别有规定外，关于公法关系所生的争议由行政法院审理，因私法关系所生争执则由民事（普通）法院审理。然而，在确定民事法院拥有审判权后，民事、行政诉讼程序并非毫无关系，倘若民事诉讼的诉讼目标，其先决问题可以独立作为行政诉讼的诉讼目标，此时，民事法院就此先决问题可否自行判定？或须先行停止诉讼程序，另依行政争讼程序就先决问题予以确定？这一直是困扰实务已久的问题。专利诉讼可分"专利行政诉讼"与"专利民事诉讼"两种，专利诉讼的战场向来在侵权诉讼，而在专利侵权请求损害赔偿事件中，被告几乎都会以主管机关核准专利权的行政处分违法或无效，原告不应享有专利权作为抗辩，换句话说，授予专利权该行政处分的有效与否常常是侵权诉讼的先决问题。因此，专利诉讼中此种以行政处分作为先决问题的判断尤为重要。就此有学者提出下列几种可能的解决方式：其一，行政处分违法性的判断由行政法院独占，民事法院如果认为系争行政处分具有违法性时，即应停止诉讼程序，并提交行政法院裁判，民事法院不得自行审查。❶ 其二，先决问题得由诉讼目标系属的法院自行判断，当事人如已在普通法院起诉，不得就先决问题另请求行政法院确认行政处分是否违法。❷ 其三，先决问题得由诉讼目标系属的法院自行判断，但当事人仍可就先决问题另

---

❶　翁岳生. 行政诉讼法逐条释义［M］. 台北：五南图书出版股份有限公司，2002：146.

❷　吴庚. 行政争讼法论［M］. 自版，2005：9.

行向有审判权的其他法院起诉。❶ 判断专利权是否有效的问题，其重点在于专利要件的审查。例如，产业上的有用性、新颖性、进步性，充分揭露要件等专利要件。行政法院有权审查专利要件是否有效成立，以判断授予专利权的行政处分有无违法或不当，此为司法审查的法定职权。至于普通法院是否有权审查授予专利权行政处分，法律则并无明文规范。因此，就专利有效性的司法审查分为行政争讼及民事争讼两种样态。相对于采用司法一元制的国家和地区，被控侵害专利人提出专利有效性的抗辩后，法院必须先对该先决问题加以处理，法院对于专利无效可加以认定。其优点为当事人的纠纷可一次解决，而其缺点是专利要件的认定涉及专门技术，法院对于专利权是否有效不一定有能力判断。

台湾地区专利法制所采用的方式为第一种，法院在申请案、举发案等行政救济程序确定前，经综合衡量一切状况后决定是否裁定停止诉讼程序的进行，以免徒然浪费程序资源并避免造成行政法院与普通民事法院认定相反的情形。依照台湾地区"民事诉讼法"第 182 条规定："诉讼全部或一部之裁判，以他诉讼之法律关系是否成立为据者，法院得在他诉讼终结前以裁定停止诉讼程序。前项规定，于应依行政争讼程序确定法律关系是否成立者准用之。但法律别有规定者，依其规定。"另依原"专利法"第 90 条第 1 项："关于发明专利权之民事诉讼，在申请案、举发案、撤销案确定前，得停止审判。"因此，在传统的专利侵权审判实务上，如果当事人提出专利有效性的抗辩，并表示该专利权此时正在专利主管机关进行举发、撤销或评定中，或是专利主管机关虽已驳回关于该专利权的相关举发或撤销案，但已经当事人向上级机关提出诉愿或向行政法院提起行政诉讼，则审理该专利侵权案件的普通法院，通常且几无例外地会依据前述条文的规定裁定停止诉讼程序的进行。此种裁定停止诉讼程序的制度目的乃是在于避免裁判矛盾的发生，也就是审理专利侵权案件的法院如不裁定停止诉讼，

---

❶ 沈冠伶. 民事诉讼与行政诉讼之分工与合作（上）[J]. 本土法学，2003（45）：35.

而直接进行实体审判，如果法院认为系争侵权物品经比对后确实侵权并且因而判决被告应负担损害赔偿责任，却在判决后发生专利局认定举发成立或主动撤销原告所据以起诉的专利权，因而使得该专利权自始不存在的情形。此时将导致原民事法院的判决在逻辑上发生矛盾，也就是权利根本不存在，却判决认定成立侵"权"行为的奇怪现象。而此种判决矛盾的现象，被告更可依据"民事诉讼法"的规定，在判决确定前作为上诉的理由提起上诉，或于判决确定后作为再审的理由申请再审。而不论是上诉或再审，都将使法院再度耗费诉讼资源，尤其是再审更是会影响法院判决的安定性，没有必要则不应频繁出现再审的情形。所以，为了避免前述情形，就有裁定停止诉讼程序制度的设计。虽然此种停止诉讼程序之设计有其必要性，但亦因此衍生出拖延普通法院终结诉讼的时程，不能对专利权作有效保护的问题。

实际上，对先决问题的处理方式，宜从专业审判、避免裁判矛盾、纷争一次解决及适时、有效的权利救济等面向予以斟酌判断。停止诉讼程序固然可避免裁判矛盾，但因此造成的诉讼延宕，恐将影响公众使用诉讼制度的意愿，而允许民事法院就先决问题自行判定，虽有助于"诉讼经济"，使当事人获得妥适实时的救济，但与法院二元体制相违背，且如不禁止当事人就先决问题另向行政法院起诉更有裁判矛盾的危险，因此采取何种解决方法对当事人最为有利实为一个大难题。

（二）"智慧财产案件审理法"出台后

"智慧财产案件审理法"第 16 条规定："当事人主张或抗辩知识产权有应撤销、废止之原因者，法院应就其主张或抗辩有无理由自行判定，不适用民事诉讼法、行政诉讼法、商标法、专利法、植物品种及种苗法或其他法律有关停止诉讼程序之规定。前项情形，法院认为有撤销、废止之原因时，知识产权人于该民事诉讼中不得对于他造主张权利。"这样就避免了过去专利侵权诉讼必须等待举发及行政争讼结果，以致知识产权人无法获得实时的保障。"智慧财产案件审理法"正式施行后，台湾地区对于专利有效性的审理，从此前的行政单轨制发展成行政与司法双轨制。

台湾地区司法部门在智慧财产法院规划的初衷是想以单一法律规范智慧财产法院的组织与审理，但是经过公证会及研讨会的讨论，最终系分别以"智慧财产案件组织法"与"智慧财产案件审理法"规范智慧财产法院的组织与智慧财产案件的审理，因此"智慧财产案件审理法"并非智慧财产法院专属适用的法律，只要是针对智慧财产案件，"智慧财产案件审理法"应优先适用，因此无论专利侵权诉讼由智慧财产法院还是普通法院管辖，均有"智慧财产案件审理法"第 16 条的适用。

智慧财产法院组织上独立，但其依照所受理的案件类型，仍分属民事、刑事审判权与行政审判权的一部，并非另有独立的审判权。设置智慧财产法院目的是由于台湾地区的诉讼制度采取民事、刑事及行政诉讼分轨并行制，关于知识产权侵权诉讼，乃依争讼特性分别由普通法院的民事、刑事庭或行政法院审理，就同一专利权客体发生争讼时，常可能涉及权利有效性的行政争讼，亦可能同时涉及侵权行为损害赔偿的民事诉讼，而诉讼程序分轨并行的结果，虽有利于各诉讼程序的专业性，但也容易因同一事实的重复认定，延滞司法救济时效，不仅耗费当事人的时间精力及司法资源，亦使权利人无法获得实时的保护，往往引起各界质疑裁判的妥适性与安定性，极易挫败产业的国际竞争力，因此与智慧财产案件相关联的所有民事、刑事及行政诉讼事件均划归智慧财产法院审判，由单一专业的法院审理，以达到相关联案件统合处理的效果。

专利侵权诉讼本属民事审判的范畴，智慧财产法院成立后，智慧财产法院与普通法院民事庭就专利侵权诉讼事件的管辖分配值得注意。就智慧财产民事案件的第一审管辖，依照"智慧财产案件审理法"第 7 条的规定："'智慧财产法院组织法'第三条第一、四款所定之民事事件，由智慧财产法院管辖。"有学者指出依照本条文的规定，就法定管辖而言，一般法院为无管辖权的法院。❶ 地方法院既无管辖权，原告若直接向地方法院起诉，该地方法院应以管辖错误为由裁定移送至有管辖权的法院，是否属智

---

❶ 范光群. 智慧财产民事诉讼新貌之问题探讨 [J]. 法学丛刊，2008，53（3）：180.

慧财产法院专属管辖则有疑问，判断是否为专属管辖的核心在于智慧财产法院以外的其他法院审理知识产权案件的判决效力是如何，以及当事人的合意能否变更管辖法院。台湾地区司法部门采取智慧财产法院优先管辖的立场，有学者支持此见解，认为不采用专属管辖有下列两项考虑：第一，可以避免第一审判决因管辖错误而遭废弃以及成为当然违背法令的第三审的权利上诉事由；第二，目前智慧财产法院仅有一所，要求当事人有关知识产权的纷争均要到智慧财产法院起诉及应诉，将增加当事人的劳力、时间、费用，造成当事人管辖及程序上的不利，且亦非每件智慧财产案件均具备高度专业性及技术性，即并非每件案件均必须由智慧财产法院审理，因此从当事人的程序利益与事件类型来看，由普通法院民事庭审理亦无不可。但学者对此持有不同意见，并指出政策上既然将智慧财产法院定位为不是专属性的管辖，法条上亦未明文规定当事人必须优先向智慧财产法院起诉，亦未排除民事诉讼其他法定管辖规定的适用，故"智慧财产案件审理法"上有关管辖的规定应仅具有特别审判权的意义，与其他有管辖权的法院形成管辖竞合的关系，原告可选择被告住所地、侵权行为地或智慧财产法院起诉；另有论者认为，从"智慧财产法院组织法"与"智慧财产案件审理法"的立法说明来看，设置智慧财产法院的目的乃是为集中统一解决智慧财产案件的纷争，应采取专属管辖较为适当。至于智慧财产案的上诉审管辖，"智慧财产案件审理法"第19条第2项规定："对于智慧财产事件之第一审裁判，得上诉或抗告于智慧财产法院，其审判以合议行之。"因此，就专利侵权诉讼而言，依照现行的"智慧财产案件审理法""智慧财产案件审理细则""智慧财产法院组织法"的相关规定，应由智慧财产法院优先管辖，以原告及被告约定由普通法院民事庭管辖为例外；或在原告向被告住所地、侵权行为地的法院起诉而被告未抗辩无管辖权而为本案的言词辩论者，亦得由该受诉的普通法院民事庭管辖，第二审依照最高司法机关的见解，若第一审由智慧财产法院审理者，则仍由智慧财产法院以合议庭的方式审理；第一审由普通法院民事庭审理者，则须向该管地方法院的高等法院上诉，第三审上诉则必须是向"最高审判机构"上诉。

专利权属于私权，权利有效性的争议自属私权纷争，既然属于私权的争执，由民事法院于诉讼中加以判断并无不当，且智慧财产法院的民事法官已具备判断专利有效性的专业能力，故就终结诉讼所必须认定的有效性争点，自无另行等待行政争讼结果的必要。新法明确宣示专利侵权诉讼中，受诉法院对于专利权有无撤销或废止的原因有自行判断的权限，故智慧财产民事法院或普通法院民事庭于审理专利侵权诉讼时，遇有被告抗辩专利无效的情形，不用必须等待行政争讼的结果而裁定停止诉讼程序。当事人于诉讼中主张或专利权有应撤销的原因的，由于其成立与否将影响最终判决的结果，属于独立的攻防方法，故法院依上述规定不停止诉讼而须自行判定，判断结果法院若认为专利权有应撤销的原因时，即便专利权未经行政争讼程序撤销，法院仍应本于此项判断为不利于专利权人的判决，如法院认为专利权并无撤销的原因者，而诉讼亦未达到可作终局判决的程度的，法院就专利有效性的争点可为中间判决或于终局判决时一并判断。此外，有人指出虽然法条仅载"知识产权有应撤销、废止之原因"，而专利权有无效的原因时，为贯彻该条文的立法目的亦应类推适用本规定，受诉民事法院应自行判定。还有论者指出虽"智慧财产案件审理法"第 16 条规定法院"应"就其主张或抗辩有无理由自行判定，不适用相关法规停止诉讼程序的规定，但仍应本于公正程序的法理，作有利于当事人的解释，即法院应否自为审理或停止诉讼程序仍宜视诉讼情况及进行程度作最适当的决定，例如专利举发案的行政争讼事件已进行到程序后阶段，可以预期将在一定期间内在民事法院之前作出确定裁判的，民事法院若自行判断将造成同一争点重复判断，会浪费当事人的时间和金钱，此时民事法院并无自行审理专利有效性的必要。

专利行政机关为专利审查核准的主管机关，专利诉讼的结果与专利行政机关的职权有关，因此诉讼中自宜使其可适时就专利诉讼发表其专业意见，故"智慧财产案件审理法"第 17 条第 1 项明文规定："法院为判断当事人依前条第一项所为之主张或抗辩，于必要时，得以裁定要求智慧财产专责机关参加诉讼。"论者指出智慧财产专责机关对于当事人的诉讼并无任何法律上的利害关系，本无适用民事诉讼法有关诉讼参加的余地，通过上述特别规定授权专利行政机关得参加诉讼，其性质为特殊的诉讼参加形态，民事诉讼法有关参加诉讼的规定除非有特别明文，否则并无适用。专利行政机关参加诉讼时可为的诉讼行为，依照同条第2项的规定，必须以专利权有无应撤销或废止的原因有无理由为限，按参加时的诉讼程度，辅助当事人为一切诉讼行为，因此与专利权应否撤销、废止无关的事项，专责机关不可为之。专责机关参加诉讼之目的，乃是为使法院就权利有效性争议取得更周全的诉讼资料以便做出正确的判断，并尽量避免与专责机关将来的判断发生分歧，故论者有认为其参加诉讼的意义主要在于就权利有效性争议协助法院发现事实，并非在协助当事人任何一方获取胜诉判决，故专责机关似乎无必要亦不适宜表明其所辅助的当事人为何。

虽然普通法院民事庭依照"智慧财产案件审理法"第16条第1项的授权，可在专利侵权诉讼中就专利是否有效进行自行判定，但其仅是在该民事诉讼中不得对于对方当事人主张权利，也就是说普通法院所为的判断效力仅具个案效力，不具有对世效力，专利权在本案诉讼以外的仍可行使权利。在某种程度上讲，民事法院仅能认定专利权有撤销或废止的原因，但并无权限径行宣告专利权无效。

第六章　我国专利权无效判定双轨制设想

专利权无效判定模式改革一直都是实务界和理论界的热点问题。我国专利法从 1985 年开始实施，经历了 1992 年、2000 年、2008 年三次修改，逐步走向完善，专利权无效判定模式上一直采用单轨制，即我国现行专利侵权诉讼和专利权无效判定是分立的。实际上，在专利法立法之初我国就已确定了专利权效力的最终确定权应归于人民法院，只是囿于当时的具体国情才形成了专利权无效判定现行的烦琐制度模式。❶

《专利法》第三次修订时就有很多学者主张实行专利权无效判定双轨制，但未被立法采纳。值得一提的是，2008 年《专利法》修改创设了现有技术抗辩制度，在某种程度上讲，现有技术抗辩为侵权诉讼法院对系争专利权予以否定性的评价提供了空间，有间接的专利权无效判定之效果。但现有技术抗辩，尚不足以解决当前专利权无效判定的模式缺陷。单轨制模式不利于司法实践中专利纠纷高效地实质性解决，不能满足当前产业发展需求，从专利权人角度来看，其起不到权利迅速有效保障的作用；从否定专利权、维护公共利益的角度来看，程序的繁复所导致的低效已抵消了其本有的制度功效。随着社会经济的不断发展以及知识产权专业化的加强，专利无效、侵权诉讼案件逐渐增多，现行的单轨制愈发显现出不足，法律诉讼费用高昂、专利侵权诉讼时间冗长、诉讼程序复杂等问题对单轨制模

---

❶　程永顺. 专利无效案件性质问题讨论之历史回顾 [J]. 中国知识产权，2019（150）：45.

式提出了更大的质疑。❶

正如前文已提及的，近些年关于专利权无效判定双轨制的经验和做法呈现出一种发展潮流，尤其是同属大陆法系的日本、韩国❷等也均由以前的单轨制转变为双轨制，这对我国的专利权无效判定模式改革应是颇有启示的。随着司法制度改革的不断深化，我国的知识产权司法保护情况与三十多年前早已不可同日而语。近年来，越来越多国家知识产权局之外的专家学者、实务工作者开始结合实践深入研究并呼吁专利权无效判定双轨制模式改革，尤其是知识产权法院、法庭的设立和运转，使得专利权无效判定双轨制模式改革呼声渐高。

2018 年 12 月，国务院常务会议也审议通过了《专利法修正案草案》，在专利无效判定方面，《专利法修正案草案》规定对于因无效宣告请求而中止审理或者处理的专利侵权纠纷，宣告专利权无效或者维持专利权的决定公告后，人民法院和专利行政部门应当及时审理或者处理，该规定旨在解决专利维权"周期长"问题，并未触及专利权无效判定双轨制模式改革，难以达到预期效果。2019 年"两会"期间，全国人大代表、最高人民法院副院长罗东川提交建议，建议立法部门在此次《专利法》修改中，改革并完善专利无效程序，其中一项具体建议是明确规定专利无效抗辩，即在专利侵权案件中，允许被告对原告专利权的效力提出无效抗辩，赋予审理专利民事侵权案件的法院在个案中审查专利权效力的权限，这就是专利权无效判定双轨制模式。理论界和实务界针对该项建议有不同的意见，反对意见的基本观点是，我国现行专利侵权诉讼和专利无效制度的二元分立体制是合理的，我国专利侵权案件审理周期长不是由现行专利无效制度造

---

❶ 王虎. 我国专利确权机制的完善——以专利权的有效性判断为视角 [J]. 知识产权，2016（2）：80.

❷ 韩国最高法院 2014 年在 2000Da69194 一案中明确法院在侵权纠纷中可以审理专利无效问题。此后，韩国于 2016 年修改了专利法，虽然未像日本专利法那样通过专门的法律条文予以规定，但事实上已经认可审理侵权诉讼的法院可同时审理当事人提出的专利权无效抗辩事由。

成的，引入专利权无效制度既无法解决专利侵权案件审理周期长的问题，又会动摇我国现行专利无效制度的根基，不适合我国的国情。❶ 甚至有学者认为专利权无效抗辩本身即是导致该类案件诉讼周期长的主要原因。❷

　　实际上，采用不同程序满足市场主体的不同需求，避免因单一程序承载过多任务而引发矛盾。我国专利无效程序同时担负着纠正不当授权、修改权利要求以及解决当事人之间就专利权有效性发生的争议等多重任务，在某种程度上很难满足不同主体的个性化需求。专利权无效判定双轨制模式是发展趋势，由侵权诉讼法院自行审理专利权无效抗辩并不会不适合我国的国情，也不会动摇我国现行专利无效制度的根基。专利权无效判定双轨制有利于缩短专利侵权案件审理周期、提高审理效率，有利于推动专利纠纷的实质性解决。❸所以，专利权无效判定双轨制改革，就是要完善现有的专利权无效宣告单轨专利权无效判定模式，并在此基础上增加另一专利权无效判定制度，即在专利侵权诉讼中允许法院对被告的专利权无效抗辩主张自行予以审理。

第一节　无效判定双轨制的挑战

一、无效判定的技术专业度

　　专利权无效判定涉及专利新颖性、创造性和实用性以及是否充分公开

---

❶　刘铭．专利法修改视角下的专利无效程序热点问题［EB/OL］.［2019-09-25］. http：//ip. people. com. cn/n1/2019/0515/c179663-31085545. html. 陈晓华．专利侵权案件"周期长"原因的实证分析［EB/OL］.［2019-09-25］. http：//www. iprchn. com/Index_ NewsContent. aspx？NewsId=116105. 杨玉方，刘铭．日本专利授权后制度沿革对我国的启示［EB/OL］.［2019-09-25］. http://ip. people. com. cn/n1/2019/0522/c136655-31097713. html. 林峰，樊晓东．专利无效程序的制度功能探索［J］. 中国知识产权报，2019-05-24.

❷　王瑞龙．侵权诉讼中专利权无效抗辩制度弊端及解决路径［J］. 中南民族大学学报（人文社会科学版），2018（2）：127.

❸　罗东川．修改完善专利无效程序［EB/OL］.［2019-10-19］. http：//www. chinatrial. net. cn/news/26204. html.

等问题，均与所涉技术领域的专业技术密切相关。针对具体专业技术，一般民众或许在利用上并无问题，但欲使其理解技术运作的原理则或有困难，即使受过专业法律教育训练的法官仍可能难以理解高深的技术领域的原理和作用。虽然专利诉讼中的诸多问题归根结底属于法律问题，由法官自行处理自无疑义，但是诸多法律问题的处理仍需以案件中相关的技术问题作为事实依据。审理专利侵权诉讼的法院要进行专利权无效判定，面临的最大挑战即是法官能否充分理解并妥善解决技术问题，能否对专利案件作出准确和高效的判断，这无疑对审判人员提出了更为专业和高层次的要求。要妥善解决专利权无效判定的专业技术性问题，要么是法官本身通晓相关技术知识能够胜任技术问题的处理，要么是法官在技术专家或者专家证人的协助下认定相关的技术问题，然后作出有关法律问题的判定。随着我国专利审判人员综合素质的不断提升，专利审判经验的不断积累，审判水平的不断提高，以及知识产权专业法院的设立改革，无效判定的技术专业度的问题，挑战性越来越小。

我国知识产权法官普遍具有学历高、知识面广、审判经验丰富的特点，其中部分法官还拥有理工科背景。知识产权法官通过审理专利侵权纠纷，在既往的司法实践中积累了许多与技术问题有关的审判经验。而且我国现行专利法规定了很多抗辩事由，例如不侵权抗辩、不视为侵权抗辩、现有技术抗辩等，这些都与技术问题有关，知识产权法官有能力审理多数专利权无效抗辩事由，擅长运用现行专利法上的抗辩规则。部分知识产权法官甚至在司法实践中创造性地对专利权的效力进行了有限审查，探索出一些裁判规则。需要特别指出的是，部分来自北京市高级人民法院和北京知识产权法院的知识产权法官长期审理专利侵权案件和专利无效行政案件，而专利行政案件审理的结果往往要对涉案发明创造或外观设计的专利性表态，法院的审查范围远超出普通行政案件的审查范围，❶ 使得知识产权法官在专利审查方面积累了丰富的经验，完全有能力审理专利权无效抗辩事由。

---

❶ 徐俊．论我国知识产权法院的规划设计［J］．科技与法律，2015（1）：47.

知识产权法院、法庭的设立本身就具有专业性导向，有助于裁判质量、裁判效率以及司法威信的提升。❶ 从知识产权法院的发展模式来看，知识产权法院的设置并不是普通意义上的司法体制的调整，而是基于我国客观现状和知识产权专业化、普及化发展的趋势而形成的。专业法院设置的专业性最直接体现在审判人员的专业性，这里的审判人员不仅指法官。例如，德国专利法院中所设立的技术法官，日本法院中所设立的技术调查官，以及美国法院所采用的专家证人制度都是为了解决专利审判的技术专业性问题。2014 年 12 月，最高人民法院发布《关于知识产权法院技术调查官参与诉讼活动若干问题的暂行规定》，就技术调查官制度的相关内容作出了规范。上述规定施行后，北京、上海、广州三个知识产权法院相继设置了技术调查官岗位，全国各地的知识产权法庭也纷纷配备了技术调查官。技术调查官有技术优势，法官有适用法律的优势，二者密切配合，完全能够对专利权无效判定中涉及的技术事实作出准确的认定。技术调查官制度在日本、韩国及我国台湾地区的有效运行亦证明，技术调查官与法官的配合能够实现在侵权诉讼中解决专利权无效判定中复杂的技术问题。总而言之，专利权侵权诉讼案件也具有一定的技术专业度，既然知识产权法官能够审理专利权侵权诉讼案件，那么没有理由不信任其也能妥善处理专利权无效判定上的技术专业度问题。

二、双轨制下的制度冲突

双轨制下，专利权无效判定将由两个有权机构遵循两套体系实施，可能在两个方面产生冲突：一是专利权无效判定结论上的冲突，专利行政部门与侵权诉讼法院的无效判定结论不一致；二是双轨体系可能产生的不均衡，即侵权诉讼法院的无效判定是否会破坏无效宣告制度的根基。

第一，关于专利权无效判定结论上的冲突问题。专利权无效双轨制赋予当事人灵活的选择权，法院并不会因为案件涉及专利有效性判定进入行

---

❶ 梅术文．日本知识产权法院的设置及其启示［J］．电子知识产权，2005（12）：43．

政程序而丧失管辖权。如果当事人同时提出专利无效复审程序和专利无效民事诉讼，由于专业程度、审理模式和对争议的关注点不同，专利复审委员会和法院对同一专利无效案件极有可能得出相反的结论，这将直接呈现两种程序冲突的尴尬局面。可能出现的一种情形是专利复审委员会经过审议，认定专利有效，而法院裁决无效；另一种情形是专利复审委员会认定该专利无效，而法院裁决侵权成立，认定该专利有效。如果这一冲突问题与专利无效双轨制的制度设计宗旨背道而驰，若不能得到妥善解决将直接成为专利无效双轨制最大的弊端。

专利权无效判定采取双轨制对专利权提供了行政保护和司法保护两种救济模式，这种模式虽然对专利权有效性的判定提供了全面的、专业的保护，但是两种制度在为当事人提供多项选择的同时，也为冲突的产生埋下了伏笔。❶ 双轨制下专利权无效认定存在冲突的原因：一是因为双方审理专利权无效请求的依据不同，专利复审委员会在审理专利无效申请时主要审查专利授予的程序正当性和合法性以及当事人提交的无效宣告请求书中的证据；而法院审理专利权无效案件的请求时通常是伴随着专利侵权案件而发生的，作出的裁决要更多地考虑基本事实和法律适用的内容；❷ 二是因为专利复审委员会和法院的专业性不同，同一案件结论不一很可能是审查人员的专业水平的差异引起的，所以提高专利复审委员会和审判庭对专利权无效案件的审查专业性是解决结论不一的关键方面；三是因为专利机关和法院属于两个机构，其配合以及信息沟通渠道不可避免地会有所欠缺。由于法院对专利信息的判断直接来源于当事人提交的证据材料，如果法院仅凭案涉证据和讼争法律关系即对专利权作出效力判定，可能会产生错误的裁判。有效的专利是通过专利机关依据法定程序授予的，当法院受理专利纠纷案件时，其对专利权无效判定不应是孤立的。

专利权无效判定双轨制下，专利复审委员会所作出的专利权无效决定自当可以被法院或知识产权法院运用于专利侵权案件的审理中，专利复审

---

❶ 丛雪莲. 试析中外专利无效争议之救济模式 [J]. 河北法学，2012 (11)：82.
❷ 张怀印. 美国专利确权双轨制的分殊与协调 [J]. 电子知识产权，2018 (5)：35.

委员会作出的决定对于专利权人应当产生拘束力，即专利权自始无效。那么法院或者知识产权法院如果支持了当事人提起的专利权无效抗辩，该无效判定是否对专利机关产生既定的约束力呢？如果我国专利权无效判定实行双轨制，法院可以直接决定专利权是否有效，则应解决法院作出的无效判定的效力问题，即需协调好法院无效判定的既判力与专利行政部门无效判定的拘束力的问题。❶

第二，关于侵权诉讼法院的无效判定是否会破坏现有无效宣告制度的根基。其一，专利权无效判定双轨制是否减损专利权的价值。专利权人在花费很长时间与巨额金钱取得专利权后，在欲行使权利之际，可能遭到行政机关审定撤销专利，或被人民法院在个案中认定无效而不得行使权利。此种双轨制下的"双重风险"，无异苛求专利权人于取得权利后尚需"二战二胜"才能行使专利权的权能，这是否在某种程度上实际间接减损专利权的价值？法院与行政机关难免遇有判断分歧的情形，是否可能有害专利制度的信赖度？笔者认为不会。因为根据宪法构造的内在决定和要求，行政第一次判断的权力本来就必须接受司法终局审查。司法审查可能会实际减损某单一专利权的价值，但从专利制度系统来讲，可能更是专利制度价值的一种捍卫。其二，同一专利权的有效性属于单一问题，在双轨制下分由司法机关及行政机关同时审理，是否有浪费资源并欠缺效率之嫌？笔者认为不会，尽管法院对专利权效力自行判定，看似有可能导致司法机关案件压力增大或者权利行使成本剧增等不利后果，但这些不利后果均可或已经通过司法制度改革消除，侵权诉讼法院自行审理无效抗辩事项不会导致重大的不利后果。

首先，不会导致司法机关案件压力增大，进而导致权利人维权效率低下。诚然，若仅法院有权进行专利权效力判断，则理论上大量专利无效纠纷会涌入法院，可能会造成法院的审理压力过大而无法及时判决。然而，实践中依然会有大量专利无效纠纷会由专利复审委员会进行审查，例如潜

---

❶　范晓宇. 宣告专利权无效决定的本质及其效力限定——兼评我国专利复审制度的改革［J］. 中外法学，2016（3）：70.

在侵权人希望确认涉案专利无效而支持其不侵权的主张。双轨制仅赋予法院在专利侵权纠纷中对涉案专利效力进行判断，即法院仅在被告提出无效抗辩时判定涉案专利的效力，并不是专利效力判断的专门机关，故引入无效抗辩对法院的案件压力不会产生较大影响。因此，引入无效抗辩不但不会导致权利人维权效率低下，而且缩短了侵权案件的审理时间，提高了权利人的维权效率。其次，不会导致权利行使成本剧增。不可否认，多数诉讼的成本确实比专利复审委员会的无效宣告程序的成本更大，如果单独将法院判断专利效力与无效宣告程序对比，可以得出专利复审委员会作为专利效力的判断者更优的结论。然而，上述对比是片面的。如上所述，法院仅在专利侵权纠纷中被告提出无效抗辩的前提下才会对涉案专利的效力进行判断，所以其对比的对象应当为专利侵权纠纷中引入无效抗辩所增加的成本。显然，两审终审且具备既判力的法院判决相对于三级审理加上循环诉讼的成本要低得多。

三、法院的判定尺度标准

专利纠纷第一审案件，由各省、自治区、直辖市人民政府所在地的中级人民法院和最高人民法院指定的中级人民法院管辖。最高人民法院根据实际情况，可以指定基层人民法院管辖第一审专利纠纷案件。因此，传统上专利侵权纠纷一审案件一般由各省会城市和直辖市的中级人民法院及最高人民法院指定的中级、基层人民法院管辖。各法院在专利侵权纠纷案件中本身存在裁判标准不统一的情形，如由受理专利侵权的法院进行专利权效力判定，则更有可能因各自认定标准不同而导致司法的不统一，甚至在具体实践中会与地方保护主义结合起来，产生一系列不利的后果。另外，专利案件数量大、案情复杂、法官分散等问题，也易造成各法院之间、各法官之间判定尺度标准不一。由分散在各省、自治区、直辖市的 31 个高级法院终审的案件，如果当事人不服，只能向最高人民法院申请再审。同时，将知识产权法院审理过的一审案件交由高级人民法院二审，在知识产权法院与高级人民法院、各高级人民法院之间会由于法律适用不同、技术判定不一致而产生审理结果不统一的后果。

近些年我国成立了很多专门的知识产权法院/法庭，形成"1+3+21"的知识产权法院格局，这对统一专利侵权案件的裁判标准大有裨益。所谓"1+3+21"是指，最高人民法院知识产权法庭，3个知识产权法院（北京、上海、广州），21个知识产权法庭（南京、苏州、武汉、成都、杭州、宁波、合肥、福州、济南、青岛、深圳、天津、郑州、长沙、西安、南昌、兰州、长春、乌鲁木齐、海口、厦门）。目前具有专利纠纷一审案件管辖权的法院有75家。按照最高人民法院2019年的司法解释，目前中级人民法院管辖第一审民事案件的诉讼标的额上限调整为50亿元，高级人民法院管辖诉讼标的额50亿元以上或者其他在本辖区有重大影响的第一审民事案件。因此，只要诉讼标的额不超过50亿元，专利侵权案件仍由上述具有管辖权的知识产权法院/法庭，或者中级人民法院管辖，直接导致专利诉讼纠纷一审案件管辖相对比较集中。

2018年10月26日，第十三届全国人民代表大会常务委员会第六次会议通过《关于专利等知识产权案件诉讼程序若干问题的决定》，当事人对发明专利、实用新型专利、植物新品种、集成电路布图设计、技术秘密、计算机软件、垄断等专业技术性较强的知识产权民事案件第一审判决、裁定不服，提起上诉的，由最高人民法院审理。当事人对专利、植物新品种、集成电路布图设计、技术秘密、计算机软件、垄断等专业技术性较强的知识产权行政案件第一审判决、裁定不服，提起上诉的，由最高人民法院审理。2019年1月1日，最高人民法院知识产权法庭成立，审理专利等专业技术类知识产权民事、行政案件中，不服一审判决向最高人民法院提出的上诉案件。这一司法体制的改革体现出知识产权案件审理专业化、管辖集中化的发展方向。在国家层面实现了二审专利案件的全国集中管辖，为统一裁判标准提供了便利。关于知识产权案件集中管辖的重要意义，最高人民法院副院长、知识产权法庭庭长罗东川在国新办新闻发布会上指出，这有利于统一和规范裁判尺度，加大知识产权的保护力度。设立知识产权法庭，能够实现专利等技术类的知识产权案件的民事案件、行政案件在裁判标准和诉讼程序的无缝对接，从机制上统一裁判尺度，提高审判质量和效率，包括解决审判周期长的问题。最高人民法院知识产权审判法庭作为最高人民法院的审判机构，有指导、确立司法政策，制定司法解释的职责，在裁判中可以直接体现最高人民法院的司法理念，有利于加大保护力度，提升司法公信力。

第二节　无效判定双轨制的展望

一、双轨制的立法方案

现行《专利法》关于专利权无效判定的规定主要是第 46 条，其规定专利复审委员会对宣告专利权无效的请求应当及时审查和作出决定，并通知请求人和专利权人。宣告专利权无效的决定，由国务院专利行政部门登记和公告。对专利复审委员会宣告专利权无效或者维持专利权的决定不服的，可以自收到通知之日起 3 个月内向人民法院起诉。人民法院应当通知无效宣告请求程序的对方当事人作为第三人参加诉讼。2014 年《专利法修改草案（征求意见稿）》第 46 条同样作了类似规定，专利复审委员会对宣告专利权无效的请求应当及时审查和作出决定，并通知请求人和专利权人。宣告专利权无效或者维持专利权的决定作出后，国务院专利行政部门应当及时予以登记和公告。该决定自公告之日起生效。对专利复审委员会宣告专利权无效或者维持专利权的决定不服的，可以自收到通知之日起 3 个月内向人民法院起诉。人民法院应当通知无效宣告请求程序的对方当事人作为第三人参加诉讼。

鉴于前述关于专利复审委诉讼主体地位的讨论，笔者建议参考美、德、日的专利法，可将第 46 条原有内容修改为："专利复审委员会对宣告专利权无效的请求应当及时审查和作出决定，并通知请求人和专利权人。宣告专利权无效或者维持专利权的决定作出后，国务院专利行政部门应当及时予以登记和公告。该决定自公告之日起生效。对专利复审委员会宣告专利

权无效或者维持专利权的决定不服的，可以自收到通知之日起三个月内以
对方当事人为被告向人民法院起诉。人民法院应当通知国务院专利行政部
门作为第三人参加诉讼。"另，可参考日本立法，在第46条之后增设一条：
"撤销或变更专利复审委员会行政决定之生效判决，就该案件相同事实的
判定具有拘束力。原行政决定被撤销后，专利复审委员会应依照生效判决
重新审查并作出决定。"

关于专利权无效判定方面的立法，第一种方式是在《专利法》第62
条之后增设一条："当事人主张或抗辩专利权应当被宣告无效的，人民法
院对该主张或抗辩进行审理。人民法院认为该主张或抗辩成立的，应当驳
回专利权人的诉讼请求。人民法院在审理前款的主张或抗辩过程中，必要
时可以裁定要求国务院专利行政部门参加诉讼。"第二种方式是修改《专
利法》第62条，增加不构成侵犯专利权的第二种情形，即将不构成侵犯专
利权的抗辩从原先的现有技术抗辩明确扩展到包括专利权无效抗辩，具体
条款可规定为"在专利侵权纠纷中，被控侵权人有证据证明其实施的技术
或者设计属于现有技术或者现有设计的，或者被控侵权人有证据证明专利
权的授予不符合本法第二十条第三款、第四款，第二十二条第二款规定的，
不构成侵犯专利权"，或"在专利侵权纠纷中，被控侵权人有证据证明其实
施的技术或者设计属于现有技术或者现有设计的，或者被控侵权人有证据
证明专利权的授予明显不符合本法有关规定的，不构成侵犯专利权"。至
于什么情况属于"明显不符合本法有关规定"的情形，可以在专利法实施
细则或者司法解释中予以规范。

二、双轨制的具体操作

（一）侵权诉讼法院的专利权无效判定须遵循请求原则

法院在专利权侵权诉讼中要进行无效判定，必须以被告提出了专利权
无效抗辩主张为前提。所谓专利权无效抗辩，是指专利侵权诉讼中的原告
认为被告侵害其专利权，请求被告停止侵权、赔偿损失（行使请求权）的
时候，被告提出的原告的专利权无效（不符合专利法规定的授权条件）、

其请求权没有法律效力、不应得到支持的抗辩。专利权无效抗辩在法律性质上属于对抗原告请求权的抗辩权。虽然原告基于其专利权可以向被告主张权利，但是若被告提出专利权无效抗辩，而且该抗辩成立，则原告的请求权无法实现。若被告未提出专利权无效抗辩，则法院不得主动进行专利权无效判定。

（二）专利侵权诉讼中被告提出无效抗辩的时间及举证期限要求

专利权无效抗辩在性质上属于抗辩权，必须由当事人提出主张，并提供证据支持，否则法院无法审查，也不得主动援引。既然专利权无效抗辩是抗辩权，是当事人享有的一项实体权利，故从法理上讲，当事人欲主张专利权无效抗辩的，应当在一审诉讼程序中提出具体的抗辩主张及理由，并提交证据予以证明，不得在二审或再审诉讼程序中提出抗辩主张或变更抗辩理由。而且，为了维护我国的两审终审制度，避免当事人的审级利益损失，也应当拒绝当事人在二审或再审诉讼程序中提出专利权无效抗辩或者变更专利权无效抗辩理由。关于举证期限，专利权无效抗辩应当适用民事诉讼法的举证期限规则，限于一审答辩期内提交证据。涉及新证据的，则适用民事诉讼法关于新证据的有关规则。

（三）侵权诉讼法院无效判定从"有限审查"到"全面审查"

被告在专利侵权诉讼程序中是否可以提出全部的无效理由据以抗辩？对此，域外国家和地区并没有统一的做法。美国的侵权诉讼程序中并不限制当事人提出的无效理由。日本的专利法未对专利权无效抗辩理由作出明确规定，司法实践中亦未形成共识。❶ 韩国最高法院明确认为，在专利权无效程序中可以援引的任何理由，均可在侵权诉讼中援引作为专利权无效抗辩的理由。笔者建议，我国目前尚处于探索阶段，为了稳妥起见可以先实行"有限审查"，即对专利权无效抗辩的事由予以适当的限制，例如限制为一些审查难度较低的理由，例如《专利法》第 20 条第 3 款、第 4 款，第 22 条第 2 款，且排除《专利法》第 22 条第 3 款关于专利创造性的判断、

---

❶ 李扬. 日本专利权当然无效抗辩原则及其启示 [J]. 法律科学，2012（1）：22.

第 33 条关于修改是否超范围的判断,《专利法实施细则》第 20 条第 2 款关于独立权利要求的判断。待条件成熟时再完全放开专利权无效抗辩的事由。

（四）侵权诉讼法院无效判定从"个案效力"到"对世效力"

从域外法制经验来看,侵权诉讼法院无效判定的效力有个案效力及对世效力之分。根据美国的法律规定,当法院判定专利权无效时,该认定是间接或直接产生对世效力,而日本法律规定与我国台湾地区相同,均认为侵权诉讼法院所为权利有效性的判定只具有相对效力。❶如果将侵权诉讼法院无效判定的对世效力视为最终的制度方向的话,那暂时将侵权诉讼法院无效判定的效力界定为个案效力,也不失为一种阶段性、过渡性的选择,而且在目前条件下也更易于被各界接受。

暂定为个案效力在理论上也具有一定的合理性,首先,专利权侵权诉讼中,法院对专利权无效抗辩的认定是为了解决双方当事人之间的侵权纠纷,对专利权效力的审查应当服务于解决侵权纠纷这个根本目标,而不是为了对专利权的效力作出一个普适性的终局认定。而且,法院也不需要对专利权的效力作出判决。对专利权效力的评价,只是对原告的诉讼请求是否成立作出裁判的基础,而不是裁判的结论。其次,根据域外的经验,许多国家和地区都采用个案效力的原则,作为借鉴,我们也可以暂时接受专利权无效抗辩认定的个案效力。

笔者认为在时机成熟时,侵权诉讼法院专利权无效判定最终应该采取对世效力。如果是采用法院无效判定结果具有对世效力,那么行政机关与法院间的无效判定结果难以发生歧异;而如果是采取法院无效判定结果具有相对效力的话,法院的判决对行政机关无约束力,易陷入对相同标的进行重复审判的怪圈,法院与行政机关对于专利权有效性也可能发生裁判歧异的结果,不利于司法公信力的建立。从某种程度上讲,既然要由法院就专利有效性问题自行判定,其所作的判定如先行确定,则应该承认法院的判定结果在此后进行的行政争讼程序具有一定的拘束力,否则法院就有效

---

❶　丛雪莲. 试析中外专利无效争议之救济模式［J］. 河北法学, 2012（11）: 83.

性的自为审理即大幅丧失其重要性，亦浪费法院及当事人的劳力、时间及费用。总之，对于为协调双轨制效力不明带来的一系列问题，承认侵权诉讼法院专利权无效判定的对世性效力实为最佳解决方案。❶

（五）侵权诉讼法院专利权无效判定与专利无效行政程序的衔接

不管是侵权诉讼法院无效判定的效力采用个案效力还是对世效力，都会不同程度地产生侵权诉讼法院专利权无效判定与专利无效行政程序两轨间的制度衔接问题。如果被告既在专利侵权诉讼程序中提出专利权无效抗辩，又向专利复审委员会提出无效宣告请求，这就涉及两个程序的协调和衔接问题。原则上，侵权诉讼程序中的专利权无效抗辩和专利无效行政程序可以并立进行，二者互不影响。也就是说，被告在侵权诉讼程序中提出专利权无效抗辩之后，仍然可以向专利复审委员会请求宣告涉案专利无效。

根据前面提及的从有限审查到全面审查、从个案效力到对世效力，双轨间的衔接可能涉及以下三个问题。首先，如果两个程序中的认定结果不一致，如何协调？专利复审委员会认定专利权效力的决定有可能直接生效，也有可能经一审行政诉讼程序确认生效，还有可能经二审行政诉讼程序确认生效。这个问题看起来有些复杂，但是，由于专利侵权的二审案件和专利无效行政诉讼的二审案件均由最高人民法院知识产权法庭审理，最高人民法院内部可以协调处理。其次，当事人提出涉及《专利法》第 22 条第 3 款、第 33 条或《专利法实施细则》第 20 条第 2 款的主张，如何处理？法院在侵权程序中实行有限审查原则，对于以上条款，法院不得审查，被告就这些事由只能向专利复审委员会提出无效宣告请求，在此情况下，审理侵权案件的法院可以依法中止诉讼。最后，权利人在专利权无效程序中提交权利要求修改文本，如何处理？确定的权利要求书是专利权侵权案件审理的基础，侵权诉讼程序中不应当允许权利人提交对于权利要求书的修改。如果权利人在同时进行的无效程序中提交权利要求修改文本，法院应当中

---

❶ 倪静. 台湾专利无效宣告"双轨制"之相关问题及完善［J］. 台湾研究集刊，2012（6）：36.

止诉讼，等待专利复审委员会的无效决定。

三、双轨制的配套完善

（一）设立知识产权高级法院（知识产权上诉法院）

《国家知识产权战略纲要》明确指出要完善知识产权审判体制，优化审判资源配置，简化救济程序，研究设置统一知识产权民事、行政和刑事案件的专门知识产权上诉法院。最高人民法院也已经意识到，面对当前专利侵权案件管辖分散、裁判标准不一的现状，建立国家层面的知识产权高级法院作为全国知识产权纠纷上诉管辖法院迫在眉睫。❶ 最高人民法院知识产权法庭的制度功能自不容忽视，但如此设置建立起的"飞跃上诉"机制会产生法院审级不明确的问题，也难以满足《关于加强知识产权审判领域改革创新若干问题的意见》中"研究建立国家层面知识产权案件上诉审理机制"的要求。在某种意义上讲，目前最高人民法院知识产权法庭层面的审级、管辖等制度改革只是一个过渡性的安排。

设立知识产权高级法院（知识产权上诉法院）是中国知识产权审判专业化的必经之路，也是中国知识产权法院体系建设的必然进程，有助于知识产权案件裁判质量、裁判效率以及司法威信的提升，❷ 这不仅具有战略意义，也为专利权无效判定双轨制运行提供了有力支撑。从域外的成功经验来看，设立类似的知识产权高级法院（知识产权上诉法院）都有值得借鉴和参考的先例，如美国设立 CAFC 统一管理了专利确权和专利侵权案件，推动了美国专利案件的统一管辖模式。联邦巡回上诉法院将上诉案件集中到一家法院，促进了司法政策的统一性，也强调了专利对激励创新的积极

---

❶ 最高人民法院. 关于专利法执法检查报告所提有关问题整改落实情况的报告［R］. 2015.

❷ 梅术文，曹新明. 日本知识产权法院的设置及其启示［J］. 电子知识产权，2005（12）：43.

作用。❶ 当然，设立知识产权高级法院（知识产权上诉法院）对目前的司法审判体制具有较大冲击，还需做好相应的保障工作。

（二）完善相应的配套制度

首先，需要为专利权无效判定双轨制配套建设一支专业辅助人员队伍。虽然理工科等交叉学科背景的复合型法官及审判经验丰富的专利案件审判法官为专利权无效判定奠基了较好的基础，但是法官的选拔通常是对法学专业知识的考察，复合型人才不仅数量少，也难以完全纳入法官队伍中来。面对数量如此众多、涉及面如此广泛的专利案件，为提高法官的审判能力，弥补现有审判技术的不足，亟须建立一支专门的技术调查官队伍，让其在知识产权案件审判过程中，对专业问题发表意见，辅助法官查明案件事实。❷ 技术调查官需根据法官的要求，负责案件的技术判断、技术资料的搜集、分析工作，提供技术意见。❸ 对于复杂的案件，技术调查官还应积极参与审判，在审判法官的允许下，围绕争议焦点向当事人、诉讼参加人进行发问，并可作为法官认定事实的依据。❹ 同时需要注意的是，技术调查官自身并无审判权，其权限仅限于对案涉专利技术争点进行查明，而不是决定案件审判的结果。

其次，需要进一步制定配套的专利权无效判定方面的程序和实体方面的审理规则。如日本通过修订其民事诉讼法对知识产权案件审理配套措施进行确定，我国台湾地区实施"智慧财产案件审理法"，并针对知识产权法院审判制度制定了专门的"知识产权法院组织法""知识产权案件审理办法"等。除了前述专利法修法建议以外，我们建立专利权无效判定双轨制，也需要明确相应的审理规则，包括知识产权法院的审判体系，侵权诉讼法院专利权无效判定的相关程序、审理规则等。

---

❶ 沈强.从"三审合一"到知识产权专门法院——兼论知识产权审判模式和体制的改革［J］.电子知识产权，2010（8）：86.
❷ 姚志坚.知识产权专家陪审制度的检视与完善［J］.人民司法，2018（13）：95.
❸ 徐俊.我国知识产权法院的规划设计［J］.科技与法律，2015（1）：58.
❹ 李菊丹.中日技术调查官制度比较研究［J］.知识产权，2017（8）：100.

（三）建立相应的沟通协调机制

专利权无效判定双轨制本身即意味着两方机构可以针对同一专利进行无效判定，那么这两方机构的沟通协调对专利权无效判定双轨制的运行则至关重要。《日本特许法》针对双轨制即制定有切实有效的资讯交换制度，裁判所在专利纠纷发生的全阶段会及时将案件进展通知特许厅，特许厅在接到相关通知后，则会查阅相关专利效力并将结果传送给裁判所，双方可以相互借阅相关材料并就专利权的有效性进行沟通。[1] 我国台湾地区也同样建立了类似的长效信息交换机制，法院和专利行政机关相互尊重对方已经作出的有关专利权效力的决定。[2] 笔者认为，专利行政机关与法院不应成为"信息孤岛"，只有建立畅通的沟通协调机制，才能尽量避免冲突的发生，且对各自的公信力大有裨益。我们在实行专利权无效判定双轨制的过程中，应当通过立法等方式建立专利行政机关同法院之间的沟通协调机制，例如要求专利行政机关在人民法院审理专利案件时，提供及时、有效的协助，不局限于资料的查阅，还可以是专业人员的借调、专利知识的咨询等；还可要求人民法院在认定专利权无效的情形下及时将裁判文书送达相关的专利行政机关，从而减少认定结论的冲突。

---

[1] 张淑亚. 专利确权侵权交叉案件的程序困境与重构 [J]. 甘肃社会科学，2018 (6)：102.

[2] 倪静. 台湾专利无效宣告"双轨制"之相关问题及完善 [J]. 台湾研究集刊，2012 (6)：36.

参考文献

一、中文文献

（一）著作类

[1] ［澳］布拉德·谢尔曼，［英］莱昂内尔·本特利.现代知识产权法的演进：英国的历程 1760—1911 ［M］.金海军，译.北京：北京大学出版社，2006.

[2] ［澳］彭道敦，李雪莆.普通法视角下的知识产权 ［M］.谢琳，译.北京：法律出版社，2010.

[3] ［德］汉斯·高德，克里斯·阿贝尔特，王志伟.欧洲专利公约手册 ［M］.北京：知识产权出版社，2008.

[4] ［美］Martin J. Adelman, Randall R. Rader, Gordon Klancnik.美国专利法 ［M］.郑胜利，刘江彬，译.北京：知识产权出版社，2010.

[5] ［美］威廉·M.兰德斯，理查德·A.波斯纳.知识产权法的经济结构 ［M］.金海军，译.北京：北京大学出版社，2005.

[6] ［美］亚当·杰夫，乔希·勒纳.创新及其不满：专利体系对创新与进步的危害及对策 ［M］.罗建平，兰花，译.北京：中国人民大学出版社，2007.

[7] ［日］田村善之.日本现代知识产权法理论 ［M］.李扬，等译.北京：法律出版社，2010.

[8] ［日］田村善之.日本知识产权法 ［M］.周超，等译.北京：知识产权出版社，2011.

[9] 曾陈明汝.两岸暨欧美专利法 ［M］.北京：中国人民大学出版社，2007.

[10] 范长军.德国专利法研究 ［M］.北京：科学出版社，2011.

[11] 国家知识产权局版权法司.专利法实施细则修改专题研究报告 ［R］.北京：知识产权出版社，2008.

[12] 国家知识产权局条法司.专利法及专利法实施细则第三次修改专题研究报告 ［R］.北

京：知识产权出版社，2006.

[13] 李明德. 美国知识产权法 [M]. 北京：法律出版社，2003.

[14] 李明德，闫文军，黄晖，等. 欧盟知识产权法 [M]. 北京：法律出版社，2010.

[15] 欧洲专利局. 未来知识产权制度的愿景 [M]. 北京：知识产权出版社，2009.

[16] 王承守，邓颖懋. 美国专利诉讼攻防策略运用 [M]. 北京：北京大学出版社，2006.

[17] 吴汉东，等. 知识产权基本问题研究 [M]. 北京：中国人民大学出版社，2005.

[18] 徐棣枫. 专利权扩张与限制 [M]. 北京：知识产权出版社，2007.

[19] 闫文军. 专利权的保护范围：权利要求解释和等同原则适用 [M]. 北京：法律出版社，2007.

[20] 杨崇森. 专利法理论与应用 [M]. 修订 2 版. 台北：三民书局，2008.

[21] 杨长贤，等. 生物科技与法律：美国生技发明专利案例分析 [M]. 北京：北京大学出版社，2006.

[22] 尹新天. 中国专利法详解 [M]. 北京：知识产权出版社，2011.

[23] 赵元果. 中国专利法的孕育与诞生 [M]. 北京：知识产权出版社，2003.

[24] 冯晓青. 知识产权法利益平衡论 [M]. 北京：中国政法大学出版社，2006.

[25] 程永顺. 专利侵权判定实务 [M]. 北京：法律出版社，2002.

[26] 国家知识产权局专利复审委员会. 现有技术与新颖性 [M]. 北京：知识产权出版社，2004.

[27] 黄敏. 专利申请文件的撰写和审查要点 [M]. 北京：知识产权出版社，2002.

（二）论文类

[1] 范振国. 公共利益的法律界定与限制研究 [D]. 长春：吉林大学，2010.

[2] 雷艳珍. 现有技术抗辩研究 [D]. 武汉：中南财经政法大学，2010.

[3] 梁志文. 论专利公开——基于创新经济学的解释理论 [D]. 武汉：中南财经政法大学，2011.

[4] 刘珍兰. 公众专利评审机制研究 [D]. 武汉：华中科技大学，2011.

[5] 林洲富. 专利侵害之民事救济制度 [D]. 台北：中正大学法律学研究所，2007.

[6] 王韶华. 民事诉讼制度和行政诉讼制度比较研究 [D]. 北京：中国政法大学，2004.

[7] 吴文宾. 专利审查制度之研究 [D]. 台北：世新大学法律研究所，2005.

[8] 谢岳龙. 专利权撤销制度之比较研究 [D]. 台北：政治大学，1997.

[9] 羊琴. 论行政行为的公定力差别及其在民事诉讼中的运用 [D]. 武汉：中南财经政法大学，2010.

［10］尹奎杰. 权利正当性观念批判——实践理性的权利观解读［D］. 长春：吉林大学，2008.

［11］张晓都. 专利实质条件研究［D］. 北京：中国社会科学院研究生院，2001.

［12］和育东. 美国专利侵权救济制度研究［D］. 北京：中国政法大学，2008.

［13］王鹏. 中国专利侵权法律制度的经济学分析［D］. 沈阳：辽宁大学，2008.

［14］黄武双. 制度移植与功能回归［D］. 上海：华东政法大学，2006.

［15］张剑. 专利制度的经济学分析［D］. 上海：复旦大学，2006.

［16］宁立志. 知识产权的竞争法限制［D］. 武汉：武汉大学，2005.

［17］寇宗来. 专利制度的功能和绩效：一个不完全契约理论的方法［D］. 上海：复旦大学，2003.

［18］蔡明诚. 论知识产权之用尽原则——试从德国法观察、兼论欧洲法之相关规范［J］. 政大法学评论，2001（41）：41.

［19］曹新明. 现有技术抗辩研究［J］. 法商研究，2010（6）：96-101.

［20］曹新明. 专利许可协议中的有色条款功能研究［J］. 法商研究，2007（1）：89-95.

［21］陈家骏. 公平交易法中行使专利权之不正当行为［J］. 法令月刊，1994，45（1）.

［22］陈武. 问题专利与专利权的重构——拟议中的"美国专利改革法案"思想评述［J］. 环球法律评论，2009（4）：53-60.

［23］程良友，汤珊芬. 美国提高专利质量的对策及对我国的启示［J］. 科技与经济，2007（3）：48-50.

［24］杜颖，王国立. 知识产权行政授权及确权行为的性质解析［J］. 法学，2011（8）：92-100.

［25］范光群. 智慧财产民事诉讼新貌之问题探讨［J］. 法学丛刊，2008，53（3）：180.

［26］冯晓青. 知识产权法与公共利益探微［J］. 行政法学研究，2005（1）：49-60.

［27］冯晓青. 专利法利益平衡机制之探讨［J］. 郑州大学学报（哲学社会科学版），2005（3）：58-62.

［28］高丙中. 社会团体的合法性问题［J］. 中国社会科学，2000（2）：100-109.

［29］郭德忠. 知识产权全球保护主义环境下的国家知识产权战略［J］. 河北法学，2009（4）：137-140.

［30］郭寿康，李剑. 我国知识产权审判组织专门化问题研究——以德国联邦专利法院为视角［J］. 法学家，2008（3）：59-65.

［31］何伦健. 论专利无效宣告程序的公益性及其完善［M］//专利法研究（2006）. 北京：

知识产权出版社，2007：8.

[32] 何伦健. 中外专利无效制度的比较研究 [J]. 电子知识产权，2005（4）：32-35.

[33] 和育东. 美国专利侵权的禁令救济 [J]. 环球法律评论，2009（5）：124-133.

[34] 胡波. 话语伦理视阈下的专利立法程序 [J]. 法制与社会发展，2010（4）：139-153.

[35] 胡鸿高. 论公共利益的法律界定——从要素解释的路径 [J]. 中国法学，2008（4）：56-67.

[36] 胡开忠. 专利产品的修理、再造与专利侵权的认定——从再生墨盒案谈起 [J]. 法学，2006（12）：145-151.

[37] 胡潇潇. 我国专利法"药品实验例外"制度研究 [J]. 法商研究，2010，27（1）：95-104.

[38] 雷艳珍. 中美现有技术抗辩制度之比较 [J]. 河南省政法管理干部学院学报，2010（1）：178-183.

[39] 李华，何艳珍，孙广丽. 技术在先使用与专利权冲突的探讨 [J]. 河北法学，2004（6）：157-160.

[40] 李明德. 专利权与商标权确权机制的改革思路 [J]. 华中科技大学学报（社会科学版），2007（5）：12.

[41] 李新生，强刚华，刘井玉. 对中外专利商标司法救济模式的调查分析与比较研究（上）[J]. 行政法学研究，2004（1）：56-61.

[42] 李新生，强刚华，刘井玉. 对中外专利商标司法救济模式的调查分析和比较研究（下）[J]. 行政法学研究，2004（2）：83-91.

[43] 李扬. 知识产权法定主义及其适用——兼与梁慧星、易继明教授商榷 [J]. 法学研究，2006（2）：3-16.

[44] 李扬. 专利权无效后实施费等可否作为不当得利处理 [J]. 知识产权，2010（3）：53-56.

[45] 李扬. 日本专利权当然无效抗辩原则及其启示 [J]. 法律科学（西北政法大学学报），2012（1）：168-177.

[46] 梁志文. 论专利授权行为的法律效力——兼评《专利法》改革中的制度选择 [J]. 法律科学（西北政法大学学报），2009（5）：157-164.

[47] 梁志文. 论专利危机及其解决路径 [J]. 政法论丛，2011（3）：69-77.

[48] 梁志文. 专利授权行为的法律性质 [J]. 行政法学研究，2009（2）：33-36.

[49] 林秀芹. 中国专利强制许可制度的完善 [J]. 法学研究，2006（6）：30-38.

［50］刘国伟.谈公知技术抗辩原则的适用［J］.中国专利与商标，2005（1）：35-41.

［51］刘筠筠.专利权保护范围的不确定性问题研究——兼论等同原则的适用［M］//专利法研究（2008）.北京：知识产权出版社，2009.

［52］罗东川.《专利法》第三次修改未能解决的专利无效程序简化问题［J］.电子知识产权，2009（5）：16-19.

［53］马忠法.对知识产权制度设立的目标和专利的本质及其制度使命的再认识——以专利技术转化率低为视角［J］.知识产权，2009（6）：3-9.

［54］梅术文，曹新明.日本知识产权法院的设置及其启示［J］.电子知识产权，2005（12）：40-43.

［55］宁立志，胡贞珍.美国反托拉斯法中的专利权行使［J］.法学评论，2005（5）：142-154.

［56］宁立志.专利辅助侵权制度中的法度边界之争——美国法例变迁的启示［J］.法学评论，2010（5）：35-45.

［57］牛强.专利"创造性"判断中的"事后诸葛亮"——兼评我国《专利法》第22条及《审查指南》中相关规定［J］.知识产权，2009（4）：49-57.

［58］秦旭东.专利无效诉讼改革争议未息［J］.中国发明与专利，2008（10）：28-29.

［59］渠滢.论专利无效诉讼中的"循环诉讼"问题［J］.行政法学研究，2009（1）：90-95.

［60］任军民.我国专利权权利用尽原则的理论体系［J］.法学研究，2006（6）：39-52.

［61］沈冠伶.民事诉讼与行政诉讼之分工与合作（上）［J］.本土法学，2003（45）：35.

［62］孙南申，徐曾沧.美国对技术标准中专利信息不披露行为的反垄断措施［J］.华东政法大学学报，2009（1）：55-63.

［63］谭筱清.已有公知技术抗辩原则在专利侵权诉讼中的运用［J］.人民司法，2002（8）：19-22.

［64］万志前，郑友德.知识产权制度生态化重构初探［J］.法学评论，2010，28（1）：44-51.

［65］王勉青.我国专利权滥用法律调整的规定性［M］//专利法研究（2007）.北京：知识产权出版社，2008.

［66］王先林.知识产权滥用及其法律规制［J］.法学，2004（3）：107-112.

［67］王晓晔.知识产权滥用行为的反垄断法规制［J］.法学，2004（3）：100-106.

［68］魏衍亮.垃圾专利问题与防御垃圾专利的对策［J］.电子知识产权，2007（12）：

59-61.

[69] 吴汉东.知识产权本质的多维度解读 [J].中国法学，2006（5）：97-106.

[70] 肖志远.解读专利制度的产业政策蕴含 [J].法学杂志，2009，30（11）：63-66.

[71] 熊诵梅.行政机关授予智慧财产权之性质与效力 [J].法令月刊，2007，58（7）.

[72] 杨为国，程良友.美国专利改革法案中的授权后异议程序及对我国的启迪 [J].电子知识产权，2005（11）：44-48.

[73] 杨志敏.专利侵权诉讼中"公知技术抗辩"适用之探讨——中、德、日三国判例学说的比较研究 [M] //专利法研究（2002）.北京：知识产权出版社，2003.

[74] 杨志敏.关于"公知技术抗辩"若干问题的研究——从中、德、日三国判例与学说的对比角度 [J].比较法研究，2003（2）：56-67.

[75] 姚秀兰.制度构建与社会变迁——近代中国专利立法论 [J].法学论坛，2006（4）：118-123.

[76] 应松年，薛刚凌.论行政权 [J].政法论坛，2001（4）：52-63.

[77] 余翔，赵振.专利侵权诉讼中反诉专利权无效与中止诉讼——日本知识产权诉讼制度改革及其对我国的启示 [J].电子知识产权，2007（6）：54-56.

[78] 袁真富.基于侵权抗辩之专利默示许可探究 [J].法学，2010（12）：108-119.

[79] 张冬.专利请求权和保护期滥用争议的认定范围 [J].河北法学，2009（3）：144-149.

[80] 张冬.专利权滥用争议的法律协调——以专利法与反垄断法的关联为视角 [J].河北法学，2009（6）：131-137.

[81] 张广良.论专利权保护范围的确定原则 [J].电子知识产权，2009（10）：12-17.

[82] 张怀印.美国专利法改革述评 [J].美国研究，2010（1）：54-62.

[83] 张千帆."公共利益"是什么？——社会功利主义的定义及其宪法上的局限性 [J].法学论坛，2005（1）：28-31.

[84] 张伟君，单晓光.WTO框架下完善我国知识产权滥用规制制度的若干思考 [J].法学家，2008（2）：121-126.

[85] 张献勇，闫文锋.专利复审委员会的诉讼地位——复审委是否该站在专利无效诉讼被告席上？[J].知识产权，2005（5）：49-52.

[86] 张志成.专利数量也是一个战略问题 [J].电子知识产权，2006（10）：62.

[87] 周延鹏.专利的品质、价值与价格初探 [J].科技与法律，2009（3）：40-44.

[88] 周琪.技术与市场综合分析法在专利侵权损害赔偿中的应用 [M] //专利法研究

（2009）.北京：知识产权出版社，2010.

[89] 杨志敏.美国法院对专利权利要求的语义解释 ［M］//专利法研究（2009）.北京：知识产权出版社，2010.

[90] 刘国伟.专利无效宣告程序中的当事人主义若干问题的研究——兼论当事人主义与依职权审查的融合关系 ［M］//专利法研究（2009）.北京：知识产权出版社，2010.

[91] 崔国振.专利无效宣告制度的价值及其优化研究 ［M］//专利法研究（2009）.北京：知识产权出版社，2010.

[92] 孙海龙，姚建军.完善专利侵害赔偿法律制度研究——以中美两国专利侵害赔偿制度及其司法实践比较为研究视角 ［M］//专利法研究（2008）.北京：知识产权出版社，2009.

[93] 何伦健.试析专利行政诉讼中的公知常识问题 ［M］//专利法研究（2008）.北京：知识产权出版社，2009.

[94] 韩志杰.从 Seagate 案件看美国专利案件故意侵权认定标准的变更 ［M］//专利法研究（2007）.北京：知识产权出版社，2008.

[95] 刘国伟.关于专利无效程序请求人主体资格若干问题的思考 ［M］//专利法研究（2007）.北京：知识产权出版社，2008.

[96] 姚兵兵.再谈专利侵权诉讼中止问题——以南京中院为实例 ［M］//专利法研究（2006）.北京：知识产权出版社，2007.

[97] 何伦健.论专利无效宣告程序的公益性及其完善 ［M］//专利法研究（2006）.北京：知识产权出版社，2007.

[98] 王澄.专利审批过程中的听证原则浅议 ［M］//专利法研究（2006）.北京：知识产权出版社，2007.

[99] 张芍君，张颖.专利审批流程在专利申请和保护中的作用及相关思考 ［M］//专利法研究（2005）.北京：知识产权出版社，2006.

[100] 晏辉.专利侵权行政诉讼中诉讼中止裁定及判决形式的适用 ［M］//专利法研究（2004）.北京：知识产权出版社，2005.

[101] 赵吉军，范杰.目前专利诉讼中鉴定制度的缺陷及其完善 ［M］//专利法研究（2004）.北京：知识产权出版社，2005.

[102] 杨志敏.职权分开原则与专利侵权诉讼——关于中止程序与法院能否审理无效事由的再思考 ［M］//专利法研究（2004）.北京：知识产权出版社，2005.

[103] 俞志龙.处理专利侵权和无效争议的法律程序研究 ［M］//专利法研究（2004）.北

京：知识产权出版社，2005.

[104] 王燕红. 对我国专利法第36条的修改建议——由美国对专利程序中不当行为的规制想到的［M］//专利法研究（2004）. 北京：知识产权出版社，2005.

[105] 侯海薏，俞翰政. 合理规范专利审批中的自由裁量［M］//专利法研究（2004）. 北京：知识产权出版社，2005.

[106] 韩晓春. 中日专利申诉及专利行政诉讼制度的比较和借鉴［M］//专利法研究（2003）. 北京：知识产权出版社，2003.

[107] 杨志敏. 专利侵权诉讼中专利保护范围的确定与法院的权限——析专利权利要求的缩小与扩大解释［M］//专利法研究（2003）. 北京：知识产权出版社，2003.

[108] 马秀山. 试论法国的专利审查制及对解决专利申请积案的意义［M］//专利法研究（2002）. 北京：知识产权出版社，2002.

[109] 董巍. 议有关专利无效宣告请求审查决定的行政诉讼［M］//专利法研究（2002）. 北京：知识产权出版社，2002.

[110] 范晓宇. 宣告专利权无效决定的本质及其效力限定——兼评我国专利复审制度的改革［J］. 中外法学，2016（3）：684-701.

[111] 范晓宇. 专利复审委员会国家赔偿责任的可能性及其限定［J］. 浙江社会科学，2013（5）：65-69.

[112] 易玲. 日本专利权无效判定制度之改革及其启示［J］. 法商研究，2017（2）.

[113] 易玲. 美国专利权无效判定机制对我国的启示［J］. 湖南大学学报（社会科学版），2014（3）.

[114] 张怀印. 美国专利确权双轨制的分殊与协调［J］. 电子知识产权，2018（5）：31-37.

[115] 付丽霞. 美国专利制度演进的历史梳理与经验借鉴［J］. 中国发明与专利，2018，15（10）：28-34.

[116] 张玉蓉. 美国专利授权后的复审制度及其启示［J］. 知识产权，2015（2）：86-92.

[117] 朱雪忠，漆苏. 美国专利改革法案内容及其影响评析［J］. 知识产权，2011（9）：79-89.

[118] 史兆欢. 专利无效制度的改革和完善［J］. 电子知识产权，2018（8）：31-40.

[119] 代江龙. 试论专利侵权诉讼中无效判定的引入［J］. 人民司法，2015（17）：98-102.

[120] 宁立志，叶紫薇. 专利效力之否定：法理、制度与问题［J］. 中国发明与专利，2018，15（4）：112-128.

[121] 姜芳蕊. 我国知识产权确权机制的冲突与完善［J］. 求索，2015（1）：133-137.

［122］ 熊文聪.我国专利无效诉讼中的证据规则之反思［J］.知识产权，2015（6）：25-30.

［123］ 左萌，孙方涛.美国专利无效案件中"既决事项"初探［J］.知识产权，2013（8）：86-90.

［124］ 左萌，孙方涛，郭风顺.浅析美国专利无效的双轨制［J］.知识产权，2013（12）：92-97.

［125］ 宋蓓蓓，吕利强.美国专利无效制度改革进展与思考［J］.电子知识产权，2017（6）：52-63.

［126］ 张鹏.美国专利再审查制度评析［J］.比较法研究，2014（6）：170-180.

［127］ 管育鹰.专利无效抗辩的引入与知识产权法院建设［J］.法律适用，2016（6）.

［128］ 管育鹰.专利授权确权程序优化问题探讨［J］.知识产权，2017（11）：18-30.

二、外文文献

（一）英文著作

［1］ Robert P. Merges, Peter S. Menell, Mark A. Lemley. Intellectual Property in the New Technological Age［M］. 4 Edition. Aspen Publishers, 2006.

［2］ James Bessen, Michael J. Meurer. Patent Failure：How Judges, Bureaucrats, and Lawyers Put Innovators at Risk［M］. Princeton University Press, 2009.

［3］ Dan L. Burk, Mark A. Lemley. The Patent Crisis and How the Courts Can Solve It［M］. University of Chicago Press, 2009.

［4］ Michael A. Gollin. Driving Innovation：Intellectual Property Strategies for a Dynamic World［M］. Cambridge University Press, 2008.

［5］ Daniel Gervais, Elizabeth F. Judge. Intellectual Property：The Law in Canada［M］. Carswell, 2005.

［6］ R. Polk Wagner. Patent Law［M］. University of Pennsylvania Law School, 2002.

（二）英文论文

［1］ Samuel A Oddi. Un-Unified Economic Theories of Patent—The Not-Quite-HolyGrail［J］. Notre Dame Law Review, 1996（74）：267.

［2］ Alan Devlin. The Misunderstood Function of Disclosure in PatentLaw［J］. Harv. J. L. & Tech, 2010（23）：401.

［3］ Allan N. Littman. Restoring The Balance of Our PatentSystem［J］. IDEA, 1997（37）：545.

［4］ Anu R. Sawkar. Are Storylines Patentable? Testing the Boundaries of Patentable SubjectMatter ［J］. Fordham L. Rev., 2006（76）：3001.

［5］ Arti K. Rai. Addressing the Patent Gold Rush：The Role of Deference to PTO Patent Denials ［J］. Wash. U. J. L. & Pol'y, 2000（2）：199.

［6］ Arti K. Rai. Allocating Power over Fact−Finding in thePatentSystem ［J］. Berkeley Tech. L. J., 2004（19）：907.

［7］ Arti K. Rai. Building a Better Innovation System：Combining Facially Neutral Patent Standards with Therapeutics Regulation ［J］. Hous. L. Rev., 2008（45）：1037.

［8］ Arti K. Rai. Growing Pains in the Administrative State the Patent Office's Troubled Quest for Managerial Control ［J］. U. Pa. L. Rev., 2009（157）：2051.

［9］ Barry S. Wilson. Patent Invalidity and the Seventh Amendment：Is the Jury Out ［J］. San Diego L. Rev., 1997（34）：1787.

［10］ Betsy Johnson. Plugging the Holes in the Ex Parte Reexamination Statute：Preventing a Second Bite at the Apple for a Patent Infringer ［J］. Cath. U. L., 2005（55）：305.

［11］ Bradford J. Duft, Eric P. Mirabel. Principles of Inherency ［J］. J. Pat. &. Trademark Off. Socy'y, 1995（77）：548−550.

［12］ Bronwyn H. Hall, Dietmar Harhoff. Post−Grant Reviews in the U. S. Patent System—Design, Choices and Expected Impact ［J］. Berkeley Tech. L. J., 2004（19）：989.

［13］ Bruce A. Kaser. Patent Application Recycling：How Continuations Impact Patent Quality & What the USPTO Is Doing about It ［J］. J. Pat. & Trademark Off. Soc'y, 2006（88）：426.

［14］ Carl Shapiro. Patent System Reform：Economic Analysis and Critique ［J］. Berkeley Tech. L. J., 2004（19）：1017.

［15］ Cecil D. Quillen, Jr., Ogden H. Webster. Continuing Patent Applications and Performance of the U. S. Patent and Trademark Office ［J］. Fed. Cir. B. J., 2003（11）：1.

［16］ Cecil D. Quillen. Proposal for the Simplification and Reform of the United States PatentSystem ［J］. AIPLA Q. J., 1993（12）：189.

［17］ Chris J. Katopis. Perfect Happiness?：Game Theory as a Tool for Enhancing Patent Quality ［J］. Yale J. L. & Tech., 2008（10）：360.

［18］ Christopher A. Cotropia. Patent Claim Interpretation Methodologies and Their Claim ScopeParadigms ［J］. Wm. & Mary L. Rev., 2005（47）：49.

［19］ Christopher A. Harkins. Fending Off Paper Patents and Patent Trolls：A Novel "Cold

Fusion" Defense because Changing Times Demand It [J]. Alb. L. J. Sci. & Tech., 2007 (17): 407.

[20] Christopher L. Logan. Patent Reform 2005: HR 2795 and the Road to Post - Grant Oppositions [J]. UMKC L. Rev., 2006 (74): 975.

[21] Christopher R. Leslie. The Anticompetitive Effects of Unenforced InvalidPatents [J]. Minn. L. Rev., 2006 (91): 101.

[22] Christopher Wong. Community Service: Adapting Peer Review to the Patenting Process [J]. J. L. & Pol'y for Info. Soc'y, 2008 (4): 31.

[23] Craig Allen Nard, John F. Duffy. Rethinking Patent Law's Uniformity Principle [J]. Nw. U. L. Rev., 2007 (101): 1619.

[24] Dale L. Carlson. Patent Reform at the Crossroads: Experience in the Far East With Oppositions Suggests an Alternative Approach for the United States [J]. N. C. J. L. & Tech., 2006 (7): 261.

[25] Dale L. Carlson, Robert Migliorini. Past as Prologue for Patent Reform: Experience in Japan with Oppositions Suggests an Alternative Approach for the U. S. [J]. J. Pat. & Trademark Off. Soc'y, 2006 (88): 101.

[26] Dan L. Burk. Anti-circumventionMisuse [J]. U. C. L. A. L. R. EV., 2003 (50): 1095.

[27] Dan L. Burk, Mark A. Lemley. Policy Levers in Patent Law [J]. Va. L. Rev., 2003 (89): 1575.

[28] Dana Remus Irwin. Paradise Lost in the Patent Law? Changing Visions of Technology in the Subject Matter Inquiry [J]. Fla. L. Rev., 2008 (60): 775.

[29] Daniel Adam Nadel. The Elusive Point of Novelty Test Leaves Design Patent Infringement in Limbo: A Critique of Lawman Armor Corporation v. Winner International, Llc [J]. Fed. Circuit B. J., 2008 (17): 343.

[30] Daniel P. Homiller. Patent Misuse in Patent Pool Licensing: From National Harrow to "The Nine NO-NOs" to Not Likely [J]. Duke L. & Tech. Rev., 2006 (7): 38.

[31] Daniel R. Cahoy. An Incrementalist Approach to Patent ReformPolicy [J]. N. Y. U. J. Legis. & Pub. Pol'y, 2006 (9): 587.

[32] David B. Conrad. Mining the Patent Thicket: The Supreme Court's Rejection of the Automatic Injunction Rule in eBay v. MercExchange [J]. Rev. Litig., 2007 (26): 119.

[33] David C. Bohrer. Knocking the Eagle Off the Patent Owner's Shoulder: Chiron Holds That

Jurors Don't Have to Be Told That Patent Is Presumed Valid [J]. Santa Clara Computer & High Tech. L. J., 2004 (21): 259.

[34] David G. Barker. Troll or No Troll? Policing Patent Usage With an Open Post-Grant Review [J]. Duke L. & Tech. Rev., 2005: 9.

[35] David McGowan. What Tool Works Tells US about Tailoring Patent MisuseRemedies [J]. Nw. U. L. Rev., 2008, 102: 421.

[36] David Sulkis. Patent Infringement by Offer to Sell: Rotec Industries, Inc. V. Mitsubishi Corporation [J]. Hous. L. Rev., 2001 (38): 1099.

[37] David W. Okey. Issued Patents And the Standard ofProof [J]. J. Marshall J. Computer & Info. L., 1999, 177: 557.

[38] David W. Opderbeck. Patent Damages Reform and the Shape of PatentLaw [J]. B. U. L. Rev., 2009 (89): 127.

[39] David W. Van Etten. Everyone in the Patent: U. S. Philips Corp. v. International Trade Commission [J]. Berkeley Tech. L. J., 2007, 27: 241.

[40] Dawn-Marie Bey, Christopher A. Cotropia. The Unreasonableness of the Patent Office's "Broadest Reasonable Interpretation" Standard [J]. AIPLA Q. J., 2009 (37): 285.

[41] Debra D. Peterson. The Hydra of Identity Tolerance: Patent Law Heresies Involving 35 U. S. C. § 102 [J]. J. Pat & Trademark Off. Soc'y, 2003, 85: 639.

[42] Donald S. Chisum. Reforming Patent LawReform [J]. J. Marshall Rev. Intell. Prop. L., 2005 (4): 366.

[43] Donald S. Chisum. The Patentability ofAlgorithms [J]. U. Pitt. L. Rev., 1986 (47): 959.

[44] Doug Harvey. Reinventing the U. S. Patent System: A Discussion of Patent Reform Through an Analysis of the Proposed Patent Reform Act of 2005 [J]. Tex. Tech L. Rev., 2006 (38): 1133.

[45] Edmund Kitch. The Nature and Function of the PatentSystem [J]. J. L &Econ., 1977 (20): 265.

[46] Edward Hsieh. Mandatory Joinder: An Indirect Method for Improving Patent Quality [J]. S. Cal. L. Rev., 2004 (77): 683.

[47] Edward Philip Walker. Objective Evidence of Non-obviousness: The Elusive Nexus Requirement (Part I) [J]. JPTOS, 1987 (69): 175.

[48] Elizabeth A. Rowe. The Experimental Use Exception to Patent Infringement: Do Universities

Deserve Special Treatment? ［J］. Me. L. Rev., 2007（59）: 283.

［49］ Eric B. Chen. Applying the Lessons of Re-Examination to Strengthen Patent Post-GrantOp-
position ［J］. Comp. L. Rev. & Tech. J., 2006（10）: 193.

［50］ Erik Belt, Keith Toms. The Price of Admission: Licensee Challenges to Patents after Medim-
mune v. Genentech ［J］. B. B. J., 2007（51）: 10.

［51］ Etan S. Chatlynne. Investigating Patent Law's Presumption of Validity-An Empirical Analysis
［J］. Patently-O Patent L. J., 2010（37）.

［52］ F Scott Kieff. The Case for Registering Patents and the Law and Economics of Present
Patent-Obtaining Rules ［J］. B. C. L. Rev., 2003（45）: 55.

［53］ F. Scott Kieff. Property Rights and Property Rules for CommercializingInventions ［J］. Minn
L. Rev., 2001（85）: 697.

［54］ F. Scott Kieff. The Case for Preferring Patent-Validity Litigation Over Second-Window
Review and Gold-Plated Patents: When One Size Doesn't Fit All, How Could Two Do the
Trick? ［J］. U. Pa. L. Rev., 2009（157）: 1937.

［55］ Franklin Strier. The Educated Jury: A Proposal for Complex Litigation ［J］. Depaul L. Rev.,
1997（47）: 49.

［56］ Frederick C. Williams. Giving Inter Partes Patent Reexamination a Chance toWork ［J］.
AIPLA Q. J., 2004（32）: 265.

［57］ Fritz Machlup, Edith Penrose. The Patent Controversy in the Nineteenth Century ［J］. The
Journal of Economic History, 1995, 10（1）: 1-29.

［58］ Gary M. Hnath, Timothy A. Molino. The Roles of Judges and Juries in Patent Litigation
［J］. Fed. Cir. B. J., 2009（19）: 15.

［59］ Gerald J. Mossinghoff, Vivian S. Kuo. World Patent System Circa 20xx, A. D. ［J］. J. Pat.
& Trademark Off. Soc'y, 1998（80）: 523.

［60］ Gerald Sobel. Consideration of Patent Validity in Antitrust Cases Challenging Hatch-Waxman
ActSettlements ［J］. Fed. Cir. B. J., 2011（20）: 47.

［61］ Gideon Parchomovsky, Michael Mattioli. Partial Patents ［J］. Colum. L. Rev., 2011
（111）: 207.

［62］ Greg H. Gardella, Emily A. Berger. United States Reexamination Procedures: Recent
Trends, Strategies and Impact on Patent Practice ［J］. J. Marshall Rev. Intell. Prop. L.,
2009（8）: 381.

［63］ Gregory D. Leibold. In Juries We Do Not Trust: Appellate Review of Patent-Infringement Litigation ［J］. U. Colo. L. Rev., 1996 (67): 623.

［64］ Guido Calabresi, A. Douglas Melamed. Property Rules, Liability Rules, and Inalienability: One View of the Cathedral ［J］. Harv. L. Rev., 1972 (85): 1089.

［65］ Hal Milton, Patrick R. Anderson. The KSR Standard for Patentability ［J］. J. Pat. & Trademark Off. Soc'y, 2007 (89): 615.

［66］ David Hricik. Where the Bodies Are: Current Examplars of Inequitable Conduct and How to Avoid Them ［J］. Tex. Intell. Prop. L. J., 2004 (12): 287.

［67］ Ian Ayres, Eric Talley. Solomonic Bargaining: Dividing a Legal Entitlement to Facilitate Coasean Trade ［J］. Yale L., 1995 (104): 1083.

［68］ Irving N. Feit, Christina L. Warrick. Inherency in Patent Law ［J］. J. Pat. & Trademark Off. Soc'y, 2003 (85): 5.

［69］ J. Steven Baughman. Reexamining Reexaminations: A Fresh Look at the Ex Parte and Inter Partes Mechanism for Reviewing Issued Patents ［J］. J. Pat. & Trademark Off. Soc'Y, 2007 (89): 349-357.

［70］ J. Tomas McCarthy. "Unmuzzling" the Patent Licensee: Chaos in the Wake of Lear v. Adkins ［J］. Geo. Wash. L. Rev., 1997 (45): 429.

［71］ J. Steven Baughman. Reexamining Reexaminations: A Fresh Look at the Ex Parte and Inter Partes Mechanisms for Reviewing Issued Patents ［J］. J. Pat. & Trademark Off. Soc'y, 2007 (89): 349.

［72］ James B. Gambrell. The Impact of Private Prior Art on Inventorship, Obviousness, and Inequitable Conduct ［J］. Fed. Circuit B. J., 2002 (12): 425.

［73］ James F. Holderman. The Patent Litigation Predicament in the UnitedStates ［J］. U. Ill. J. L. Tech. & Pol'y, 2007 (1): 103.

［74］ James G. Mcewen. Is the Cure Worse Than the Disease an Overview of the Patent Reform Act of 2005 ［J］. J. Marshall Rev. Intell. Prop. L., 2006 (5): 55.

［75］ James W. Dabney. KSR: It Was not a Ghost ［J］. Santa Clara Computer & High Tech. L. J., 2007, 24 (131): 142-144.

［76］ Janice M. Mueller. Enabling Patent Law's Inherent Anticipation Doctrine ［J］. Hous. L. Rev., 2008 (45): 1101.

［77］ Jason J. Chung. More Solutions to Reduce Patent Pendency: An Empirical Study ［J］. J. Pat.

& Trademark Off. Soc'y, 2009 (91): 338.

[78] Jason J. Chung. Patent Pendency Problems and Possible Solutions to Reducing Patent Pendency at the United States Patent and TrademarkOffice [J]. J. Pat. & Trademark Off. Soc'y, 2008 (90): 58.

[79] Jay P. Kesan. Carrots and Sticks to Create a Better PatentSystem [J]. Berkeley Tech. L. J., 2002 (17): 763.

[80] Jay P. Kesan, Marc Banik. Patents as Incomplete Contracts: Aligning Incentives for R&D Investment With Incentives to Disclose Prior Art [J]. Wash. U. J. L. & Pol'y, 2000 (2): 23.

[81] Jay P. Kesan, Andres A. Gallo. Why "Bad" Patents Survive in the Market and How Should We Change? —The Private and Social Costs Of Patents [J]. Emory L. J., 2006 (55): 61.

[82] Jean O. Lanjouw, Josh Lerner. Tilting the Table? The Use of Preliminary Injunction [J]. J. L. & Econ., 2001 (44): 573.

[83] Jeanne C. Fromer. The Layers of Obviousness in PatentLaw [J]. Harv. J. L. & Tech., 2008 (22): 75.

[84] Jeffrey M. Kuhn. Patentable Subject Matter Matters: New Uses for an Old Doctrine [J]. Berkeley Tech. L. J., 2007 (22): 89.

[85] Jennifer R. Saionz. Declaratory Judgment Actions in Patent Cases: The Federal Circuit's Response to Medimmune v. Genentech [J]. Berkeley Tech. L. J., 2008 (23): 161.

[86] Jere M. Webb, Lawrence A. Locke. Intellectual Property Misuse: Developments in the Misuse Doctrine [J]. Harv. J. Lav & Tec, 1991 (4): 257.

[87] Joel R. Bennett. Patent Misuse Must an Alleged Infringer Prove an AntitrustViolation [J]. A. I. P. L. J. Q. J., 1989, 17 (1): 7.

[88] John B. Pegram. Should There Be A U. S. Trial Court with a Specialization in PatentLitigation [J]. J. Pat. & Trademark Off. Soc'y, 2000 (82): 765.

[89] John C. Stedman. The U. S. Patent System and Its CurrentProblems [J]. Tex. L. Rev., 2009 (42): 450.

[90] John F. Duffy. KSR V. Teleflex: Predictable Reform of Patent Substance and Procedure in the Judiciary [J]. Mich. L. Rev. First Impressions, 2008 (106): 34.

[91] John F. Duffy. Rethinking the Prospect Theory ofPatents [J]. U. Chi. L. Rev., 2004

（71）：439.

［92］ John Leubsdorf. The Standard of PreliminaryInjunction ［J］. Harv. L. Rev., 1978 （91）：525.

［93］ John R. Allison, Mark A. Lemley. Empirical Evidence on the Validity of Litigated Patents ［J］. AIPLA Q. J., 1998 （26）：185.

［94］ John S. Leibovitz. Inventing a Nonexclusive PatentSystem ［J］. Yale L. J., 2002 （111）：2251.

［95］ John Shepard Wiley. Taming Patent：Six Steps For Surviving Scary Patent Cases ［J］. UCLA L. Rev., 2003 （50）：1413.

［96］ John W. Schlicher. Patent Damages, the Patent Reform Act, and Better Alternatives For the Courts And Congress ［J］. J. Pat. & Trademark Off. Soc'y, 2009 （91）：19.

［97］ Jordan K. Paradise. Lessons From the European Union：The Need for a Post－Grant Mechanism for Third－Party Challenge to U. S. Patents ［J］. Minn. J. L. Sci. & Tech., 2006 （7）：315.

［98］ Joseph Farrell, Robert P. Megers. Incentives to Challenge and Defend Patents：Why Litigation Won't Reliably Fix Patent Office Errors and Why Administrative Patent Review Might Help ［J］. Berkeley Tech. L. J., 2004 （19）：943.

［99］ Joseph R. Re, William C. Rooklidge. Vacating Patent Invalidity Judgments upon an Appellate Determination of Noninfringement ［J］. J. Pat. & Trademark Off. Soc'y, 1990 （72）：780.

［100］ Joshua D. Sarnoff, Bilcare. KSR, Presumptions of Validity, Preliminary Relief, and Obviousness in PatentLaw ［J］. Cardozo Arts & Ent. L. J., 2007 （25）：995.

［101］ Julie S. Turner. The Non－manufacturing Patent Owner：Toward a Theory of Efficient Infringement ［J］. Cal. L. Rev., 1998 （86）：179.

［102］ Justin Pats. Preventing the Issuance of "Bad" Patents ［J］. IDEA, 2008, 48：409.

［103］ Katharine M. Zandy. Too Much, Too Little, or Just Right? A Goldilocks Approach to Patent Reexamination Reform ［J］. N. Y. U. Ann. Surv. Am. L., 2006 （61）：865.

［104］ Katherine E. White. A Rule for Determining When Patent Misuse Should beApplied ［J］. Fordham Intell. Prop., Media & Ent. L. J., 2001 （11）：671.

［105］ Kelly Casey. Mullally Legal （Un） Certainty, Legal Process, and Patent Law ［J］. Loy. L. A. L. Rev., 2010 （43）：1109.

［106］Kenneth L. Cage, Lawrence T. Cullen. An Overview of Inter Partes Reexamination Proce-
dures ［J］. J. Pat. & Trademark Off. Soc'Y, 2003 （85）: 931.

［107］Kevin A. Meehan. Shopping for Expedient, Inexpensive & Predictable Patent Litigation
［J］. B. C. Intell. Prop. & Tech. F., 2008: 1-30.

［108］Kevin Mack. Reforming Inequitable Conduct to Improve Patent Quality: Cleansing Unclean
Hands ［J］. Berkeley Tech. L. J., 2006 （21）: 147.

［109］Kevin R. Davidson. Retooling Patents: Current Problems, Proposed Solutions, and Eco-
nomic Implications for Patent Reform ［J］. Hous. Bus. & Tax L. J., 2008 （8）: 425.

［110］Kimberly A. Moore. Judges, Juries, and Patent Cases-an Empirical Peek inside the Black-
Box ［J］. Mich. L. Rev., 2000 （99）: 365.

［111］Kristen Jakobsen Osenga. Rethinking Reexamination Reform: Is It Time for Corrective Sur-
gery, Or Is It Time To Amputate ［J］. Fordham Intell. Prop. Media & Ent. L. J., 2004
（14）: 217.

［112］Lawrence B. Ebert. On Patent Quality and Patent Reform ［J］. J. Pat. & Trademark Off.
Soc'y, 2006 （88）: 1068.

［113］Lawrence M. Sung. Intellectual Property Protection or Protectionism? Declaratory Judgment
Use by Patent Owners against Prospective Infringers ［J］. Am. U. L. Rev., 1992
（42）: 239.

［114］Lee Petherbridge. On Addressing PatentQuality ［J］. U. Pa. L. Rev. PENNumbra, 2009
（158）: 13.

［115］Lisa A. Dolak. Declaratory Judgment Jurisdiction in Patent Case: Restoring the Balance be-
tween the Patentee and the Accused Infringer ［J］. B. C. L. REV., 1997 （38）: 903.

［116］M Faga. Non-Obviousness: The Fulcrum or Combination Patent Validity ［J］. Denv. U. L.
Rev., 2008 （85）: 485.

［117］M. Natalie Alfaro. Barring Validity Challenges through No-Challenge Clauses and Consent
Judgments: Medimmune's Revival of the LearProgeny ［J］. Hous. L. Rev., 2008
（45）: 1277.

［118］Margo A. Bagle. Patently Unconstitutional: The Geographical Limitation On Prior Art in a
Small World ［J］. Minn. L. Rev., 2003 （87）: 679.

［119］Mark A. Lemley, Carl Shapiro. Patent Holdup and Royalty Stacking ［J］. Tex. L. Rev.,
2007 （85）: 1991.

[120] Mark A. Lemley, Bhaven Sampat. Is the Patent Office a Rubber Stamp? [J]. Emory L. J., 2009 (58): 181.

[121] Mark A. Lemley. The Changing Meaning of Patent ClaimTerms [J]. Mich. L. Rev., 2006 (104): 101.

[122] Mark A. Lemley. The Economics of Improvement in Intellectual PropertyLaw [J]. Tex. L. Rev., 1997 (75): 989.

[123] Mark D. Janis. Inter Partes PatentReexamination [J]. Fordham Intell. Prop. Media & Ent. L. J., 2004 (101): 481.

[124] Mark D. Janis. Rethinking Reexamination: Toward a Viable Administrative Revocation System for U. S. Patent Law [J]. Harv. J. Law & Tech, 1997 (11): 1.

[125] Mark D. Janis. Tale of the Apocryphal Axe: Repair, Reconstruction, and the Implied License in Intellectual Property Law [J]. Md. L. Rev., 1999 (58): 423.

[126] Marvin Motsenbocker. Proposal to Change the Patent Reexamination Statute to Eliminate UnnecessaryLitigation [J]. J. Marshall L. Rev., 1994 (27): 887.

[127] Matthew John Duane. Lending a Hand: The Need for Public Participation in Patent Examination and Beyond [J]. Chi. −Kent J. Intell. Prop., 2005 (7): 57.

[128] Matthew Sag, Kurt Rohde. Patent Reform and Differential Impact [J]. Minn. J. L. Sci. & Tech., 2006 (8): 1.

[129] Michael Abramowicz. The Danger of Underdeveloped PatentProspects [J]. Cornell L. Rev., 2007 (92): 1065.

[130] Michael Risch. The Failure of Public Notice in PatentProsecution [J]. Harv. J. L. & Tech., 2005 (21): 179.

[131] Michael W. Carroll. Patent Injunctions and the Problem of UniformityCost [J]. Mich. Telecomm. & Tech. L. Rev., 2007 (13): 421.

[132] Nathaniel V. Riley. The Crossroads of Patentability & Validity, Why Resolving Congressional Intent Will not Fix Functional Claims [J]. J. Marshall Rev. Intell. Prop. L., 2008 (7): 218.

[133] Neil M. Goodman. Patent Licensee Standing and the Declaratory JudgmentAct [J]. Colum. L. Rev., 1983 (83): 186.

[134] Orin S. Kerr. Rethinking Patent Law in the AdministrativeState [J]. Wm. & Mary L. Rev., 2000 (42): 127.

［135］ Paul H. Jensen. Alfons Palangkaraya & Elizabeth Webster, Disharmony in International Patent Office Decisions ［J］. Fed. Cir. B. J., 2006 (16): 679.

［136］ Paul J. Heald. Transaction Costs and PatentReform ［J］. Santa Clara Computer & High Tech. L. J., 2006 (23): 447.

［137］ Peter S. Menell. A Method for Reforming the PatentSystem ［J］. Mich. Telecomm. & Tech. L. Rev., 2007 (13): 487.

［138］ Qin Shi. Patent System Meets New Sciences: Is The Law Responsive to Changing Technologies AndIndustries ［J］. N. Y. U. Ann. Surv. Am. L., 2005 (61): 318.

［139］ Qin Shi, Reexamination. Opposition, Or Litigation: Legislative Efforts to Create a Post - Grant Patent Quality Control System ［J］. AIPLA Q. J., 2003 (31): 433.

［140］ R. Polk Wagner. Understanding Patent - QualityMechanisms ［J］. U. Pa. L. Rev., 2009 (157): 2135.

［141］ Raymond P. Niro. Who Is Really Undermining the Patent System—— "Patent Trolls" or Congress ［J］. J. Marshall Rev. Intell. Prop. L., 2007 (6): 185.

［142］ Rebecca S. Eisenberg. Analyze This: A Law and Economics Agenda for the Patent System ［J］. Vand. L. Rev., 2000 (53): 2081.

［143］ Rebecca S. Eisenberg. Obvious to Whom? Evaluation Inventions from the Perspective of PHOSITA ［J］. Berkeley Tech. L. J., 2004 (19): 885.

［144］ Richard H. Seamon. The Provenance of the Federal Courts Improvement Act of 1982 ［J］. Geo. Wash. L. Rev., 2003 (71): 543.

［145］ Robert A. Armitage. The Conundrum Confronting Congress: The Patent System Must Be Left Untouched While Being Radically Reformed ［J］. J. Marshall Rev. Intell. Prop. L., 2006 (5): 286.

［146］ Robert M. Hunt. Economics and the Design of PatentSystems ［J］. Mich. Telecomm. & Tech. L. Rev., 2007 (13): 457.

［147］ Robert P. Merges. As Many as Six Impossible Patents before Breakfast: Property Rights for Business Concepts and Patent System Reform ［J］. Berkeley Tech. L. J., 1999 (14): 577.

［148］ Robert W. Harris. The Emerging Primacy of Secondary Considerations as Validity Ammunition: Has the Federal Circuit Gone too far? ［J］. JPTOS, 1989 (71): 196-200.

［149］ Robin C. Feldman. The Insufficiency of Antitrust Analysis for PantentMisuse ［J］. Hastings

L J. , 2003 (55): 399.

[150] Robin C. Feldman. The Open Source Biotechnology Movement: Is It Patent Misuse? [J]. Minn J. L. S. & Tech, 2004 (6): 117.

[151] Rochelle Cooper Dreyfuss. Nonobviousness: A Comment on Three Learned Papers [J]. Lewis & Clark L. Rev. , 2008 (12): 431.

[152] Roger Shang. Inter Partes Reexamination and Improving PatentQuality [J]. Nw. J. Tech. & Intell. Prop. , 2008 (7): 185.

[153] Samuel A. Oddi. Beyond Obviousness: Invention Protection in the Twenty–First Century [J]. Am. U. L. Rev. , 1989 (38): 1097.

[154] Scott Baker. Can the Courts Rescue Us from the Patent Crisis? [J]. Tex. L. Rev. , 2010 (88): 593.

[155] Scott J. Bornstein, Barry J. Schindler. A Look at the Past, Present, and Future of Patent Reform [J]. WL 535238 (ASPATORE), 2009.

[156] Sean B. Seymore. Rethinking Novelty in PatentLaw [J]. Duke L. J. , 2011 (60): 919.

[157] Sean T. Carnathan. Patent Priority Disputes—A Proposed Re–Definition of "First–to–Invent" [J]. Ala. L. Rev. , 1998 (49): 755.

[158] Sheila F. Anthony. Antitrust and Intellectual Property Law: From Adversaries to Partners [J]. AIPLA Q. J. , 2000 (28): 1.

[159] Stephanie Chu. Operation Restoration: How Can Patent Holders Protect Themselves from Medimmune [J]. Duke L. & Tech. Rev. , 2007: 8.

[160] Susan Walmsley Graf. Improving Patent Quality Through Identification of Relevant Prior Art: Approaches to Increase Information Flow to the Patent Office [J]. Lewis & Clark L. Rev. , 2007 (11): 495.

[161] Susser, Howard, Jerry Cohen. Supreme Court Ends Special Treatment for PatentInjunctions [J]. DEC B. B. J. , 2006 (50): 9.

[162] Thomas F. Cotter. Misuse [J]. Hous. L. Rev. , 2007 (44): 901.

[163] Timothy R. Holbrook. Liability for the "Threat of A Sale": Assessing Patent Infringement for Offering to Sell an Invention and Implications for the On–Sale Patentability Bar and Other Forms of Infringement [J]. Santa Clara L. Rev. , 2003 (43): 751.

[164] Toshiko Takenaka. Rethinking the United States First–To–Invent Principle from a Comparative Law Perspective: A Proposal to Restructure § 102 Novelty and Priority Provisions

［J］. Hous. L. Rev., 2002（39）: 621.

［165］ Tun-Jen Chiang. The Advantages of Inter Partes Reexamination ［J］. J. Pat. & Trademark Off. Soc'y, 2008（90）: 579.

［166］ W. Lesser, Travis Lybbert. Do Patents Come too Easy? ［J］. IDEA, 2004（44）: 381.

［167］ Wayne B. Paugh. The Betrayal of Patent Reexamination: An Alternative to Litigation, Not a Supplement ［J］. Fed. Circuit B. J., 2009（19）: 177.

［168］ William C. Rooklidge, Alyson G. Barker. Reform of a Fast-Moving Target: The Development of Patent Law Since the 2004 National Academies Report ［J］. J. Pat. & Trademark Off. Soc'y, 2009（91）: 153.

［169］ William C. Rooklidge. Reform of the Patent Laws Forging Legislation AddressingDisparateInterests ［J］. J. Pat. & Trademark Off. Soc'y, 2006（88）: 9.

［170］ William S. Thompson. Reforming the Patent System for the 21stCentury ［J］. AIPLA Q. J., 1993（21）: 171.